모빌리티
에토스
공통문화

KB074040

이 저서는 2018년 대한민국 교육부와 한국연구재단의 지원을 받아 수행된 연구임
(NRF—2018S1A6A3A03043497)

A13
bility
manities
emblage

모빌리티
에토스
공통문화

| 이진형 이용균 임보미 최영석 김태희 이현영 우연희 양명심 서기재 정은혜 배진숙 |

모빌리티인문학 Mobility Humanities

모빌리티인문학은 기차, 자동차, 비행기, 인터넷, 모바일 기기 등 모빌리티 테크놀로지의 발전에 따른 인간, 사물, 관계의 실재적 · 가상적 이동을 인간과 테크놀로지의 공-진화co-evolution라는 관점에서 사유하고, 모빌리티가 고도화됨에 따라 발생하는 현재와 미래의 문제들에 대한 해법을 인문학적 관점에서 제안함으로써 생명, 사유, 문화가 생동하는 인문-모빌리티 사회 형성에 기여하는 학문이다.

모빌리티는 기차, 자동차, 비행기, 인터넷, 모바일 기기 같은 모빌리티 테크놀로지에 기초한 사람, 사물, 정보의 이동과 이를 가능하게 하는 테크놀로지를 의미한다. 그리고 이에 수반하는 것으로서 공간(도시) 구성과 인구 배치의 변화, 노동과 자본의 변형, 권력 또는 통치성의 변용 등을 통칭하는 사회적 관계의 이동까지도 포함한다.

오늘날 모빌리티 테크놀로지는 인간, 사물, 관계의 이동에 시간적 · 공간적 제약을 거의 남겨 두지 않을 정도로 발전해 왔다. 개별 국가와 지역을 연결하는 항공로와 무선통신망의 구축은 사람, 물류, 데이터의 무제약적 이동 가능성을 증명하는 물질적 지표들이다. 특히 전 세계에 무료 인터넷을 보급하겠다는 구글Google의 프로젝트 룬Project Loon이 현실화되고 우주 유영과 화성 식민지 건설이 본격화될 경우 모빌리티는 지구라는 행성의 경계까지도 초월하게 될 것이다. 이 점에서 오늘날은 모빌리티 테크놀로지가 인간의 삶을 위한 단순한 조건이나 수단이 아닌 인간의 또 다른 본성이 된 시대, 즉 고-모빌리티high-mobilities 시대라고 말할 수 있다. 말하자면, 인간과 테크놀로지의 상호보완적 · 상호구성적 공-진화가 고도화된 시대인 것이다.

고-모빌리티 시대를 사유하기 위해서는 우선 과거 '영토'와 '정주' 중심 사유의 극복이 필요하다. 지난 시기 글로컬화, 탈중심화, 혼종화, 탈영토화, 액체화에 대한 주장은 글로벌과 로컬, 중심과 주변, 동질성과 이질성, 질서와 혼돈 같은 이분법에 기초한 영토주의 또는 정주주의 패러다임을 극복하려는 중요한 시도였다. 하지만 그 역시 모빌리티 테크놀로지의 의의를 적극적으로 사유하지 못했다는 점에서, 그와 동시에 모빌리티 테크놀로지를 단순한 수단으로 간주했다는 점에서 고-모빌리티 시대를 사유하는 데 한계를 지니고 있었다. 말하자면, 글로컬화, 탈중심화, 혼종화, 탈영토화, 액체화를 추동하는 실재적 · 물질적 행위자agency로서의 모빌리티 테크놀로지를 인문학적 사유의 대상으로서 충분히 고려하지 못했던 것이다. 게다가 첨단 웨어러블 기기에 의한 인간의 능력 향상과 인간과 기계의 경계 소멸을 추구하는 포스트-휴먼 프로젝트, 또한 사물인터넷과 사이버 물리 시스템 같은 첨단 모빌리티 테크놀로지에 기초한 스마트시티 건설은 오늘날 모빌리티 테크놀로지를 인간과 사회, 심지어는 자연의 본질적 요소로 만들고 있다. 이를 사유하기 위해서는 인문학 패러다임의 근본적 전환이 필요하다.

이에 건국대학교 모빌리티인문학 연구원은 '모빌리티' 개념으로 '영토'와 '정주'를 대체하는 동시에, 인간과 모빌리티 테크놀로지의 공-진화라는 관점에서 미래 세계를 설계할 사유 패러다임을 정립하려고 한다.

차례

2부
모바일 공동체와 모빌리티 윤리

3부
역사적 (임)모빌리티의 문화와 정치

모빌리티 에토스와 공통문화의 구상

_이진형

모빌리티 연구의 선구자 가운데 한 명인 미미 셸러는 COVID-19 팬데믹 발발을 '2020 모빌리티 쇼크mobility shock'로 명명한 바 있다. 개인의 일과표에서 세계경제에 이르기까지 모든 게 멈추면서 모빌리티 통치체제 또한 갑작스런 혼란 상태에 빠져 버렸다는 것이다. 물론 그것은 모빌리티 통치체제의 혼란만을 유발한 게 아니었다. 우리는 "우리 삶을 부동적이게 만든 긴급 사태 아래에서 우리 자신, 우리 경제, 사회적 상호작용 등을 멎도록 하는 새로운 루틴, 새로운 습관, 새로운 방식을 선택해야만" 했고, 그로 인해 "불현듯 근대사회를 만들어 낸 근본 전제, 즉 항상적인 그러나 불평등한 이동에 주목하게 되었다."[1] 근대 이후 지속적으로 진행되던 전 지구적 국경 개방부터 점차 의문의 여지 없는 권리로서 실현되어 가던 개인의 이동권까지, 이동의 자

---

[1] Mimi Sheller, *Advanced Introduction to Mobilities*, Cheltenham, UK & Northampton, MA, USA: Edward Elgar Publishing, 2022, p.1.

유라는 근대적 이상이란 차별과 배제, 폭력과 억압을 동반한다는 것[2]이 매일매일 시행되는 이(부)동성의 차등적 분배와 더불어 일상적으로 체험되었다. 그렇게 COVID-19 팬데믹은 근대 모빌리티 에토스를 극적으로 '낯설게' 함으로써 그 문제적 성격에 대한 근본적 성찰을 요구하는 '사건'이 되었다.

아리스토텔레스의 고전적 논의에 의하면 에토스ethos란 "언어를 통해서 그려지는 인물의 특성"을 말하지만, 일반적으로 그것은 특정한 사람들이 살아가는 방식(관습)을 의미하고 더 넓게는 특정한 장소 또는 지역의 문화까지도 포함한다.[3] 이와 같은 에토스 이해는 그리스어 éthos가 어원학적으로 'habit(습관)'과 'habitat(서식지)'에서 유래한 데 기인한다. 그와 동시에 ethics(윤리)의 언어적 기원이 éthos라는 점도 잊어서는 안 될 것이다.[4] 이는 에토스가 단순히 특정한 사람들의 관습만을 나타내는 데 그치지 않고 '좋은' 또는 '선한'의 이념까지 내포하고 있음을 의미한다. 이와 같은 에토스의 다층적 의미망으로 인해 근대 모빌리티 에토스에 대한 논의는 특정한 사람들의 이동 방식(관습)에 대한 사실적 고찰에서 나아가 그 문화 및 윤리에 대한 심층적 사유까지 포함하게 된다. 우리는 그동안 어떻게 움직여 왔고, 지금 어떻게 움직이고 있으며, 앞으로 어떻게 움직이게 될 것인가? 우리의 과거 이동이 차별과 배제, 폭력과 억압을 동반해 왔고, 현재도 여전히 그러한 이동을 멈추지 못하고 있다면, 미래의 이동은 어떤 식으로 조직되

2   하가르 코테프, 《이동과 자유》, 장용준 옮김, 앨피, 2022, 13쪽.
3   박우수, 〈수사학 전통에서 본 에토스와 문화〉, 《외국문학연구》 26, 2007년 5월, 187~195쪽.
4   한나 아렌트, 《정신의 삶》, 홍원표 옮김, 2019, 푸른숲, 48쪽.

어야 할 것인가?

에토스 개념이 어원학적으로 장소성을 내포하고 있는 것과는 별도로, 모빌리티 에토스는 이동 또는 운동 그 자체를 부각함으로써 관습·문화·윤리 등을 고정된 장소성 또는 지역성에서 해방시킨다. 이는 존 어리John Urry가 21세기 사회를 특징짓기 위해 "소사이어티society" 대신 제시한 개념인 "소시에이션sociation", 즉 사람·사물·정보의 매우 불균질적이며 파편화된 이동들이 시간과 공간의 경계를 횡단하며 끊임없이 (재)결합하는 시대의 사회성[5]을 전제한다. 원거리 이동이 일상화되고 자연화된 '고-모빌리티 시대the age of high mobility'[6]의 사회성 말이다. 특히 어리는 그 용어를 통해서 고-모빌리티 시대 운송 및 정보통신 기술의 급속한 발달과 그에 따른 국민-국가-사회의 일체성 해체 및 기존 사회의 공동화 현상을 강조하고자 했다. 그러나 어리 자신이 《모빌리티》에서 잘 보여 준 것처럼, 국민-국가-사회의 해체는 바로 그 근대 국민-국가-사회가 형성되던 18세기부터 시작된 것일지도 모른다. 예를 들어, 기차·자동차·선박·항공 같은 근대 모빌리티 테크놀로지는 국민국가의 내적 통합과 국경 구분을 확고히 하는 데 이바지하기도 했지만, 다른 한편으로는 사람들이 바로 그 국민국가의 경계를 더 손쉽게 넘나들게 해 주는 수단으로 활용되기도 했다. 따라서 모빌리티 에토스에 대한 성찰은 근대 모빌리티 테크놀로지에 기반하여 특정 지역 및 집단을 횡단하며 전개되는 다양한 이동

5   존 어리, 《사회를 넘어선 사회학》, 윤여일 옮김, 휴머니스트, 2012, 69~72쪽.
6   Inseop Shin and Jinhyoung Lee, "Introduction: The Humanities in the Age of High Mobility," *Mobility Humanities*, 1-1, 202, pp.1-2.

들, 이를 통해 형성되는 사람들의 불안정하고 유동적인 (재)결합 · (재)만남 · 네트워크, 그리고 여기서 작동하는 관습 · 문화 · 윤리 등을 모두 할 것이다.

미셸 마페졸리Michel Maffesoli에 따르면, 고-모빌리티 시대 개인들은 공동체의 에토스(관습)를 통해 '공통의 감성'을 공유함으로써 집단적 삶('부족')에 참여한다. 근접성(뒤섞임)과 영토의 공유를 통해서 '함께-하기'에 대한 욕망을 실질화했던 전통적 '공동체'와 달리, 지역과 장소를 횡단하며 생활하는 현대인들은 일시적으로 '공통의 에토스'에 참여함으로써 '우정의 관계망'을 형성하게 된다.[7] 이와 같은 마페졸리의 설명은 이 시대 사회집단 또는 공동체의 일시적이고 불안정한 성격을 설명해 주는 데 그치지 않는다. 그 의의는 오히려 COVID-19 팬데믹 이후 '예방적 면역화'라는 이름 아래 행해지는 '새로운 국지주의', 즉 "전 지구화라는 전 지구적 오염contamination에 대한 일종의 면역적 거부"[8]라는 거대한 흐름에 대한 비판적 논의를 가능하게 해 준다는 데 있다. 아시아인에 대한 각종 증오범죄, 글로벌 사우스 출신 이주노동자에 대한 노골적 차별, 소수 문화 또는 타자 문화에 대한 은밀한 배제와 억압 등은 오늘날 더욱 극단화되면서 지구적 이동성과 우발적 만남들을 추문화하고 있다. '자기동일성의 세계' 속에서 '개인적 · 집단적 삶'을 규제한다는 원칙[9]을 구체화하는 그와 같은 폭력들은, 모빌리티 에토스에 대한 근본적 성찰의 필요성을 더욱 강조하고

7   미셸 마페졸리, 《부족의 시대: 포스트모던 사회에서 개인주의의 쇠퇴》, 박정호 · 신지은 옮김, 문학동네, 2017, 62~71쪽 참조.
8   로베르토 에스포지토, 〈면역화와 폭력〉, 김상운 옮김, 《진보평론》 65, 2015년 9월, 314쪽.
9   로베르토 에스포지토, 〈면역적 민주주의〉, 김상운 옮김, 《문화과학》 83, 2015년 9월, 404쪽.

있는 듯하다.

　'새로운 국지주의'의 흐름 앞에서 과연 '공통의 감성'과 '우정의 관계망'을 활성화한다는 것은 과연 가능한 일일까? "신체 간의 장벽을 허물고, 관념·정동·동료감을 전달하는 것을 가능케 하여, 느낌 자체가 이동적이 될 수 있게" 하는 것, 즉 "함께-이동적이 된다는 것"[10]은 과연 긍정적 형태로 구현될 수 있을까? 우리는 어떻게 차별과 배제, 폭력과 억압 없는 '선한' 또는 '좋은' 이동을 체화할 수 있을까? 한나 아렌트가 언급했던 '공동세계'의 이념은 이 물음들을 사유하기 위한 하나의 실마리가 될 수 있을지도 모른다. "공동세계는 그것이 단지 한 측면에서만 보여지고 단지 한 관점만을 취해야만 할 때, 끝이 난다. 공동세계는 오직 이 세계의 관점들의 다양성 속에서만 실존한다."[11] 그렇다면 근대 모빌리티 에토스에 대한 성찰 작업은 무엇보다도 '자기동일성의 세계'에 대한 비판과 다양성 세계의 수용에서 시작하지 않으면 안 될 것이다. 차별과 배제, 폭력과 억압 없는 모빌리티 에토스, 즉 공통의 관습, 공통의 문화, 공통의 윤리를 사유하기 위해서 말이다.

　《모빌리티, 에토스, 공통문화》는 근대 모빌리티 에토스를 성찰하고 공통의 문화를 구상하기 위해서 기획되었다. 1부 '모빌리티: 자유, 권리, 정치'에서는 모빌리티 커먼즈, 장애인 이동권, 재개발 모빌리티 장치 등을 중심으로 근대 모빌리티 에토스에 대한 비판과 그 극복에 관해 논의한다. 2부 '모바일 공동체와 모빌리티 윤리'에서는 지구적 장

10　피터 애디, 《모빌리티 이론》, 최일만 옮김, 앨피, 2019, 318쪽.
11　한나 아렌트, 《인간의 조건》, 이진우·태정호 옮김, 한길사, 1996, 112쪽.

소, 명소, 택시 등 특정한 이동 공간들을 중심으로 장소와 모빌리티에 관한 윤리적 탐구를 시도한다. 그리고 3부 '역사적 (임)모빌리티의 문화와 정치'에서는 일제강점기 한센 정책, 블라디보스토크 경관, 필라델피아와 로스앤젤레스 한인들의 3 · 1운동 100주년 기념사업을 중심으로 모빌리티 에토스에 대한 역사적 · 정치적 고찰을 시도한다.

◆ ◆ ◆

1부 '모빌리티: 자유, 권리, 정치'에는 모빌리티 에토스를 자유, 권리, 정치의 측면에서 논의하는 세 편의 글이 실려 있다. 그 각각은 사회발전의 관점에 입각해서 모빌리티와 커먼즈the commons의 가치를 탐색하고, 장애인 이동권 문제를 논의하기 위한 출발점으로서 장애인 개념의 비판적 재구성을 시도한다. 그리고 모빌리티 장치의 개념을 활용해서 모빌리티와 불균등한 권력관계의 상호연관성을 탐색한다. 세 편의 글은 각각 사회발전, 현행 법 체계, 문학작품 등 전혀 다른 대상을 다루고 있고, 그래서 근대 모빌리티 에토스에 내재하는 차별과 배제, 폭력과 억압에 관한 복합적이고 다층적인 이해를 가능하게 해 준다.

첫 번째, 이용균의 〈사회발전을 위한 모빌리티와 커먼즈의 가치 탐색: 모바일 커먼즈로의 결합을 강조하여〉는 COVID-19와 기후변화로 인한 전 지구적 수준의 위기감 고조가 개발 문제에 대한 새로운 접근법을 요구하고 있음을 지적하면서, 모빌리티와 커먼즈의 결합에 의한 '모바일 커먼즈'가 사회발전의 핵심 요소로 작용할 수 있음을 주장한다.

이 글에서 사회발전은 '사회의 복리가 개선되는 변화의 과정', 즉 사회의 집합적 복리와 삶의 질적 향상을 추구하는 것으로서 사회 전체의 개선과 번영을 추구하는 사회운동으로 이해된다. 이와 관련해서 모빌리티는 (임)모바일 기반의 기술·인프라·지식 등 이동과 이동 역량이 사회발전의 역량이라는 점에서, 커먼즈('물질적 세계의 공유재'[물, 공기, 토양, 삼림 등]와 '사회적 생산의 공유재'[언어, 지식, 코드, 정보 등]를 모두 포함하는 개념)는 자원과 지식 등의 공동관리가 지속가능한 사회의 핵심이라는 점에서 각각 그 자치를 인정받는다. 저자는 특히 사회적 불평등을 해소할 수 있는 최상의 방법이란 모빌리티의 접근이 사회 전체에서 공평하게 실천될 수 있는 제도적 장치를 마련하는 데 있음을, 그리고 이를 위해 모빌리티 자본mobility capital을 사회발전을 위한 인프라이자 모두를 위한 커먼즈로서 관리할 수 있는 이른바 '모빌리티 거버넌스'가 필요함을 주장한다. 이때 '모빌리티 거버넌스'는 모빌리티 정의와 모빌리티 자유의 실천 전략을 요구한다. 우선 모빌리티 정의를 위해서 저자가 제시하는 것은 '개방적 공간-만들기 전략'이다. 이는 다양하고 잠재적인 사회적 관계가 공간-경계를 넘어 서로 연결되도록 해 주고, 로컬-로컬의 연결과 연대를 통해 다중의 사회적 네트워크를 활성화한다. 또한, 모빌리티 자유의 실천은 정보와 자원에 대한 접근·사용·공유의 시너지 효과가 발휘되도록 해 줄 뿐만 아니라, 타자와의 마주침을 통한 소통과 연대의 정치 작동 또한 가능하게 해 준다. 이 점에서 모빌리티 자유는 마주침의 정치를 통해 다중의 모빌리티가 새로운 사회발전을 실현하게 해 주는 제도이자 실천를 의미한다.

결론적으로, 저자는 '모빌리티 거버넌스'란 무엇보다도 '다중심 거버넌스polycentric governance'가 되어야 함을 주장한다. 지속가능한 사회를 위해서는 모빌리티 자유와 모빌리티 자본이 상호보완적으로 결합하고, 커먼즈와 시장 기능이 상호보완적으로 결합된 거버넌스가 구성되어야 한다는 것이다. 모빌리티 커먼즈를 중심으로 한 이용균의 논의는 근대 모빌리티에 대한 대안을 사회체제 수준에서 사유하기 위한 중요한 이론적 준거가 될 것이다.

두 번째, 임보미의 〈현행법상 장애(인) 개념에 근거한 장애인 이동권의 문제〉는 장애인 이동의 문제를 다루기 위해서 관련 법률을 면밀하게 탐구한다. 특히 모빌리티 테크놀로지의 발전에도 불구하고 여전히 장애인 이동권 문제에 대한 제도적 해결책이 부재하는 이유, 즉 현재의 장애 정책에 실천적 문제가 발생하는 이유가 장애를 바라보는 우리 사회의 관점과 이를 제도화하고 있는 관련 법률에 있다는 데 주목하여 논의를 전개한다.

이 글은 장애를 바라보는 관점의 세계적 추이를 살펴보기 위해서 세계보건기구WHO와 〈UN장애인권리협약〉상의 장애(인) 개념을 분석하고, 이에 근거해서 현행 「장애인복지법」과 「장애인차별금지 및 권리구제 등에 관한 법률」(「장애인차별금지법」)상의 장애(인) 정의를 비판적으로 고찰한다. 우선 저자는 장애(인) 개념이 절대적·고정적 개념이 아닌 유동적 개념이라는 것, 장애(인) 개념은 다양한 요소들이 상호결합하여 작용하는 복합적 성격을 갖고 있다는 것, 장애(인)에 개인적 관점이 아닌 사회적 관점이 반영되고 또 그 사회적 성격이 강화되고 있다는 것 등을 WHO와 UN이 공유하는 장애(인) 관점으로서 제시한다. 이어 국내 관련 법령들의 경우 여전히 의료적 모델에 따라 개인의 신체적, 정신적, 기능적 문제를 강조하는 장애(인) 개념을 고수하고 있음을 비판한다. 국내의 경우 장애인에 대한 사회적 의무는 여전히 비장애인을 기준으로 한 사회적 부조 정도로 이해되고 있고, 그래서 구체적인 장애인 이동 증진 정책 역시 개별 장애인에 대한 추가적·보충적 지원, 공급자 중심의 운영, 이러한 서비스를 이용하기 위한 별도의 추가적 절차 등을 중심으로 논의되고 있다는 것이다.

사회적 제약의 원인을 국가나 사회로부터의 차별 행위가 아니라 개인적 사유에서 찾게 되면, 장애인의 이동 문제 역시 치료나 돌봄의 문제가 되고, 장애인 이동 권리는 복지의 차원으로 축소된다. 이와 달리 사회적 모델의 관점에서 장애를 보게 되면, 장애인은 비장애인과 동일한 이동의 권리를 갖고 있으나 사회적 차별로 인해 이동을 제약당하는 것으로 인식된다. 장애인과 비장애인 모두를 동일한 이동권의 견지에서 논의할 수 있게 되는 것이다. 하지만 국내 사법 체계는 장애인 이동권을 '사회적 기본권'으로 수용하고 장애인을 복지 수혜의 대상자로 규정할 뿐이다. 이는 사법심사 과정을 거치면서 사회통합을 위한 국가와 사회의 책임에 관대한 입장을 견지하도록 한다. 따라서 필요한 것은 장애를 이루는 사회적 장벽의 철폐 방안을 모색하기 위한 근본 작업, 즉 장애와 장애인에 대한 법적 정의의 수정이다. 이와 같은 논의를 통해 임보미의 글은 불평등한 이동 또는 '좋은'/'선한' 이동을 사법적 맥락에서 어떻게 논의할 수 있는지 전범적으로 보여 준다.

마지막으로 최영석의 〈재개발 모빌리티 장치와 광주대단지 사건, 그리고 아홉 켤레의 구두로 남은 사내〉는, 윤흥길의 소설 《아홉 켤레의 구두로 남은 사내》(1977)를 대상으로 1971년 발생한 광주대단지 사건을 모빌리티 장치라는 틀로 분석함으로써 모빌리티와 권력의 불균등한 관계를 탐구한다.

이 글에서 저자는 재개발사업을 모빌리티적 사건, 즉 자본·물자·

사람 · 위치 · 계층의 이동과 멈춤을 필연적으로 수반하는 사건으로 간주하는 한편, 서로 이질적이며 여러 층위에 걸친 요소들이 네트워크를 이루며 비대칭적인 지식과 권력의 자장 아래 주체를 생산하는 모빌리티 장치로서 규정한다. 그로 인해 '재개발 모빌리티 장치'는 광주대단지 사건을 성남이라는 장소성이 아니라 다층적 이동, 모순, 규율, 담론, 권력관계의 결과로서 이해하도록 해 준다. 특히 그것은 모빌리티와 권력/불평등성의 네트워크가 광주대단지 사건이라는 우발적 필연성을 어떻게 낳았는지 통찰하게 해 주고, 그 사건 속에서 작동하는 모빌리티와 임모빌리티의 역동적 관계를 추적하게 해 준다. 그리고 그것은 광주대단지 사건의 행위자들에 주목하게 함으로써 사건 참여자들(철거민, 전매입주자, 세입자 등)이 폭도, 민중, 시민, 비시민 등의 담론화를 거치며 주체화되는 양상을 파악하게 해 준다. 이 글에서 저자는 구체적으로 구두, 버스, 대문 등 세 가지 사물이 소설 속에서 갖는 의미망을 독해하는 방식으로 재개발 모빌리티 장치를 탐구한다.

《아홉 켤레의 구두로 남은 사내》에 대한 분석을 통해서 저자가 주목하는 바는, 모빌리티와 관계를 맺는 이질적 존재들의 네트워크인 모빌리티 장치가 인종 · 계급 · 성 · (비)장애 등에 따른 불균등한 권력관계 속에서 주체를 구성한다는 점이다. 이는 푸코식 통치가 이루어지는 방식일 텐데, 저자는 여기에 그치지 않고 폭력과 저항, 소시민과 민중, 철거민과 중산층 어디에도 속하지 못하는 '권씨'의 형상을 통해서 '통치할 수 없는 것'에 대한 사유의 필요성 또한 제안한다. 최영석이 제안한 재개발 모빌리티 장치 개념은 근대 도시 이곳저곳에서 수시로 벌어지는 '재개발' 사건들의 불평등한 생산과 관련하여 논의하는 데 중요한 기여를 할 것이다.

2부 '모바일 공동체와 모빌리티 윤리'는 모빌리티 에토스를 공간과 관련해서 다루는 세 편의 글로 이루어져 있다. 여기서는 고-모빌리티 시대 장소윤리, 일본 에도 시대 '명소' 형성에서 작동하는 모빌리티 윤리, 자이니치在日를 중심으로 택시 공간에서 조성되는 윤리적 관계 등을 다룬다. 전혀 이질적인 시간과 공간을 다루는 세 편의 글은 유동하는 공간을 중심으로 형성되는 일시적이면서도 불안정한 관계, 말하자면 모바일 공동체의 생성을 윤리적 관점에서 논의한다.

　　김태희의 〈고도 모빌리티 시대의 장소윤리〉는 현대사회의 고도 모빌리티가 현대인의 상호주관적 관계를 어떻게 변화시키는지 탐구하기 위해서 장소에 주목한다. 이는 개인들의 상호주관적인 윤리적 삶의 근본 조건인 장소가 모빌리티의 고도화로 인해 변화함에 따라 개인들의 삶의 조건 또한 근본적으로 변화하고 있다는 인식에 기인한다. 특히 저자는 공동체의 상호주관적 삶을 위한 필요조건이라고 할 수 있는 윤리란 진정한 장소감sense of place이 없으면 불가능하는 점에서 인간의 상호작용이 일어나는 장소를 고려하는 이른바 장소윤리 ethics of place에 주목한다.

　　이 글은 먼저 하이데거Martin Heidegger와 이-푸 투안Yi-Fu Tuan의 논의를 검토한 뒤, 이상적 장소란 윤리적 세계에서의 진정한 존재를 보증해 주는 곳이자 의미의 중심이 되는 곳임을 강조한다. 그리고 이동의 빈도·범위·속도가 급증하는 고-모빌리티 시대 이상적 의미의 장소가 축소된다는 데 문제를 제기하면서, 이동의 공간이 정주의 장소를 빠르고 광범위하게 잠식하는 것처럼 보이는 시대에도 장소가 인간에 대해 갖는 의미는 여전히 유효할 것인지 묻는다. 이 글은 이 물음에 답하기 위해 에드워드 렐프Edward Relph의 '무장소성placelessness', 마르크 오제Marc Augé의 '비장소non-place' 등을 검토한 뒤 전통적 의미의 장소가 사라짐에 따라 윤리적 관계 역시 허약해지고 있고, 이 시대에 성행하는 뿌리 뽑힘·무용지물·고독 등이 개인의 장소감 변화 너머 상호주관적인 윤리적 관계를 약화하는 데도 영양을 미침을 주장한다. 그리고 저자는 도린 매시Doreen Massey의 '지구적 장소감global sense of place' 논의에 기대어 새로운 '지구적 장소윤리global ethics of place'를 구상한다. 장소윤리란 고정된 것이 아닌 하나의 과정이고, 그 안에 제한된 것이 아니라 외부에 의해 정의되며, 단일한 정체성과 역사가 아니라 이질적인 다수의 정체성과 역사를 지니고, 내부와 외부의 끊임없는 상호작용에 의해서 정의될 필요가 있다는 것이다.

저자가 지구적 장소감에 기초한 지구적 장소윤리로서 제시하는 것은 취약성의 장소윤리다. 주디스 버틀러Judith Butler의 취약성 개념(폭력의 가능성에 노출되어 있음)에 기대어, 저자는 고도 모빌리티 시대 주체들이 익명적이고 복수적이지만 일시적으로 결집하고 해체하기를 반복하는 현상에서 새로운 장소윤리에 기초한 유동적 공동체를 상상한다. 이는 고-모빌리티 시대 이동적 장소의 윤리와 모바일 공동체의 형성에 관해 논의할 수 있는 유의미한 이론적 단초가 될 것이다.

두 번째, 이현영·우연희의 〈모빌리티와 문학윤리비평의 관점에서 본 '명소': 《동해도 오십삼차東海道五十三次》의 명소를 중심으로〉는 우타가와 히로시게歌川廣重의 우키요에浮世繪(에도 시대에 유행했던 육필화와 목판화 양식) 가운데 《동해도 오십삼차東海道五十三次》(1833)를 대상으로, 이 작품이 '동해도'가 명소로서 형성되는 데 미친 영향을 모빌리티와 문학윤리학의 관점에서 탐구한다.

이 글은 명소를 장소, 미디어(매체), 인간(청중) 등 세 가지 엔진에 의해 움직이는 생태계로 규정하는 데서 시작한다. 그 가운데 미디어는 이동하는 인간들 사이에서 움직이지 않는 장소를 홍보하는 열쇠이자 인간 문명에서 윤리적 선택을 가르치는 도구로서 중심 역할을 수행한다. 여기서 모빌리티 관점은 세 엔진의 작동 효율성을 명확하게 보여 준다. 미디어에 의한 장소와 인간의 상호작용 촉진과 이를 통한 명소 생태계의 신속하고 효율적인 운영, 즉 명소 생태계 내의 역동적 모빌리티를 명료하게 드러내 준다는 것이다. 한편, 문학윤리학은 세 엔진이 구동하는 본질적인 동력을 설명하는 데 효과적이다. 명소를 문명화된 인간에 의한 윤리적 선택의 산물로서 인간과 자연 사이의 윤리적 질서를 나타내는 것으로 이해할 경우, 그것은 윤리적 선택을 달성하기 위한 인간의 문학적 활동의 부산물로 재규정된다. 이때 미디어는 인간과 자연 사이의 윤리적 질서를 정의하는 문학적 도구 역할을 하게 된다.

저자들에 따르면, 명소에 관한 문학작품은 장소의 과거를 회생·기록·구체화함으로써 장소의 문화적 기억을 만들어 낸다. 구체적으로 《동해도 오십삼차》는 시각문학으로서 동해도에 대한 대중적인 문화적 기억을 기록·변형·구체화·창조함으로써 독창적으로 동해도의 다양한 문화적 기억을 생산하고, 이를 통해 장소와 많은 청중 사이의 정신적 유대감을 형성할 뿐만 아니라 윤리적 선택을 위한 교육 도구의 기능 또한 수행한다. 이현영·우연희의 글은 특히 문화적 텍스트에 의한 장소의 역동적 구성, 윤리의 작동 방식, 이동적 공동체의 형성 등을 사유하게 해 주는 흥미로운 사례 연구에 해당한다.

세 번째, 양명심의 〈택시 서사의 윤리적 구조: 양석일梁石日의 《택시광조곡タクシ—狂躁曲》을 중심으로〉는 택시라는 이동 수단이자 이동 공간을 중심으로 자이니치 문학 텍스트《택시광조곡》의 윤리적 의미를 탐구한다. 특히 저자는 서술자 '나'를 중심으로 서사화되는 택시, 택시 운전사, 승객의 관계에 주목한다.

이 글은 우선 다른 교통수단들과 구별되는 택시의 특징에 주목한다. 택시는 자동차 시스템(자동차-운전자가 사회생활을 스스로 시간표화함으로써 공공 시간표를 초월하게 해 주는 시스템)에 속한다는 점에서, 또한 자동차 시스템의 기능을 공유하면서도 승객을 그 내부에 포함함으로써 다양한 인물들 간의 윤리적 관계 맺기를 가능하게 해 준다는 점에서 기차로 대표되는 다른 대중교통 수단들과 구별된다. 이는《택시광조곡》에서 택시가 감정적 소비의 장소로 기능하면서 운전사가 때로는 승객들과 친밀한 관계를 맺기도 하고 때로는 갈등과 충돌 관계를 형성하기도 하는 이유다. 택시 안에서 형성되는 운전사와 승객 간 감정의 교류는 운전자가 안전함, 안락함, 자유로움을 느끼는 요인이 되기도 하지만 억압이나 구속 같은 불편한 감정을 유발하는 계기가 되기도 한다. 이때 중요한 점은, 택시운전사가 아닌 승객이 그러한 감정의 교류에서 주도권을 쥐고 있다는 사실이다. 이 점에서 '자이니치'로서의 '택시 운전사'가 도쿄 시내 이곳저곳에서 각양각색의 승객들과 맺는 관계는 인종과 계급에 의한 이중적 차별을 경험하는 과정이 된다.

저자는 또한《택시광조곡》의 중심 인물이 수행하는 비윤리적 행동에 주목함으로써 일본 사회의 차별에 맞서고자 하는 저항의 실천 양상을 포착하기도 한다. 택시 운전사는 사회적 규범에서 벗어난 일탈적 행동을 실천하기도 하는데, 이는 자이니치에 대한 차별의 비윤리성을 폭로하는 한편, 그로부터 벗어나고자 하는 자이니치의 의지를 상징적으로 보여 준다는 것이다. 따라서 이 글은 이동적 존재들로 이루어진 관계망 또는 모바일 공동체를 인종, 계급, 윤리의 복합적 관점을 통해서 논의하는 하나의 방식이라고 할 수 있다.

• • •

3부 '역사적 (임)모빌리티의 문화와 정치'에는 일제강점기 한센 정책, 블라디보스토크 경관, 필라델피아와 로스엔젤레스 한인들의 3·1운동 100주년 기념사업 등을 다루는 세 편의 글이 실려 있다. 그 각각은 식민지의학이 미디어를 매개로 '국민'(일본인과 조선인)을 포섭해 가는 양상, 블라디보스토크의 신한촌과 아르바트거리가 문화·역사 투어리즘 장소로서 갖는 잠재력, 다민족 사회의 소수민족이 모국의 역사 기념일을 기념하는 방식이 갖는 의미 등을 다룬다. 세 편의 글은 소수 집단과 그 문화가 폭력과 억압의 대상이 되기도 하고 초국적·초지역적 이동을 통해서 문화적 상호작용에 참여하기도 하는 공통문화 형성 또는 구상의 복합적 양상을 잘 보여 준다.

첫 번째, 서기재의 〈일제강점기 한센 정책과 미디어의 대중 관리 전략〉은 다키오 에이지滝尾英一의 《식민지하 조선 한센병 자료집성》에 수록된 한센인 관련 신문 기사, 소록도 방문 개인 기록물, 당시 조선에서 간행된 대중문화잡지 등을 대상으로 조선총독부 한센 정책의 실제를 탐구한다.

일제의 한센 사업은 미쓰다 겐스케光田健輔에 의해 주도되었는데, 그가 주력한 바는 일반 대중의 공간에서 환자를 퇴출하는 일과 환자들만의 공간을 구성하는 일을 동시에 진행함으로써 한센 사업이 환자와 비환자 모두를 위한 '공공의 선'임을 전시하는 것이었다. 그 일환으로 미쓰다는 한센병을 '감염병'으로 대중에게 각인하는 언론 활동('공포의 선전')을 전개하는 한편, 한센인들의 공간('갱생원')에 견학자들을 적극적으로 초청해서 한센 사업의 의의를 적극적으로 홍보했다. 식민지 조선의 한센병 대책 역시 이와 비슷한 방식으로 전개되었다. 1916년 창설된 소록도자혜의원('소록도갱생원')은 그 대표적인 초기 사례였다. 이 시기 한센인은 '부랑'하면서 '부민의 곤란'을 유발하는 '불온'한 존재라는 인식이 대중매체를 통해서 광범위하게 유포되었고, 그래서 정부 당국에 의한 조사 · 색출 · 격리의 대상으로 간주되었다. 이때 저자가 주목하는 것은 갱생원 안과 밖의 한센인에 대한 취급이 서로 달랐다는 점이다. 특히 한센인은 갱생원 안에서 인간다운 삶을 사는 존재로 묘사되었는데, 이는 갱생원 밖에 있는 대중들에게는 윤리적 합리화와 안도감을 제공하는 한편, 식민지 당국에는 일본 제국의 건설이 궁극적으로 '천황의 자애'의 실천임을 홍보하도록 해 주었다. 게다가 식민지 당국은 소록도갱생원을 조선의 주요 관광지로 소개함으로써 식민지 의료 정책의 정당성을 적극적으로 부각하고자 했다.

결론적으로 저자는 소록도라는 공간을 매개로 한 신문 및 잡지의 기사가 황국신민으로서의 자부, 천황에 대한 감사, 그리고 무엇보다 국가에 이로운 방향으로 기여하는 존재가 '진정한 일본인'이라는 대중의 '공통감각public sympathy'을 전시하는 장으로서 기능했음을 강조한다. 이 글은 민족 또는 국가를 중심으로 기획된 공통감각 또는 공통문화가 폐쇄적으로 기능할 수 있음을, 따라서 그 외부 또는 타자를 철저하게 배제하거나 억압하는 폭력적 방식으로 작동할 수 있음을 역사적 · 실증적으로 잘 보여 준다.

두 번째, 정은혜의 〈블라디보스토크의 경관을 통한 문화 · 역사 투어리즘: 신한촌과 아르바트거리를 중심으로〉는 블라디보스토크가 한민족 재외동포 이민사에서 빼놓을 수 없는 중요한 거점이라는 사실, 또한 1992년 러시아의 본격적인 시장개혁 이후 블라디보스토크가 외부 세계에 개방되면서 과거 역사에 대한 관심이 문화적 관광으로 이어지고 있다는 사실에 주목한다. 그리고 저자는 여기서 문화 · 역사 투어리즘 장소로서 블라디보스토크의 의의와 잠재력을 발견한다.

이 글에서 저자는 문화 · 역사 투어리즘을 "관광자가 다른 지역이나 다른 국가를 방문하는 데 있어서 문화적 · 역사적 동기를 가지고 전통과 현대의 다양한 생활문화 및 예술, 그리고 역사유적지를 방문하여 체험하고자 하는 지적 욕구를 만족시키는 투어리즘"으로 정의하고, 이러한 투어가 이루어지는 장소를 문화 · 역사 투어리즘 장소로 명명한다. 이를 토대로 저자는 블라디보스토크 지역이 갖는 문화 · 역사 투어리즘 장소로서의 역할과 가치를 논의한다. 우선 신한촌은 단순한 촌락이 아니라 일본 제국주의의 식민 통치에 항거한 독립기지라는 점에서 중요하다. 항일 민족지사들의 집결지로서 국외 독립운동의 중추 기지로 발전한 지역이고, 1937년 스탈린에 의한 강제이주 전까지 극동 지역 항일운동 및 한인사회의 중심지 역할을 한 곳이라는 것이다. 이 점에서 신한촌은 현재 실물로 존재하지 않음에도 불구하고 문화 · 역사 투어리즘의 장소로서 가치를 높게 평가받는다. 한편, 아르바트거리는 현재 유럽적 분위기로 충만한 문화거리로 재편성되었지만 한인과 독립운동가의 흔적을 여전히 지니고 있다는 점에서 문화 · 역사 투어리즘의 장소로서 재조명될 필요가 있는 곳이다. 독립운동가 최재형 선생의 추정 거주지 터뿐만 아니라 적지 않은 곳에서 한글 간판과 표지들을 발견할 수 있다는 게 그 이유다.

저자는 블라디보스토크 신한촌과 아르바트거리가 갖는 문화 · 역사 투어리즘적 잠재력을 현실화하기 위한 몇 가지 제언을 하며 글을 맺는다. 블라디보스토크의 문화 · 역사 투어리즘 조성 및 재정립 필요성, 블라디보스토크가 갖는 문화역사적 의미에 대한 홍보의 중요성, 한국과 러시아 간 학계 차원에서의 연계적인 교류와 공동 연구의 필요성 등이 그것이다. 이 글에 제시된 문화 · 역사 투어리즘적 장소들은 고-모빌리티 시대 이질적 문화들의 이동 및 만남을 통한 '장소' 또는 공동체의 이동적 형성 가능성, 더 나아가서는 일종의 공통문화의 형성 가능성을 사유하게 해 주는 유의미한 사례들일 것이다.

세 번째, 배진숙의 〈초국적 역사문화의 계승과 확산: 필라델피아와 로스앤젤레스 한인들의 3 · 1운동 인식과 100주년 기념사업〉은 3 · 1운동 기념일이 미국 내 소수민족인 재미 한인들에 의해서 기념되고 표상되는 방식에 관해 고찰한다. 이 글은 특히 미국에서 개최된 3 · 1 운동 및 임시정부 수립 100주년 기념사업의 취지와 행사 내용, 그 계획 및 추진 과정 등을 실증적으로 논의한다.

저자는 우선 미국 내 3 · 1운동의 소식과 영향, 일제강점기 민족 지도자 중심으로 조직된 독립운동 단체들의 활동 등에 관해 검토한다. 여기서 저자는 우선 1919년 4월 14일부터 16일까지 서재필 · 이승만 · 정한경 주도로 개최된 '미국에서의 3 · 1운동', 즉 '제1차 한인회의 The First Korean Congress'를 검토한다. 그리고 미국에서의 3 · 1운동 및 임시정부 수립 100주년 기념사업, 즉 필라델피아와 로스엔젤레스 지역 한인단체들을 중심으로 각각 2019년 4월 12~14일, 2월 2일~4월 19일 사이에 진행된 기념사업에 관해 논의한다. 일반적으로 이러한 행사는 집단기억의 재현이자 재생산을 위한 의례로서 공동체 구성원들을 민족 단위로 묶어 공통의 기억을 활성화하고 실체화하는 기능을 한다. 이때 '문화적 기억'은 시간이 지남에 따라 망각되고 상실되지만 '장소'와 결합하면 더욱 명확해지기도 하고 장기간 지속되기도 한다. 기념사업이 특정한 장소성을 환기하는 방식으로 진행되는 이유는 여기에 있다. 예를 들어, 필라델피아는 서재필이 살면서 활동했던 도시이자 '제1차 한인회의'가 개최된 곳이고, 캘리포니아는 미국에서 항일독립운동이 활발하게 전개되었던 곳이다.

이 글은 3·1운동 및 임시정부 수립 100주년 기념사업의 구체적인 양상을 개괄한 뒤 재미 한인들의 3·1운동에 대한 인식과 100주년 기념행사의 의미(한인 공동체의 결속력 강화, 일본의 역사왜곡과 영토분쟁 규탄, 한민족 통일에 대한 염원, 인권·자유·평화 등 보편적 가치 강조, 한미관계 강조)를 탐구한다. 이 글이 다루고 있는 미주 한인들의 활동은, 인간과 문화의 이동이 보편화된 시대 소수문화적 공통체와 다문화적 문맥 속에서 일종의 문화적 공통성을 형성하는 하나의 방식을 잘 보여 준다.

• • •

이 책에 실린 아홉 편의 글은 모빌리티 커먼즈, 장애인 이동권 관련 법제, 재개발 모빌리티 장치, 고-모빌리티 시대 장소윤리, 명소의 생태계와 윤리 교육, 자이니치-택시운전사에게 가해지는 이중적 차별, 일제강점기 한센 정책, 문화·역사 투어리즘, 재미한인의 3·1운동 기념 등을 중심으로 근대 모빌리티 에토스의 문제적 성격을 다양한 맥락에서 비판적으로 논의하는 한편, 차별과 배제, 폭력과 억압이 사라진 미래 모빌리티 에토스와 공통문화 구상을 시도하거나 그를 위한 사례들을 제공해 준다. 이와 같은 근대 모빌리티 에토스에 대한 비판적 성찰 작업이 향후 관련 논의를 활성화하는 데 기여할 수 있기를 바란다.

참고문헌

Sheller, Mimi, *Advanced Introduction to Mobilities*, Cheltenham, UK & Northampton, MA, USA: Edward Elgar Publishing, 2022.

Shin, Inseop, and Jinhyoung Lee, "Introduction: The Humanities in the Age of High Mobility," *Mobility Humanities*, 1-1, 2023.

로베르토 에스포지토, 〈면역화와 폭력〉, 김상운 옮김, 《진보평론》 65, 2015.09, 309~323쪽.

로베르토 에스포지토, 〈면역적 민주주의〉, 김상운 옮김, 《문화과학》 83, 2015.09, 390~415쪽.

미셸 마페졸리, 《부족의 시대: 포스트모던 사회에서 개인주의의 쇠퇴》, 박정호 · 신지은 옮김, 문학동네, 2017.

박우수, 〈수사학 전통에서 본 에토스와 문화〉, 《외국문학연구》 26, 2007.5, 185~207쪽.

존 어리, 《사회를 넘어선 사회학》, 윤여일 옮김, 휴머니스트, 2012.

존 어리, 《모빌리티》, 김태한 옮김, 앨피, 2022.

피터 애디, 《모빌리티 이론》, 최일만 옮김, 앨피, 2019.

하가르 코테프, 《이동과 자유》, 장용준 옮김, 앨피, 2022.

한나 아렌트, 《인간의 조건》, 이진우 · 태정호 옮김, 한길사, 1996.

한나 아렌트, 《정신의 삶》, 홍원표 옮김, 푸른숲, 2019.

1부

모빌리티: 자유, 권리, 장치

사회발전을 위한 모빌리티와 커먼즈의 가치 탐색
: 모바일 커먼즈로의 결합을 강조하여

ㅣ이용균ㅣ

이 원고는 이용균, 〈사회발전을 위한 모빌리티와 커먼즈의 가치 탐색: 모바일 커먼즈로의 결합을 강조하여〉, 《한국도시지리학회지》 24(3), 2021, 1~17쪽의 내용을 수정 및 보완한 것이며, 2018년 전남대학교 연구년교수 연구비(과제번호:2018-3396)의 지원으로 수행된 것이다.

사회발전의 이해

기후변화·감염병·글로벌화 등이 대안적 개발에 대한 관심을 불어넣고 있는 가운데, 현재의 개발은 성장주의·서구중심주의·기술중심주의·개인화에 초점을 둔다는 비판에 직면하고 있다.[1] 이러한 개발의 문제점에 대한 대안으로 관심을 받았던 포스트개발post-development은 탈성장degrowth, 슬로 라이프slow life, 축소지향down shifting, 로컬 개발 등을 강조하면서 새로운 개발의 방향을 제시하고 있다.[2] 하지만, 그동안 전개된 포스트개발 논의들은 모빌리티mobility와 커먼즈the commons가 강조되는 현 시대 사회발전을 위한 관점으로 다소 부족한 점이 있다.[3]

통상적으로 사회발전social development이란 사회가 단순한 구조에서 복잡한 구조로 변하고, 사회적 자원의 비축과 유통이 증대되는 현상 등 바람직한 사회로의 변화라는 의미를 담고 있다.[4] 유엔사회개발연구위원회UNRISD: United Nations Research Institute for Social Development는 광범위한 수준에서 사회발전을 정의하는데, 이에 따르면 사회발전이란 인

1 이용균, 〈지속가능한 개발의 한계와 대안적 지속가능성의 탐색〉, 《한국도시지리학회지》 24(2), 2021a, 1~17쪽.

2 A. Escobar, "'Post-development' as concept and social practice," in A. Ziai, (ed), *Exploring Post-development: theory and practice, problems and perspectives*, Routledge, London, 2007, pp. 18-32; A. Ziai, (ed), *Exploring Post-development: theory and practice, problems and perspectives*, London: Routledge, 2007.

3 R. Peet, E. Harwick, *Theories of Development: Contentions, Arguments, Alternatives*, 3rd edition, London: The Guilford Press, 2015.

4 N. Noyoo, "Introduction to the concept of social development," in L. Calvelo, R. Lutz, A. Stauss, (eds.), *Development and Social Work(VI)*, Paulo Freire Verlag, Oldenbrug, 2015, pp. 27-41.

간복지 · 사회관계 · 사회제도에서 개선이 이루어지고, 이러한 개선이 민주적 거버넌스와 사회정의의 원칙에 적합하고 지속가능하며 조화를 이루는 상태를 말한다.[5] 이러한 정의는 유엔개발프로그램UNDP: United Nations Development Programme이 '개발의 목표는 인간에 있으며, 국가의 진정한 부는 인간에 있다'는 주장을 확대한 것이라 할 수 있다.[6] 한편, 2015년부터 추진되고 있는 유엔의 지속가능개발계획SDGs: sustainable development goals은 미래 사회의 변화를 위한 5개 핵심 분야로 구성되는데, 그중 하나가 사회발전으로 '인간 모두에게 유익하고 균형 잡힌 사회적 개선과 진보를 달성하는 것'이라고 명시하고 있다.[7]

사회발전은 건강 · 교육 · 기본 경제활동 보장 등을 통한 개인 삶의 개선, 사회의 안전(평화)과 차별 금지(성평등) 등과 같은 사회제도적 측면의 변화를 강조한다.[8] 즉, 사회발전은 경제적인 것the economics과 사회적인 것the social의 조화를 통해 추진될 수 있다는 것이다.[9] 이런 점에서, 사회발전을 추구한다는 것은 사회적 변화와 개선이 갖는 가

5   United Nations Research Institute for Social Development, *Social Development in an Uncertain World: UNRISD Research Agenda 2010-2014*, Geneva: UNRISD, 2011, p. 2.

6   United Nations Development Programme, *Human Development Report*, New York: Oxford University Press, 1990.

7   지속가능개발계획은 5개 부문, 17개 목표, 그리고 세부 목표로 구분할 수 있다. 5개 부문은 빈곤 · 사회발전 · 환경 · 경제성장 · 글로벌 파트너십으로 구분 가능하며, 사회발전에는 목표3(보건 증진), 목표4(교육 보장과 평생학습), 목표5(성평등과 여성역량 강화), 목표10(불평등 해소), 목표16(평화로운 사회와 제도) 등 5개 목표와 53개 세부 목표가 포함된다(United Nations, *The Millennium Development Goals Report 2015*, United Nations, 2015).

8   G. Davis, *A history of the social development network in The World Bank, 1973-2003*, The World Bank, 2004.

9   United Nations Research Institute for Social Development, *Social Development in an Uncertain World: UNRISD Research Agenda 2010-2014*, 2011.

치를 발견하고, 이를 제도적으로 실천하는 것이다.

필자는 유엔개발프로그램UNDP과 지속가능개발계획SDGs에서 제시된 사회발전의 개념과 실천 방향을 토대로, 사회발전을 '사회의 복리가 개선되는 변화의 과정'으로 이해한다. 즉, 사회발전은 사회의 집합적 복리와 삶의 질적 향상을 추구하는 것으로, 사회 전체의 개선과 번영을 추구하는 사회운동이라 할 수 있다.[10] 집합적 복리와 삶의 질을 추구하는 방법은 다양하며 이를 실천하는 사회운동도 다양할 것이지만, 본 연구는 모빌리티와 커먼즈의 가치에 주목하고자 한다. 모빌리티는 모바일/임모바일mobile/immobile 기반의 기술 · 인프라 · 지식 등의 이동과 이동 역량이 사회발전의 원동력이란 점에서 그 가치를 찾을 수 있고, 커먼즈는 자원과 지식 등의 공동관리가 지속가능한 사회의 핵심이란 점에서 그 가치를 찾을 수 있다.

존 어리John Urry에 의하면, 모빌리티는 단순한 이동movement이 아니라 이동하는 무리(사람, 상품, 정보 등)가 이동(또는 부동)을 생성하는 과정을 발생학적 관점에서 이해하는 것이다.[11] 즉, 모빌리티는 운동하는 것the motion · 움직이는 것the moving · 이동하는 것the mobile 등 다양한 공간적 · 사회적 · 자연적 변화의 특성과 관계, 그리고 이러한 변화에 담긴 의미 해석을 통해 공간과 사회를 이해하는 관점이다.[12] 이는 경

---

10 G. Davis, *A history of the social development network in The World Bank, 1973-2003*, 2004; M. Nussbaum, M., "Creating capabilities: the human development approach and its implementation," *Hypatia* 24-3, 2009, pp. 211-215; N. Noyoo, "Introduction to the concept of social development," pp. 27-41.

11 J. Urry, *Mobilities*, Cambridge: Polity Press, 2007.

12 이용균, 〈모빌리티와 일상의 세계: 복잡성, 리듬, 정동〉, 《모빌리티 생활세계학: 테크놀로지 도시공간 공동체》, 앨피, 2021b, 295~354쪽.

제·비경제 활동을 자극하고 촉진하고 생산하는 수단이며, 사회적 관계가 유지되고 지속되는 토대를 제공한다. 모빌리티는 또한 다양한 경제활동의 가치사슬 각 단계를 연결하고 시너지 효과를 창출하며, 비경제적 활동에 활력을 불어넣고 사회를 매끄럽게 작동시키는 윤활유 역할을 한다. 비록 사회발전에 부정적 영향을 미칠 수 있는 요소를 갖고 있으나, 모빌리티는 서로 조화되거나 배제되거나 충돌하는 다양한 시스템을 구성하는 모바일/임모바일 요소들로 구성되며,[13] 이들 요소의 다양하고 역동적인 이동이 사회발전의 토대가 된다.[14]

커먼즈는 단순히 자원과 정보의 공유만을 의미하는 것이 아니라, 사회적으로 공유가 실천되는 가치와 제도를 포함하는 개념이다. 커먼즈는 토지를 포함한 자연, 문화와 언어, 그리고 생산과 소비 활동의 부산물, 교육 효과 등을 망라하여 사회 구성원이 사용에 대한 평등한 권리를 갖게 되는 모든 것을 의미한다.[15] 역사적으로 공유는 인간이 사용할 수 있는 자연의 혜택이었고, 노동의 산물임과 동시에 미래의 생산수단이었다. 하지만 커먼즈가 사회발전을 위한 문화와 제도로서

---

13 C. Gay, V. Kaufmann, S. Landrieve, S. Vincent-Geslin, *Mobile Immobile 2: Quels choix, quels droits pour 2030*, Avignon: Éditions de L'Aube/Forum Vies Mobiles, 2011b.

14 모빌리티가 사회발전을 주도하기 위해서는 부정적 모빌리티 외부성negative mobility externality이 극복되어야 한다. 모빌리티는 자체적으로 불평등과 불균형을 담고 있으며, 고-모빌리티 사회로 전환하면서 환경오염의 심화, 계급과 불평등의 심화, 사회적 응집력의 약화 등과 같은 부정적 영향을 미치기 때문이다(이용균, 〈모빌리티가 여행지 공공공간의 사적 전유에 미친 영향: 터키 여행공간을 사례로〉, 《한국도시지리학회지》 22(2), 2019, 47~62쪽; V. Kaufmann, *Re-thinking the City: Urban Dynamics and Motility*, Lausanne: EPFL Press, 2011).

15 A. Negri, M. Hardt, *Commonwealth*, Cambridge, MA: Harvard University Press, 2009; J. Rifkin, *The Zero Marginal Cost Society: The Internet of Things, the Collaborative Commons, and the Eclipse of Capitalism*, New York: Palgrave Macmillan, 2014.

실천되기 위해서는 커먼즈의 부정적 외부성negative externality of commons 을 극복할 필요가 있다.[16]

이 연구는 사회발전을 위해 모빌리티와 커먼즈의 가치가 어떻게 사회의 제도로 정착되고 일상에서 실천될 수 있는지, 모빌리티와 커먼즈의 결합에 의한 모바일 커먼즈가 사회발전의 핵심 요소로 작용할 수 있는 방안은 무엇인지에 주목한다. 모빌리티는 사회발전에 있어 어떤 가치를 가지며, 또한 어떻게 사회제도로 실천될 수 있는가? 커먼즈는 어떻게 사회발전의 대안으로 부상할 수 있으며, 커먼즈의 제도화와 실천은 어떻게 추진될 수 있는가? 모빌리티와 커먼즈는 어떻게 모바일 커먼즈로 결합되고, 사회발전을 위해 어떤 시너지 효과를 발휘하는가? 모바일 커먼즈는 사회적 니즈social needs를 어떻게 해결하면서 사회정의를 실천할 수 있으며, 모바일 커먼즈 거버넌스는 어떻게 추구될 수 있는가? 이 글은 이들 문제에 대한 해결 방안을 탐색하는 사유의 과정이라고 할 수 있다.

---

16 커먼즈는 추상적 개념으로 자칫 공유를 공유경제의 맥락에서 이해하도록 하며(이용균, 〈신자유주의 개발의 상상력과 포스트개발: 공유경제를 중심으로〉, 《한국지리학회지》 4(2), 2015, 293~306쪽), 디지털 플랫폼과 같은 새로운 독점 환경을 조성하면서 지식과 자원에 대한 사회적 공유를 약화시킬 수도 있다(이광석, 《피지털 커먼즈》, 갈무리, 2021). 또한, 커먼즈의 부정적 외부성은 공동체와 공동체주의를 강조하면서 개인적 차원의 가치를 간과할 수 있으며, 커먼즈의 제도화를 방해할 수도 있다(이용균, 〈광주광역시 공유정책의 현재와 미래: 공유의 대안적 발전을 중심으로〉, 《한국도시지리학회지》 21(3), 2018, 1~16쪽).

모빌리티와 사회발전

모빌리티 사회의 가치

모빌리티와 사회발전은 매우 밀접한 관계를 갖는다. 이는 역사적 과정을 통해 쉽게 이해할 수 있다. 인류의 역사는 이동의 역사라 할 수 있는데, 인류는 동부아프리카로부터 메소포타미아 지역을 거쳐 유럽과 남 · 동아시아로 이동하면서 문명을 발달시켰다.[17] 실크로드, 게르만족의 대이동, 몽골의 침입, 십자군전쟁, 유럽의 대항해시대, 로마제국의 도로, 바이킹의 침입 등 인류의 이동은 문물을 교환하고 문명을 전파하는 데 큰 역할을 하였다. 인류는 초장소적 이동을 통해, 그리고 초장소적 이동을 위해 사회의 규칙과 문화를 생성하였다.[18] 즉, 이동할 수 있는 모빌리티 역량을 갖추는 것이 사회의 경제, 문화, 정치가 발전할 수 있는 토대가 되었던 것이다.

유럽인에 의한 대항해시대는 항해 모빌리티를 발전시킴과 동시에, 미지의 세계에 대한 탐험과 관찰을 통해 방대한 지식의 수집 · 정제 · 집적을 이룩하였고, 이는 세계의 발전을 견인하는 원동력이 되었다.[19] 하지만 모빌리티는 부정적 효과를 수반하는데, 모빌리티의 발달이 제

---

17 S. Castles, M. Miller, *The Age of Migration: International Population Movements in the Modern World*, Basingstoke: Palgrave Macmillan, 2009; J. Diamond, *Collapse: Why Societies Choose to Fail or Succeed?*, New York: Penguin Group, 2005; Y. Harari, *Sapiens: A Brief History of Humankind*, New York: Harper, 2014.

18 N. Salazar, A. Smart, "Anthropological takes on (im)mobility, identities," *Global Studies in Culture and Power* 18-6, 2011, pp. i-ix.

19 T. Ballantyne, "Mobility, empire, colonisation," *History Australia* 11-2, 2014, pp. 7-37; J. Kuehn, P. Smethurst, P. (eds.), *Travel Writing, Form, and Empire: the Poetics and Politics of Mobility*, London: Routledge, 2008.

국주의나 식민주의가 확대되는 데 큰 영향을 미쳤음을 부인할 수 없기 때문이다.

중세와 근대를 거치면서 모빌리티가 사회발전에 미치는 영향은 더 커졌고, 현재 고-모빌리티 사회에서 사람·정보·문화·금융·상품의 이동은 과거와는 다른 속도와 공간적 범위에서 이루어지고 있다. 인터넷과 휴대전화가 없다면 일상 자체의 의미가 없을 정도이다. 젠더, 인종, 종교, 섹슈얼리티, 난민 등의 이슈도 SNS를 비롯한 모바일 정보에 의존하고 있다. 이런 점에서 모빌리티가 사회발전에 미치는 영향은 시간의 흐름에 따라 증대하였다고 볼 수 있다.

따라서 모빌리티의 제한은 사회발전에 부정적 영향을 미치기 쉽다. 실제로 유엔의 《지속가능개발목표 2021 보고서》에 의하면, COVID-19로 인한 팬데믹이 이동의 제한을 가져오면서 사회발전에 부정적 영향을 미치고 있다. 전 세계적으로 불평등 지수인 지니계수가 6퍼센트 증가하였고, 식량 부족 인구는 2019년 6억 5천만 명에서 2020년 7억 2천~8억 1천만 명으로 증가하였으며, 글로벌 파트너십도 축소되었다.[20] 곧, 이동성 증가와 모빌리티 사회로의 전환은 바람직한 사회변화를 견인하고, 삶의 질을 개선하는 데 필수적 요소라 할 수 있다.

모빌리티 연구의 선구자인 존 어리는 이동과 관련하여, 이동의 맥락에서, 이동과 함께 사회를 이해하는 관점을 모빌리티 렌즈mobility lens라 하였다.[21] 이는 경제 중심으로 사회발전을 이해하는 관점을 지양하고, 변화의 관점에서 사회의 제도와 문화를 이해함으로써 사회발

---

20   United Nations, *The Sustainable Development Goals Report 2021*, United Nations, 2021.
21   J. Urry, *Mobilities*, 2007.

전의 메커니즘을 인간 중심에서 사회-자연 또는 인간-비인간의 관계 중심으로 전환하고, 이를 통해 삶의 질 개선을 강조하는 것이다. 유사한 맥락에서 모빌리티 지리학자 피터 애디Peter Adey는 모빌리티 렌즈를 인간-비인간 관계 또는 포스트휴먼post-human의 관점과 일맥상통한 것으로 인식하면서, 사회의 제도와 문화가 사회적 관계에 의한 창발emergence이라면 사회 그 자체가 모빌리티(시스템)라고 본다.[22]

크리스토프 게이Christophe Gay 등은 《모바일/임모바일 1》에서 우리 사회가 모빌리티에 의존하는 것은 현대인이 다-사회적multi-social, 다-공간적multi-spatial 조건 속에서 살아가기 때문이라고 보았다.[23] 현 사회는 글로벌 수준에서 관계 맺는 로컬들의 연결로서 존재한다. 이는 인류가 불평등 구조에서 살아감을 의미하는데, 그 이유는 팀 크레스웰Tim Cresswell이 《온 더 무브》에서 주장하는 것처럼 누군가의 이동이 누군가의 부동(또는 희생)을 전제로 발생하기 때문이다.[24] 이처럼 공간 이동의 제약이 불평등을 발생시키는 요인이라는 점은 왜 〈세계인권선언〉이 모빌리티 자율권을 강조하는지를 보여 준다. 〈세계인권선언〉 제13조는 이동과 거주의 자유, 그리고 떠날 권리와 돌아올 권리를 보장하고 있다.[25] 모빌리티 자유란 곧 개인의 권리이며, 공간 이동의 제

---

22 P. Adey, *Mobility*, 2nd edition, London: Routledge, 2017.

23 C. Gay, V. Kaufmann, S. Landriève, S. Vincent-Geslin, *Mobile Immobile 1: Quels choix, quels droits pour 2030*, Avignon: Éditions de L'Aube/Forum Vies Mobiles, 2011a.

24 T. Cresswell, *On the Move: Mobility in the Modern Western World*, London: Routledge, 2006.

25 〈세계인권선언〉 제13조 1항에는 "모든 사람은 자국 내에서 이동 및 거주의 자유에 대한 권리를 가진다"고 명시되어 있고, 2항에는 "모든 사람은 자국을 포함하여 어떠한 나라를 떠날 권리와 또한 자국으로 돌아올 권리를 가진다"고 명시되어 있다.

약이 없다는 것은 익숙한 장소를 떠나지 않으면서도, 즉 정주성 sedentarity을 유지하면서도 필요한 경우 이동을 통해 경제적·사회적 활동을 영위할 수 있음을 의미한다.[26] 자율적 개인은 스스로 행위할 수 있음과 타자와의 관계를 스스로 생성할 수 있음을 의미하며, 이동적 삶을 산다는 것은 단순히 자유로운 이동이 가능한 삶을 사는 것이 아니라 사회와 공현존하는 경험을 살아가는 것이다.[27] 이처럼 모빌리티 사회를 건설한다는 것은 단순히 원하는 곳으로의 이동의 자유만을 보장하는 것이 아니라, 우리 자신과 사회를 알아 가는 과정이며, 이는 곧 사회발전의 과정이다.

이러한 모빌리티 렌즈 그리고 모빌리티 사회 건설이 사회발전에 미치는 영향에 집중하면서, 모빌리티 연구자들은 모빌리티 자본 mobility capital에 주목한다.[28] 모빌리티 자본은 모바일/임모바일의 역량이 개인과 사회의 발전에 미치는 긍정적 효과라 할 수 있는데, 이는 사회적 자본social capital과 문화적 자본cultural capital의 의미를 확대·재구성한 것이다. 피에르 부르디외Pierre Bourdieu에 의하면, 사회적 자본은 친구 등의 관계로 형성된 네트워크로 엘리트의 일원이 되거나 상류사회에서 활동할 수 있는 역량이며, 문화적 자본은 경제적 지위를 바탕으로 한 교육 수준의 차이가 문화적 지식이나 기술 수준의 습득

---

26 C. Gay, V. Kaufmann, S. Landrière, S. Vincent-Geslin, *Mobile Immobile 1: Quels choix, quels droits pour 2030*, 2011a.

27 C. Gay, V. Kaufmann, S. Landrière, S. Vincent-Geslin, *Mobile Immobile 1: Quels choix, quels droits pour 2030*, 2011a.

28 M. Sheller, *Mobility Justice: the Politics of Movement in an Age of Extremes*, London: Verso, 2018; J. Urry, *Mobilities*, 2007.

에 영향을 미치는 역량이다.[29] 하지만 사회적 자본과 문화적 자본은 자본과 교육이 체화된 상태embodied state, 객관화된 상태objective state, 제도화된 형태institutionalized forms를 통해 문화를 재생산하는 관계를 밝히고 있으나,[30] 계급의 차이를 넘어선 발전 가능성과 계급의 차이를 극복하기 위한 기회 제공의 필요성을 간과하는 경향이 있다.

반면, 모빌리티 자본은 모바일/임모바일의 현재적 또는 잠재적 사용이 개인과 집단의 변화 능력과 역량 강화에 기여하는 사회적 가치 체계이다. 위르겐 하버마스의 지적처럼 교통과 통신의 발전이 한편으로는 접촉과 소통의 공간을 축소시키지만,[31] 다른 한편으로 휴대전화 · 인터넷 · SNS와 결합하면서 또 다른 형태의 접촉과 소통을 통해 모빌리티의 역동성을 증대시킨다.[32] 이런 점에서 모빌리티 증대는 만남의 공간, 접촉의 공간, 토론의 공간을 확대하고, 이 과정에서 모빌리티 자본의 사회적 가치는 확대된다. 특히 자본축적, 인종주의, 계급주의 등과 같은 불평등과 차별적 조건에 의한 문제 해결도 상당 부분 모빌리티 자본의 구축을 통해 가능할 것이다. 즉, 사회적 불평등을 해소시킬 최상의 방법은 모빌리티의 접근이 사회 전체에서 공평하게 실천될 수 있는 제도적 장치를 마련하는 것이며, 모빌리티 자본의 사회화는 다양한 형태의 부정적인 모빌리티 외부성을 축소하면서 사회발전을 견인할 것이라 판단된다.

29   P. Bourdieu, *An Invitation to Reflexive Sociology*, Chicago: University of Chicago Press, 1992.

30   A. Giddens, P. Sutton, *Sociology*, 8th edition, Cambridge: Polity Press, 2017.

31   J. Habermas, *The Philosophical Discourse of Modernity*, Cambridge: Polity, 1985.

32   P. Adey, *Mobility*, 2017; M. Sheller, J. Urry, "The new mobilities paradigm," *Environment and Planning A* 38, 2006, pp. 207-226.

이런 점에서 모빌리티 자본은 뱅상 카우프만Vincent Kaufmann이 주장하는 것처럼 모틸리티motility로 이해할 필요가 있다.[33] 모빌리티를 활용하고 이를 통해 변화를 추구하는 역량인 모틸리티는 개인과 사회에 의한 공간적 이동과 사회적 이동(신분, 지위의 변화 등)의 접합articulation에 의해 발생한다. 공간적·사회적 기회에 대한 접근을 가능하게 하고, 필요한 기술과 지식을 활용하고, 욕망과 욕구를 실현하고, 사회와 공간을 연결하고 배열하고 배치하며, 사회발전 가능성의 장을 제공하는 것이 바로 모틸리티이다. 모틸리티는 곧 인간의 삶이 살아지는 공간을 공유하고, 사회 변화의 잠재력을 공유하고, 낯선 행위자와 마주침을 공유하도록 한다. 모틸리티 관점을 도입하면, 개인과 집단의 관계에서 발생하는 이익은 모두 모빌리티에 의한 것이며, 모빌리티 자본은 사회 모두가 공유할 자본임을 인식하게 된다. 즉, 모빌리티 자본은 사회적 환원의 차원에서 의의를 갖는다. 사회적 환원이 이루어지지 않을 경우 모빌리티는 사회적 불평등의 심화와 함께, 장소감의 약화, 의사소통 공간의 축소, 공적 공간의 침해 등을 야기할 수 있다.[34] 이런 점에서 모빌리티 자본은 사회발전을 위한 인프라이며, 모두를 위한 커먼즈이며, 이를 관리할 거버넌스가 요구된다.

지리학자 폴 녹스Paul Knox와 스티븐 핀치Steven Pinch에 의하면, 거버넌스는 신자유주의가 추진되던 1980년대에 출현한 국가 통치의 새로운 형태로, 지역사회의 참여를 통해 의사 결정을 수행하는 방법이

33   V. Kaufmann, *Re-thinking the City: Urban Dynamics and Motility*, 2011.
34   P. Norton, *Fighting Traffic: the Dawn of the Motor Age in the American City*, Cambridge: MIT Press, 2008; P. Adey, *Mobility*, 2017.

다.[35] 거버넌스는 국가라는 영토(성)에 기반하여 정부-이해 당사자-지역사회의 파트너십을 통한 정부의 관리 체계를 강조한다. 정부의 기업주의화, 개인의 자율과 책임 강화, 중앙정부의 분권화 등은 거버넌스 정책 또는 굿 거버넌스good governance가 확대되는 계기가 되었다.[36] 거버넌스는 지역사회의 참여와 통합, 자원과 정보의 공유, 관련 네트워크의 활성화, 이해 당사자의 조정과 중재를 통한 의사 결정을 강조하지만, 여전히 권력관계 속에서 개인 주체가 어떻게 구성될 수 있는지에 주목한다.[37] 이런 점에서 거버넌스는 '통치의 주체'로서의 국가와 '통치의 대상'으로서의 개인을 이분화하면서, 개인의 참여에 의한 국가의 통치를 지향한다.

모빌리티는 이러한 거버넌스의 단점을 보완하면서 새로운 거버넌스 시스템인 '모빌리티 거버넌스'를 제도화하는 동력을 제공한다. 모빌리티는 이동과 변화의 관점에서 거버넌스를 이해하고, 사회발전이 경제활동뿐만 아니라 비경제적 활동의 성과임을 강조한다. 예를 들어, 자연을 보호한다는 것은 자연이 스스로 보호되는 것이 아니라 인간 이동의 통제와 행동의 변화를 통한 거버넌스 실천인데, 모빌리티 거버넌스를 통한 자연보호의 실천은 환경오염과 환경 훼손에 투입되는 경제적 · 정신적 손실을 줄일 수 있다. 또한, 돌봄은 몸의 이동을

35 P. Knox, S. Pinch, *Urban Social Geography: an Introduction*, 6th edition, London: Prentice Hall, 2010.

36 G. Williams, P. Meth, K. Willis, *Geographies of Developing Areas*, New York: Routledge, 2014.

37 D. Atkinson, P. Jackson, D. Sibley, N. Washbourne, (eds.), *Cultural Geography: A Critical Dictionary of Key Concepts*, London: Tauris, 2005.

통해 한 신체가 다른 신체를 원조하는 활동으로, 양질의 돌봄 시스템의 제도화는 다양한 사회발전이 추진되는 토대가 된다. 또한, 여가와 여행과 관련된 모빌리티 거버넌스는 다양한 경제활동을 자극할 뿐만 아니라 노동의 재생산에 필수적이다. 이처럼 다양한 모빌리티의 공현존co-presence은 사회발전의 요소이자, 사회 변화를 가져오고 사회발전의 공진화co-evolution를 견인하는 거버넌스 시스템이다.

또한, 모빌리티는 경제 · 사회 · 문화 · 정치가 서로 분리된 것이 아닌 상호 연결된 것으로 인식하도록 하면서, 이동과 변화에 의한 거버넌스의 배치와 결합을 강조한다. 즉, 모빌리티는 이동과 변화를 통한 질서(화)와 (재)생산에 의해 몸의 움직임 · 실천 · 루틴이 내면화되고 반복되면서, 모빌리티 자체가 사회적 규범이 되어 사회적 질서가 생산되는 토대, 즉 거버넌스로 제도화됨을 의미한다. 예를 들어, 기존의 거버넌스는 장애인의 모빌리티를 간과하는데,[38] 장애인의 모빌리티 개선은 사회발전에서 매우 중요한 부분을 차지한다. 물론, 장애인의 모빌리티 개선을 위해 많은 자본과 노력이 투입되겠지만, 장애인에게 적합한 활동 기회를 제공하는 것은 사회발전에 매우 고무적이며, 최소한 장애인을 부족한 존재로 낙인찍는 담론에서 벗어날 수 있도록 한다. 장애인의 모빌리티를 개선하는 것은 모빌리티가 사회발전의 거버넌스로서 제도화되어야 함을 시사한다.

---

[38] B. Gleeson, *Geographies of Disability*, London: Routledge, 1999.

모빌리티 사회의 실천

《모빌리티 정의》를 저술한 미미 셸러Mimi Sheller는 모빌리티를 사회 정의의 또 다른 표상이라 주장하면서, 사회는 이동과 직간접적 관계 속에서 발전하므로 모빌리티에 대한 평등한 접근을 추구하는 것이 사회발전의 첩경이라 주장한다.[39] 이동, 즉 인간의 활동은 다른 사람 또는 사물과의 관계를 통해 구성되므로, 모빌리티 정의가 추구되지 않으면 진정한 사회발전도 불가능하다는 것이다.

하지만 모빌리티 정의를 실천하기 위해서는 우선 모빌리티의 부정적 외부성을 극복할 필요가 있다. 전술한 바와 같이, 모빌리티는 약자의 취약성을 더욱 약화시키고,[40] 취약계층의 사회경제적 활동을 제약할 가능성이 있다.[41] 특히, 응급 상황에서 빈곤 계급의 모빌리티 약점은 치명적 손실로 이어질 수 있으며,[42] 외국인노동자는 경제활동에는 참여하지만 사회적 모빌리티의 제한으로 여가 · 연대 · 출산 등 사회적 재생산에서 배제되기 쉽다.[43] 이처럼 모빌리티의 부정적 외부성은 지리학자 도린 매시Doreen Massey가 서로 다른 권력이 한 사건과 장소에 동시적으로 연루되는 현상을 설명하기 위해 사용한 '권력의 기하학'과 '차이의 정치화'를 작동시키면서 사회와 공간의 불평등을 심화

39 M. Sheller, *Mobility Justice: the Politics of Movement in an Age of Extremes*, 2018.

40 이용균, 〈모빌리티가 여행지 공공공간의 사적 전유에 미친 영향: 터키 여행공간을 사례로〉, 47~62쪽.

41 A. Ong, *Neoliberalism as Exception: Mutations in Citizenship and Sovereignty*, Durham, NC: Duke University Press, 2006.

42 P. Adey, *Mobility*, London: Routledge, 2010.

43 N. Oswin, "The queer time of creative urbanism: family, futurity, and global city Singapore," *Environment and Planning A* 44-7, 2012, pp. 1624-1640.

시킨다.[44]

이런 점에서 사회발전을 위해서는 모빌리티의 부정적 외부성을 최소화하면서 모빌리티 정의를 실천하는 전략이 요구된다. 사회적 약자를 위한 모빌리티 접근과 이용이 사회제도로서 추진되어야 하고, 비상 상황의 조치가 모든 시민에게 공평하게 추진될 수 있도록 매뉴얼화되어야 하며, 공유 · 연대 · 마주침을 통한 삶의 질적 개선이 가능하도록 모빌리티 정의가 실천되어야 할 것이다.[45] 모빌리티 정의의 실천에서 중요한 것은 '사회적으로 어떤 이동이 허용되고 어떤 이동이 거부되는지', '누가 이동을 결정하는지', '누구의 모빌리티가 중요하게 받아들여지는지', 그리고 '자기-모빌리티self-mobility를 누가 결정하는지'에 대한 문제를 제기하고 이에 대한 해법을 찾는 노력이다.[46] 모빌리티 정의는 불합리한 권력에 저항하면서, 다중multitude의 연대와 책임을 강조하고, 모두를 위한 삶의 질을 추구하면서 실천될 수 있을 것이다.[47] 이는 단순한 포함의 논리가 아니라, 사회적 약자의 취약성을 모빌리티를 통해 극복하는 다양한 노력들이 바로 모빌리티 정의의 실천이다.

모빌리티를 통한 사회발전을 실천하기 위해 개방적 공간-만들기 전략이 필요하다. 개방적 공간이란 단순히 다른 로컬과 연결되는 공

---

[44] D. Massey, *For Space*, London: Sage, 2005.

[45] P. Adey, *Mobility*, 2017; T. Cresswell, *On the Move: Mobility in the Modern Western World*, 2006.

[46] P. Adey, *Mobility*, 2017.

[47] 네그리와 하트는 다중을 일반 대중의 의미가 아니라, 잠재적 정치활동의 역량을 갖춘 사람들로 인식한다(A. Negri, M. Hardt, *Commonwealth*, 2009). 즉, 다중은 변화를 위한 계획과 실천을 추진하는 자, 즉 자기조직화가 가능한 능동적 행위자를 의미한다.

간을 의미하는 것이 아니라 다른 공간과 연결될 수 있는 모바일 조건을 갖춘 공간으로, 개방적 공간-만들기는 다양하고 잠재적인 사회적 관계가 공간-경계를 넘어 서로 연결되도록 하는 것이다. 즉, 모바일 역량을 갖춘다는 것은 단순하고 평범한 공간(도시, 상가, 주택, 공원 등)도 자체의 모빌리티 잠재성을 갖고 있으며, 자체의 장소와 다른 지역을 변화시킬 모빌리티를 갖고 있음을 스스로 발견하고 이를 실천하는 것을 의미한다. 도린 매시에 의하면, 로컬에서의 일상은 시공간을 초월하는 다양한 관계 속에 "함께-던져져-있음thrown-togetherness"으로,[48] 로컬은 다른 로컬과 함께 모빌리티 시스템을 구성한다. 즉, 함께-던져져-있음이란 로컬이 다른 로컬과 개방적 관계 속에 존재하면서 다-공간적 리듬을 구성하고 실천하는 것이다.

이런 점에서 개방적 공간을 만든다는 것은 거창한 사회발전 프로그램을 추진하거나 최신 모바일 인프라를 구축하는 것만이 아니라, 긍정적 정동positive affect이 로컬에 뿌리내리도록 하는 것이다. 예를 들어 안전한 밤거리, 양성평등의 공간, 청소년을 위한 공간 확대, 연령 차별 없는 사회, 폐쇄적 공동체의 개방 등을 실천하는 노력이라 할 수 있다.[49] 중요한 점은 개방적 공간-만들기가 로컬-로컬의 연결과 연대를 통해 다중의 사회적 네트워크를 활성화시킬 수 있다는 것으로,[50] 이러한 사회적 네트워크는 사회발전을 견인하고 지속시키는 토대가 될 수 있다.

48 D. Massey, *For Space*, 2005.

49 G. Waitt, E. Stratford, T. Harada, "Rethinking the Geographies of Walkability in Small City Centers," *Annals of the American Association of Geographers* 109-3, 2019, pp. 926-942.

50 M. Hardt, A. Negri, *Assembly*, New York: Oxford University Press, 2017.

마르크스주의 지리학자 데이비드 하비David Harvey는 공간의 불평등은 자본축적의 결과이며, 특히 인프라가 자본과 노동을 도시 공간에 집중시키면서 자본축적을 촉진한다고 주장한다.[51] 그의 주장에 따르면, 자원과 정보가 특정 계급의 자본축적에 전유되는 것을 제어하는 것이 사회발전의 첩경으로, 이는 다수가 자원과 정보 사용에 대한 권리, 즉 모빌리티 자유를 가질 때 소수에 의한 자본축적을 제어할 수 있다는 것이다. 자본축적이 심화될수록 인프라는 공간적 불균등을 확대하고, 모빌리티 불의mobility injustice도 확대한다.[52]

따라서 사회발전은 자원과 정보에 대한 접근·사용·공유가 다수의 대화와 타협, 즉 마주침의 정치를 통해 실천될 때 시너지 효과를 발휘한다. 이러한 시너지 효과는 사람·사물·정보를 다수가 관리하고, 타자와의 마주침이 배제 없이 대화와 소통으로 연결되는 환대의 공간에서 창출될 수 있다.[53] 이러한 환대의 공간은 모빌리티 자유가 보장될 때 추구될 수 있으며, 모빌리티 자유는 타자와의 마주침 부족에 의한 '탈정치화' 문제를 해결하는 원동력이 된다.[54]

고-모빌리티 사회는 다양한 정보에 의존하며, 정보 인프라에 대한

51   D. Harvey, "The future of the commons," *Radical History Review* 109, 2011, pp. 1-7.

52   M. Sheller, *Mobility Justice: the Politics of Movement in an Age of Extremes*, 2018.

53   M. Hardt, A. Negri, *Assembly*, 2017.

54   지리학자 에릭 스윈기도우Erik Swyngedouw에 의하면, 신자유주의는 개인의 정치적 실천을 약화시키는 탈정치화를 수반하는데, 이는 시장이 자연에 접근해 자연을 바꾸거나 분배하는 유일한 방법이자 경제성장을 실천하는 유일한 방법이라고 인식하도록 한다는 것이다(G. D'Alisa, F. Demaria, G. Kallis, *Degrowth: a Vocabulary for New Era*, Routledge, New York, 2015. [자코모 달리사·페데리코 데마리아·요르고스 칼리스 편,《탈성장 개념어 사전》, 강이현 옮김, 그물코, 2018]). 이러한 탈정치화 과정은 다른 견해와 입장을 인정하는 정치를 무력화시키고, 성장을 유지하는 거버넌스의 관리 기술

공정한 접근과 사용이 사회발전을 위해 중요하다. 정보가 어떤 목적으로 어떻게 수집되고 활용되는지가 투명하게 공개되어야 하며, 정보 인프라의 사용과 관리에 대한 책임의 투명성도 요구된다. 이처럼 정보와 자원이 모두에게 접근 가능하고, 이용에 대한 프라이버시가 보호되기 위해서는 모빌리티 자유가 필요하다.[55]

모빌리티 자유가 실천될 때 정보와 자원에 대한 접근 · 사용 · 공유의 시너지 효과가 발휘되며, 이는 또한 타자와의 마주침이 소통과 연대의 정치로 작동되는 토대가 된다. 이런 점에서 모빌리티 자유는 '참여의 부재라는 탈정치화'를 마주침의 정치에 기반한 '대화와 타협의 재정치화'로 전환시킬 수 있다. 따라서 사회발전이란 모빌리티 자유에 의해 생성되고 변화하고 개선되는 관계적 산물이며, 모빌리티 자유가 없다면 마주침의 정치 또한 불가능하다. 모빌리티(자유)는 마주침의 정치를 통해 다중의 모빌리티가 새로운 사회발전을 실현시키는 제도이자 실천인 것이다.

커먼즈와 사회발전

커먼즈의 가치
커먼즈는 물질적 세계의 공유재(물, 공기, 토양, 삼림 등)와 사회적 생산의 공유재(언어, 지식, 코드, 정보 등)를 포괄하며, 건강 · 복지 · 교

이 사회를 지배하도록 한다.

55 C. Gay, V. Kaufmann, S. Landriève, S. Vincent-Geslin, *Mobile Immobile 1: Quels choix, quels droits pour 2030*, 2011a; C. Gay, V. Kaufmann, S. Landriève, S. Vincent-Geslin, 2011, *Mobile Immobile 2: Quels choix, quels droits pour 2030*, 2011b.

육 · 의료 등 인간 공동의 이익을 대표하는 것도 커먼즈의 대상으로 인식된다.[56] 크리스토프 아귀통Christophe Aguiton에 의하면, 커먼즈란 무엇을 공동으로 소유하는 것만이 아니라 공동으로 관리하는 것이다. 공동체의 삶에서 핵심인 '어떤 것'을 집단이 '공동으로 관리'하는 것이 커먼즈라는 것이다.[57] 그는 커먼즈를 "물질이나 비물질적인 것을 인간 집단이 공동으로 관리하는 특별한 사회관계 양식"으로 이해한다.[58] 따라서 커먼즈는 단순히 자원만을 의미하는 것도 아니고, 공동체만을 의미하는 것도 아니다. 커먼즈는 자원과 공동체, 그리고 사회 규범이 결합된 것을 의미한다.[59]

그렇다면 이러한 커먼즈의 포괄적 의미는 사회발전의 관점에서 어떻게 이해될 수 있는가? 최근 커먼즈가 주목받는 이유 중 하나는 불평등, 환경문제, 개인화, 포스트자본주의post-capitalism 등과 관련된 문제를 이해하는 통찰력을 제공하기 때문이다.[60] 즉, 커먼즈는 한편으로는 인간 협력과 공동체의 타당성을 입증하는 인식의 틀이자 담론이며, 다른 한편으로는 인간과 자연의 공존을 지구 행성의 맥락에서 실

56   A. Negri, M. Hardt, *Commonwealth*, 2009.

57   P. Solón, G. Azam, C. Aguiton, E. Beltrán, *Systemic Alternatives*, La Paz: Fundación Solón, 2017.

58   P. Solón, G. Azam, C. Aguiton, E. Beltrán, *Systemic Alternatives*, p. 29.

59   D. Bollier, *Think Like a Commoner*, Paris: Éditions Charles Léopold Mayer, 2014; M. Turner, "Political ecology III: the commons and commoning," *Progress in Human Geography* 41-6, 2017, pp. 795-802.

60   D. Bollier, Think Like a Commoner, 2014; P. Chatterton, P., "Building transitions to post-capitalist urban commons," *Transactions of the Institutes of British Geographers* 41, 2016, pp. 403-415.

천하는 사회운동이다.[61]

흔히 커먼즈는 공적인 것으로 이해되기 쉬우나, 커먼즈는 사적인 것도 공적인 것도 아닌 새로운 결합과 배치의 관리 양식이다.[62] 공유한다는 것은 공동관리 시스템을 통한 사회발전을 추구하는 것으로, 이는 세상을 커먼즈 렌즈로 바라보는 것이다. 노벨경제학상을 수상한 엘리너 오스트롬Elinor Ostrom은 커먼즈를 전 지구적 수준에서 공유 시스템을 통해 사회적 평등을 추구하는 수단으로 인식하고, 커먼즈를 집단적 운영의 관리와 대상으로 보고 이용자와 공동체의 신뢰를 제고하는 사회적 제도로 규정하였다.[63] 이런 맥락에서 커먼즈는 사회발전을 지향하는 문화와 제도이며, 이를 유지하는 지적 토대는 상식common sense · 공통지식common knowledge · 공통관념common notions이라 할 수 있다.[64] 따라서 커먼즈 렌즈는 자원과 정보를 지속적으로 생산하고 관리하는 방안으로, 미래 사회의 공동된 번영을 추구하는 믿음의 체계이다.

또한, 커먼즈는 민주적 의사 결정이 작동하는 사회적 구조와 기술의 제도로서, 재화에 대한 평등한 접근권을 보장하는 사회관리 시스템이다.[65] 커먼즈를 통해 사회의 경계-짓기와 사회를 동질적 공동체로 바라보는 전통적 관념에서 벗어날 수 있다.[66] 예를 들어, 커먼즈는

61 A. Negri, M. Hardt, *Commonwealth*, 2009.

62 P. Solón, G. Azam, C. Aguiton, E. Beltrán, *Systemic Alternatives*, 2017.

63 E. Ostrom, *Governing the Commons: the Evolution of Institutions for Collective Action*, Cambridge: Cambridge University Press, 1990.

64 A. Negri, M. Hardt, *Commonwealth*, 2009.

65 M. Hardt, A. Negri, *Assembly*, 2017.

66 S. Mezzadra, B. Neilson, *Borders as Method, or Multiplication of Labor*, Durham, NC: Duke

한 신체가 다른 신체와 생각을 공유할 때 발생한다. 생각을 공유할 때 공통관념이 발생하고 이를 토대로 이성과 감성이 역량을 발휘한다. 즉, 공유의 상상력을 통해 사적 소유에 의한 정치적 관리와 통제를 주장하는 전통적 고정관념 또는 신자유주의 논리에서 벗어날 수 있다. 이러한 상상력은 권력과 자본에 의해 수탈되는 커먼즈를 지키고, 다중에게 바람직한 커먼즈를 확대하고, 해로운 것을 축소하는 관리와 통제의 방식이다. 이런 점에서 커먼즈는 민주적으로 사유하고 행동하는 인간의 힘을 지탱하는 사회적 구조이자 이를 실천하는 제도이다.

제레미 리프킨Jeremy Rifkin은 규모경제와 범위경제로부터 파생된 외부성externality, 그리고 사회적 자본은 모두 공동으로 생산된 것으로서, 커먼즈는 공동의 부를 창출하는 토대라고 주장한다.[67] 어떤 개인이나 집단도 자원에 대한 독점권을 가질 수 없다. 자원 개발은 여러 세대에 걸친 역사적·사회적 과정의 결과로 사적 이익을 위해 전유될 대상이 아니기 때문이다.[68] 사회적 자본은 공동으로 생산되고 공유를 위해 형성되는 사회적 가치이다.[69] 즉, 우리의 신체는 공동의 부를 생산하는 열린 장이자 누구나 이용 가능한 공공의 사회적 가치이며, 커먼즈의 가치는 공유될 자산을 사용하고 관리하는 제도화에 놓여 있다.[70]

커먼즈의 제도화는 지역의 자기-결정권을 필요로 하며, 이를 위해

University Press, 2013; M. Sheller, *Mobility Justice: the Politics of Movement in an Age of Extremes*, 2018.

[67] J. Rifkin, *The Zero Marginal Cost Society: The Internet of Things, the Collaborative Commons, and the Eclipse of Capitalism*, 2014.

[68] D. Bollier, *Think Like a Commoner*, 2014.

[69] A. Negri, M. Hardt, *Commonwealth*, 2009.

[70] M. Hardt, A. Negri, *Assembly*, 2017.

서는 사회적 네트워크를 통해 새로운 형태의 참여와 책임을 요구하는 내적 역학이 필요하다.[71] 이는 커먼즈가 공동의 부를 창출하는 제도로서, 그리고 거버넌스로 체계화되어야 함을 시사한다. 즉, 커먼즈는 우리가 공유할 지구 자체이며, 사회적 양식으로, 오랜 시간에 걸쳐 만들어졌고 모두에게 개방된 것이다.[72] 이런 점에서 커먼즈는 단순히 공유의 제도가 아니라 사회발전의 내적 역학이자 변화와 개선을 추진하는 힘이다.

오스트롬은 커먼즈의 가치란 공동체의 자발적 참여와 관리를 통한 협력 관계에 있다고 주장하면서, 커먼즈는 제도와 규칙으로 관리되어야 함을 강조하였다.[73] 이는 커먼즈가 사회적 협력과 발전을 위한 제도와 규칙으로서 가치가 있음을 보여 준다. 비슷한 맥락에서 지리학자 에드워드 소자Edward Soja는 교차로 광장뿐만 아니라 모든 도시의 거리, 그리고 대중교통의 네트워크와 수단도 커먼즈로 인식한다.[74] 그는 공간적 불평등의 원인을 다양한 공간 스케일에서 작동하는 커먼즈의 독점으로 이해하며, 만남의 장소와 공공공간을 통한 커먼즈의 제도화가 민주주의·평등·자유·인권·시민권·문화적 정체성·사회공간적 정의를 위한 투쟁의 원천이라 주장한다. 이런 점에서 커먼즈가 작동하지 않는 사회적 시스템이 불평등이며, 이를 해결할 방안은 공공성의 회복으로, 공공성은 대중의 참여와 연대로서 추구될 수 있다. 따라서 커먼즈 제도화는 공동체의 자발적 참여와 협력뿐만 아

71   D. Bollier, *Think Like a Commoner*, 2014.
72   D. Harvey, "The future of the commons," pp. 1-7.
73   E. Ostrom, *Governing the Commons: the Evolution of Institutions for Collective Action*, 1990.
74   E. Soja, *Seeking Spatial Justice, Minneapolis*, The University of Minnesota Press, 2010.

니라 사회공간의 정의를 실천하는 문화와 가치로 뿌리내려야 한다.

커먼즈의 실천

커먼즈를 실천하는 방안은 주어진 상황과 조건에 따라 다른 형태와 특성으로 추진될 수 있다. 필자는 커먼즈의 실천을 접근권, 커먼즈 정의, 커먼즈 정치의 측면에서 살펴보고자 한다. 첫째, 커먼즈의 실천은 소유권에서 접근권으로의 변화를 강조하는 것으로, 이를 위해서는 관계의 네트워크 구성이 중요하다.[75] 접근권을 강조한다는 것은 소유권 자체를 부정하거나 소유 자체를 문제 삼는 것이 아니라, 누군가의 소유를 위해 누군가의 권리가 박탈되고 배제되는 시스템을 개선하자는 것이다.[76] 즉, 사회적 니즈에 대한 자유로운 접근권이 사회문제를 개선하고 사회 공동의 번영에 필수적이란 것이다. 이는 또한 소유에 기반한 풍요가 생태계의 파괴를 가져오는 현실에 대한 문제 해결 방안이 될 수 있는데, 커먼즈는 자연의 능력을 넘지 않는 선에서 자원을 이용하는 것을 강조한다. 이처럼 '공동의 접근권'은 역설적으로 보일 수 있으나, 궁극적으로 풍요로운 사회를 지속하는 토대가 될 수 있다.[77]

한편, 자원·물건·서비스의 공유는 바람직한 사회로의 변화를 위한 '감정'을 자극하면서 확대된 '자아'를 느끼도록 하는데,[78] 이는 브라

---

75 J. Rifkin, *The Zero Marginal Cost Society: The Internet of Things, the Collaborative Commons, and the Eclipse of Capitalism*, 2014.

76 A. Negri, M. Hardt, *Commonwealth*, 2009.

77 J. Rifkin, *The Zero Marginal Cost Society: The Internet of Things, the Collaborative Commons, and the Eclipse of Capitalism*, 2014.

78 J. Rifkin, *The Zero Marginal Cost Society: The Internet of Things, the Collaborative Commons, and the Eclipse of Capitalism*, 2014.

이언 마수미Brian Massumi가 강조하는 정동정치politics of affect의 실천과 맥을 같이한다.[79] 즉, 공동의 접근권을 추구하는 것 자체가 정동정치를 통한 사회발전을 지향하는 것이다. 그는 스피노자의 정동의 관점을 확대하면서, 우리가 무엇인가에 영향을 주면 동시에 우리는 그것으로부터 영향을 받기 위한 개방적 상황에 놓이게 되는데, 이것이 바로 변화를 이끄는 힘이라 주장한다.[80] 즉, 자원과 정보에 대한 접근권은 모든 사회 구성원에게 평등한 생산과 사회활동의 기회를 제공하면서 사회적 노동의 협력 과정을 통해 생산된 것을 공동 사용의 대상으로 인식하도록 하고, 이를 통해 사회의 다양한 문제를 극복할 수 있는 실천 방안을 제공한다.[81]

둘째, 커먼즈의 제도화는 커먼즈 정의를 통해 실천될 수 있을 것이다. 우선적으로 커먼즈 정의는 개인과 사회의 지속을 위한 생명정치 측면에서 살펴볼 수 있다. 개인 삶에 대한 사회적·국가적 억압과 개인에게 부과되는 부담에서 벗어나는 것이 커먼즈 사회의 생명정치에서 강조할 필수적 요소이다. 예를 들어, 신자유주의가 확대되면서 전 세계적으로 등장한 약탈적 자본주의는 공동의 자원을 착취하고 공동생산을 통해 발생하는 이익을 소수의 권력이 축적하는 사회 시스템이다.[82] 약탈적 자본주의에 맞서기 위해 필요한 것은 노동자와 인간 개인의 자유를 실천할 수 있는 연대와 협력의 네트워크 구축이다. 커먼즈 정의는 소수 권력의 힘에서 벗어나면서 다중이 생산한 창조적

79 B. Massumi, *Politics of Affect*, Cambridge, MA: Polity, 2015.

80 B. Massumi, *Politics of Affect*, 2015.

81 A. Negri, M. Hardt, *Commonwealth*, 2009.

82 A. Negri, *Reflections on Empire*, Milano: Raffaello Cortina Editore, 2003.

활동을 다중이 공유하는 시스템으로,[83] 다중에 의한 공동의 자원 관리는 신자유주의의 덫이라 할 수 있는 '개인화의 부담'에서 벗어나도록 하면서 궁극적으로 약탈적 자본주의를 극복하는 힘이 된다.

네그리Antonio Negri와 하트Michael Hardt는 《공통체Commonwealth》에서 커먼즈가 제도적으로 실천되려면 사회적 협력 시스템이 거버넌스로 구성되고 작동해야 함을 강조하고, '공통체'를 구성하는 그 자체가 커먼즈 정의를 실천하는 방안이라 주장한다.[84] 예를 들어, 노동이 창조적이고 자유롭기 위해서는 공유의 실천이 요구되고, 과학적 지식이 사회적 자본이 되기 위해서는 과학 활동의 결과물(아이디어, 방법, 노하우 등)이 과학 네트워크와 일상 삶에서 공유되어야 하며, 이에 대한 결과물이 사회적으로 개방되고 접근 가능해야 한다. 이를 통해 연구자 간 교류와 협력의 네트워크가 활성화되고 새로운 지식이 미래 과학적 지식의 기초로 작용할 것이다.

또한, 커먼즈에 기초한 지식은 아는 것the knowing을 하는 것the doing으로 변화시키는 힘을 제공하면서 커먼즈 정의를 실천하는 토대가 된다.[85] 이는 공유의 지형에서 지식이 출발하고 집단 실천으로 이어지고, 이를 통해 개인의 삶 자체가 지식이 되는 메커니즘을 구성한다. 이런 점에서 사회적 결과물을 공동으로 관리하는 것은 공통체 구성을 통해 커먼즈 정의를 실천하는 과정이다. 공통체는 공유의 활동이

---

83 A. Negri, *Reflections on Empire*, 2003.

84 A. Negri, M. Hardt, *Commonwealth*, 2009.

85 과학적 담론은 국가가 주도하는 지식을 강조하며, 교육제도를 통해 앎knowing이 사회 발전과 경제성장에 필수적임을 강조한다. 자세한 것은 안토니오 네그리 · 마이클 하트, 《공통체》, 정남영 · 윤영광 옮김, 사월의책, 2014 참조.

사회경제적 가치를 갖도록 함으로써 생산의 효과와 결과물이 개인이 아닌 사회적으로 전유되도록 하는 것을 강조한다.

셋째, 커먼즈의 공동관리와 이에 대한 제도화는 새로운 사회 변화를 추구하는 커먼즈 정치를 통해 실천될 수 있다. 커먼즈는 사회운동, 사회정치, 비판이론의 주요 쟁점과 이슈로 부상하였다.[86] 커먼즈 정치에서 중요한 것은 다중이 커먼즈를 관리할 권한을 어떻게 확보하고, 이를 위한 권력 이동이 가능한 실천적 방법을 찾는 것이다.[87] 자본축적은 노동착취를 통한 비물질적 생산에서 주로 발생한다.[88] 노동자의 노동 결과물인 지식 · 아이디어 · 코드 · 정보는 공유될 자산인데, 자본 수탈에 의해 사유재산으로 변형되고 있다. 커먼즈를 사회제도로 실천한다는 것은 노동의 결과를 다중이 공유하는 세계로 만드는 것이며, 공동의 사회를 건설하는 것은 다중으로 하여금 능동적 참여를 통해 새로운 세계를 펼치는 커먼즈 정치를 실천하게 하는 것이다.

이런 점에서 커먼즈 정치는 권력과 자본에 의해 수탈되는 커먼즈를 지키고, 다중에게 바람직한 커먼즈가 확대 생산되도록 하며, 해로운 것을 축소하는 운동이다. 이러한 운동이 전개되지 않으면 현재의 약탈적 자본주의의 횡포는 더욱 심화되고, 자본(가)은 생산 현장과 금융 시스템을 통해 공유의 대상을 지속적으로 착취할 것이다. 생산과정에서 생산 결과에 대한 공유는 지속적으로 축소될 것이고, 금융 시

---

86 이용균, 〈광주광역시 공유정책의 현재와 미래: 공유의 대안적 발전을 중심으로〉, 1~16쪽; A. Jeffrey, C. McFarlane, A. Vasudevan, "Rethinking enclosure: space, subjectivity and the commons," *Antipode* 44-4, 2012, pp. 1247-1267.

87 D. Harvey, "The future of the commons," pp. 1-7.

88 A. Negri, M. Hardt, *Commonwealth*, 2009.

스템은 생산 결과물의 사유화를 확대하면서 결국 커먼즈의 파괴를 가져올 것이다. 커먼즈의 파괴를 막기 위한 유일한 방법은 공유의 세계를 창조하는 커먼즈 정치를 작동하는 것이다. 커먼즈 정치는 공유물(재)을 공동관리하는 협동·소통·마주침의 실천에 의해 가능하며, 이를 위해 다중의 사회 주체성 함양이 필요하다.[89] 미셸 푸코Michel Foucault가 자신의 저서(《성의 역사 1》 등)에서 주장하듯 생명정치bio-power라는 지배적 권력을 전복하는 것은 힘든 일이며, 새로운 방향으로 힘들이 조정되기 위해서는 다중의 주체성 함양이 요구된다.[90] 이는 다중의 응집이 없으면, 커먼즈 정치가 불가능함을 의미한다. 아울러 공간마다 다른 형태로 발생하고 작동하는 인클로저의 지리적 차이를 이해하는 것이 커먼즈의 정치적 실천에서 중요하다.[91]

모바일 커먼즈와 사회발전

모바일 커먼즈의 세계

모바일 커먼즈mobile commons란 모빌리티와 커먼즈가 결합된 아상블라주assemblage이다. 모빌리티 사회학자 미미 셸러는 모바일 커먼즈를 함께 행동함으로써 공유되는 행위와 실천이자, 필요한 이동을 제약시

---

89 A. Negri, M. Hardt, *Commonwealth*, 2009.

90 M. Foucault, *Histoire de la sexualité1: La vlonté de savoir*, Paris: Éditions Gallimard, 1976; T. Lemke, *Biopolitik zur Einführung*, Hambrug: Junius Verlag, 2006.

91 A. Jeffrey, C. McFarlane, A. Vasudevan, "Rethinking enclosure: space, subjectivity and the commons," pp. 1247-1267; S. Mezzadra, B. Neilson, *Borders as Method, or Multiplication of Labor*, Durham, NC: Duke University Press, 2013.

키는 것에 대한 저항의 운동이라 주장한다.[92] 모빌리티를 통해 공유하는 삶을 이해하고, 커먼즈를 통해 모빌리티의 중요성을 인식하는 사회운동이 모바일 커먼즈이다.

셸러에 의하면, '모빌리티 자유'란 단순히 이동의 제한이 없는 것을 의미하는 것이 아니라, 불필요하고 지나친 이동을 규제하고 제한하면서 '필요한 이동에 활력'을 불어넣는 것을 말한다.[93] 이는 지리학자 팀 크레스웰의 주장처럼, 누군가의 모빌리티는 다른 누군가를 명령하면서 발생하고, 다른 누군가의 도움에 의해 실천되고, 다른 누군가를 억압하면서 실현됨을 의미한다.[94] '모빌리티 억압'을 극복하는 것이 커먼즈의 세계the world of common를 펼치는 것으로, 커먼즈의 세계는 유토피아에서만 실현 가능한 것이 아니다. 네그리와 하트에 의하면, 우리는 이미 커먼즈의 세계에 살고 있다. 약탈적 자본주의, 기후변화, 글로벌 금융, 정보 네트워크(예: 인터넷)와 같은 지구화는 전 세계가 공유하는 현상이므로 그 자체가 커먼즈라는 것이다.[95] 이는 지구화라는 모빌리티 속에서 많은 자원과 생산이 사유화됨에도 불구하고, 세상 자체가 공유의 대상(물)이고 아직 세상에는 공동관리의 대상이 많음을 의미한다.

하지만 커먼즈의 세계를 펼치는 것은 많은 제약을 극복하고 다중의 연대를 통한 끊임없는 노력과 성찰을 요하는 과정임에 분명하다. 모바일 커먼즈가 실현되기 위해서는 다중이 불합리한 권력에 저항하

---

92 M. Sheller, *Mobility Justice: the Politics of Movement in an Age of Extremes*, 2018.
93 M. Sheller, Mobility *Justice: the Politics of Movement in an Age of Extremes*, 2018.
94 T. Cresswell, *On the Move: Mobility in the Modern Western World*, 2006.
95 A. Negri, M. Hardt, *Commonwealth*, 2009.

고 커먼즈를 공유하고 관리하는 민주적이고 협력적인 의사결정 시스템을 필요로 하는데, 이것이 바로 커먼즈의 세계가 추구하는 것이다. 즉, 다중에 의한, 다중을 위한, 다중이 관리하는 모바일 커먼즈의 제도화가 필요하다.

커먼즈는 관습적 공유를 따르는 집단적 운영과 관리의 대상으로, 집단 구성원 모두에게 공평한 접근성과 모빌리티를 보장한다. 예를 들어, 도로는 차량 운행을 위한 이동 자원으로 인식되는데, 사실 도로란 차량만이 아니라 모든 구성원에게 사용 권한이 부여된 모바일 커먼즈이다. 일리치Ivan Illich는 도로가 차량만을 위한 공간이 되는 것은 현대판 인클로저 운동이라고 비판한다.[96] 길(도로)은 모든 사람에게 공유되던 것이었으나, 인클로저가 나타나면서 사람은 통제되고 차량은 통과시키는 투과적 이동 공간으로 제도화되었다. 결국, '인클로저'에 의해 도로는 권력이 지배하고, 자본(가)을 지원하는 공간(예: 고속도로)으로 변모하였다. 도로에서 배제되거나 소외된 사람은 모빌리티를 제약받을 뿐만 아니라, 그들의 도로 사용은 감시의 대상이 되기도 한다.[97] 도로가 모바일 커먼즈로 재전유되기 위해서는 모빌리티 정의에 입각한 모빌리티 자유가 사회 모든 구성원에게 부여되고, 도로를 관리하는 사람, 도로에서 경제활동을 하는 사람, 도로변에 거주하는 사람, 도로를 통과하는 사람 모두가 도로를 공동관리하는 자세가 필요하다. 속도를 제한하고 안전한 도로를 유지·관리하는 등의 작은

---

96   I. Illich, "Silence is a commons," *CoEvolution Quarterly* 40, 1983, pp. 5-9.

97   T. Cresswell, T., "Towards a politics of mobility," *Environment and Planning D: Society and Space* 28-1, 2010, pp. 17-31.

실천이 모바일 커먼즈로서 도로의 가치를 추구하는 방법일 것이다.

커먼즈는 공유의 경제적 활용을 강조하는 공유경제sharing economy의 형태로 출현하면서 부정적 외부성을 가져올 수 있다.[98] 이러한 문제를 극복하면서 커먼즈의 긍정적 외부성을 추구하는 것이 모바일 커먼즈의 세계를 구축하는 데 필요하다.[99] 커먼즈는 유휴자원을 효율적으로 (재)사용하도록 하고, 누구나 생산 활동에 참여할 수 있게 하며, 자원에 대하여 개인 소유가 아닌 사회적 공유를 강조하면서 사회적 결속과 유대를 강화하고, 환경문제에 관심을 갖도록 한다. 이처럼 커먼즈는 사용자-공급자-사회 간 연대와 협력적 소비를 통한 지속가능한 사회발전의 필수 요소이다.[100]

최근 커먼즈의 관점에서 새롭게 주목받고 있는 것이 빅데이터이다. 빅데이터는 인간의 자유로운 모빌리티와 소통의 결정체인데, 기업이 상업적으로 활용하는 것은 문제가 있다는 주장이 제기된다.[101] 무엇보다 소중한 개인의 정보가 사회적 공유와 공동관리를 위해 사용되지

---

98 이용균, 〈신자유주의 개발의 상상력과 포스트개발: 공유경제를 중심으로〉, 293~306쪽.

99 공유경제는 "사회적으로 많이 사용되지 않는 자산이나 서비스를 일시적으로 이용, 공유 및 교환하는 활동을 의미한다"(이용균, 〈신자유주의 개발의 상상력과 포스트개발: 공유경제를 중심으로〉, 297쪽). 하지만 공유경제가 등장하면서 공유의 기업화가 나타나고 있으며, 공유경제는 저탄소경제에 큰 기여를 하지 못하였고, 사회적 결속보다 불평등의 지속과 함께 상업화와 개인화를 확대하고, 아날로그 사용자의 불편을 가중시키고, 소비자를 제대로 보호하지 못하면서 시장 의존성을 심화시킨다는 비판이 제기되었다(D. Demailly, A. Novel, *The Sharing Economy: Make it Sustainable*, IDDRI Studies 13, Paris, 2014; D. Baker, "The opportunities and risks of the sharing economy, in Written Testimony for the hearing," *The Disrupter Series: How the Sharing Economy Creates Jobs, Benefits Consumers, and Raises Policy Questions*, the U.S. House of Representative, 2015; P. Marshall, *Issue: The Sharing Economy*, Sage Business Researcher, 2015)

100 이용균, 〈신자유주의 개발의 상상력과 포스트개발: 공유경제를 중심으로〉, 293~306쪽.

101 M. Sheller, *Mobility Justice: the Politics of Movement in an Age of Extremes*, 2018.

못하고, 판매의 직접적 대상이 되거나 수익을 위한 자료로 활용되는 것이 문제이다. 예를 들어, 정부가 대중교통 문제를 파악할 수 있는 자료의 한계에 직면하자, 통신회사가 개인의 이동 정보를 정부에 유료로 판매하는 등 빅데이터의 상업적 활용이 증가하고 있다.[102] 이는 개인정보가 프라이버시의 대상이자, 사용이 필요한 경우 커먼즈의 대상임을 간과하는 것이다.

디지털 플랫폼digital platform 기술이 정교화되면서 구글·애플·페이스북·아마존 등은 소비 심리, 생체 반응, 위치 정보 등을 이용자의 구체적 승낙 과정 없이 디지털 정보로 활용한다.[103] 문제는 누리꾼의 자유로운 활동으로 생성된 정보가 플랫폼 기업의 주된 수익원으로 변모하고 있다는 점이다(예: 음식배달 앱 서비스). 공유될 우리의 정보가 교환가치의 대상으로 변모하고 있을 뿐만 아니라, 개인정보 유출 위험도 이용자가 떠안게 되는 것이 현 빅데이터 사유화와 디지털 플랫폼 경제의 문제점이다. 또한, 개인 신체의 밖에 존재하던 자본주의 시장질서가 휴대전화를 통해 신체 내부로 침투하는 현상이 플랫폼 경제에서 나타나고 있다.[104] 이는 개인의 소비, 이동, 취향, 가치관 등은 판매의 대상이 아니라 보호 또는 공동의 관리 대상임을 간과하는 것이다. 이러한 문제를 개선하려면 디지털 플랫폼이 사회발전을 위한 공동관리의 대상으로 제도화되어야 한다. 모바일 커먼즈의 실천에 대한 다중의 관심과 노력이 필요하다.

---

102 모조로프, 〈우버화(Uberization), 디지털 공유경제의 함정〉, 《르몽드 디플로마티크》 2015년 9월호, 2015.
103 이광석, 《피지털 커먼즈》, 2021.
104 이광석, 《피지털 커먼즈》, 2021.

모바일 커먼즈의 실천

미미 셸러의 주장처럼 모바일 커먼즈는 인류가 함께 행동함으로써 공유되는 실천이다.[105] 모바일 커먼즈가 인류 공동의 이익과 사회발전을 견인하기 위해서는 네트워크가 필요하며, 개인적 이동 권리와 함께 사회적 필요가 모빌리티를 통해 매개되는 방식이 중요하다.[106] 이는 공정하고 친환경적인 실천과 정당한 모빌리티 정치, 포괄적이고 협력적인 사회발전을 추구한다.[107] 즉, 네트워크로 연결된 모바일 다중이 지구-존재들을 존중하고 보호하고 서로 배려하는 관계가 작동되는 시스템, 곧 모바일 커먼즈의 제도화가 필요하다.

전술한 바와 같이, 더 많은 사람들이 아이디어, 정보, 코드, 지식을 공유할수록 그 가치는 커지고 커먼즈가 갖는 공동의 부와 사회적 연대는 확대된다. 경제학자 크루그먼Paul Krugman은 현 사회의 지식과 정보가 지난 역사가 생산한 문화와 지식의 부분이란 점에서 공유의 대상이라고 주장한다.[108] 이는 지적재산권 보호가 필요하지 않다는 것이 아니라, 모든 유형의 지식과 코드가 사유화의 대상이 되는 것은 정보와 지식이 갖는 접근 · 사용 · 표현 · 상호작용의 성질을 간과(또는 변형)함을 강조하는 것이다. 지식과 정보는 소통과 교류의 모빌리티를 확대하면서 더 많은 사람이 공유할수록 그 가치가 커지는 특성을 갖기 때문이다.

105　M. Sheller, *Mobility Justice: the Politics of Movement in an Age of Extremes*, 2018.

106　A. Nickolaeva, P. Adey, T. Cresswell, Y. Lee, A. Novoa, C. Temenos, "A new politics of mobility: commoning movement, meaning and practice in Amsterdam and Santiago," *Amsterdam: University of Amsterdam, Centre for Urban Studies, Working Paper Series* 26, 2017, pp. 1-32.

107　A. Nickolaeva, P. Adey, T. Cresswell, Y. Lee, A. Novoa, C. Temenos, "A new politics of mobility: commoning movement, meaning and practice in Amsterdam and Santiago," pp. 1-32.

108　A. Negri, M. Hardt, *Commonwealth*, 2009.

이런 맥락에서 대안적 개발학자 줄리엣 쇼어Juliet Schor는 정보와 지식의 독점을 커먼즈 사회를 실현하는 장애 요소로 인식한다.[109] 그녀는 하버드대학에서 개발한 비료와 살충제가 사회에서 사용되지 않는 것은 상품화된 시장의 폭력 때문이라 주장한다. 대학에서 연구 개발한 미생물, 곰팡이, 박테리아, 구근류를 통한 잔디 관리 지식이 사회적으로 공유되는 못하는 것이 지적소유권을 비롯한 정보와 지식의 사회적 독점 때문이란 것이다. 특히, 저작권·상표·특허는 지속가능한 사회를 방해하는 대표적 요소이다. 왜냐하면 이로 인한 독점이 새로운 기술과 지식이 사회적으로 확대되는 것을 제한하기 때문이다.[110]

지식과 정보의 공유는 사회적 가치를 창출하고 커먼즈 축적을 통해 사회 전반의 생산적 능력을 향상시킨다. 예를 들어, 연구 결과물을 공유하는 디지털 커먼즈 네트워크DCN: digital commons network에는 2021년 10월 현재 전 세계 647개 연구기관과 도서관의 참여로 400만 개 이상의 연구물(논문, 학위논문, book chapter, 연구논문, 학술대회 발표문 등)이 공유되고 있다. 이들 자료는 모든 사람에게 무료로 개방되며 업로드되는 정보도 증가하고 있다. 이처럼 디지털 커먼즈 네트워크는 신新버전의 정보가 출현할 때 구舊버전의 정보를 무료로 공유하는 실천운동 등을 통해 커먼즈 세계를 추구한다.

한편, 모빌리티 정의와 커먼즈 정의를 실천하기 위해 '취약성'에 주목할 필요가 있다. 취약성 극복이 사회의 불균등 문제를 해결하는 선구적 방안이 될 수 있기 때문이다. 예를 들어, 북극 지역의 이누이트

109   J. Schor, *Plentinude: The New Economics of True Wealth*, New York: Penguin Press, 2010.
110   J. Schor, *Plentinude: The New Economics of True Wealth*, 2010.

마을은 기후변화로 인한 취약성 이슈가 제시되는 대표적 사례인데, 이는 기후변화에 가장 적은 영향을 미친 곳이 가장 심각한 영향을 받고 있기 때문일 것이다.[111] 이누이트가 주로 거주하는 캐나다 누나부트에서는 기후변화와 지역 개발(광산, 관광 등)로 인한 다양한 문제가 이들이 처한 취약한 위치성과 관련이 있다고 인식되면서, 캐나다 전역에 거주하는 이누이트의 연대를 통한 공동체 정치가 실천되고 있다.[112] 이러한 공동체 정치는 단순히 주류 사회로부터의 주변화에 대한 저항이 아니라, 주변부의 삶을 살게 된 배경에 대한 이해와 이를 극복하기 위한 자기성찰의 과정이 포함되어 있다. 이누이트 문화센터를 중심으로 추진되는 공동체 정치의 실천, 다양한 사회단체와의 연대, 이누이트의 전통과 문화에 대한 교육 등은 모두 모빌리티와 정보 공유를 통해 실천 가능한 것이다.

이처럼 취약성 극복에서 중요한 것은 모빌리티 자유에 활력을 불어넣고 커먼즈를 실천하는 것으로, 수행성performativity 이론가 주디스 버틀러Judith Butler는 역설적으로 '취약하다는 것'이 사회정의(즉, 모빌리티와 커먼즈 정의)를 실현하는 토대가 될 수 있음을 제시한다.[113] 버틀러에 의하면, 취약하다는 것은 약한 상태이지만 또한 연대의 가능성을 높이면서 개방적 사회를 구성할 기회도 제공한다.[114] 예를 들어,

---

111 이용균 · 이승호, 〈기후변화가 이누이트의 일상에 미친 영향: 캐나다 이누이트 누난겟을 사례로〉, 《대한지리학회지》 53(2), 2018, 133~148쪽.

112 이용균, 〈모빌리티가 여행지 공공공간의 사적 전유에 미친 영향: 터키 여행공간을 사례로〉, 47~62쪽.

113 J. Butler, *Notes Towards a Performative Theory of Assembly*, Cambridge: Harvard University Press, 2015.

114 버틀러는 집회의 수행성 이론을 탐색하는 《연대하는 신체들과 거리의 정치》를 통해

거리에서의 정치는 단순히 취약한 사람들만의 정치가 아니라, 거리(도로)라는 비인간적 인프라와 자연이란 공간이 서로 관련되고 연결되는 사건(들)이란 것이다. 거리의 정치란 곧 관계 · 연대 · 네트워크라는 모빌리티를 활성화시키면서 취약성 극복을 위한 '공유와 연대의 정치'를 실천하고, 바람직한 사회발전을 위한 지향성 · 변화 · 아이디어를 공동관리하는 수행적 실천을 가져올 수 있다. 이런 점에서 취약성은 연대를 형성하고, 연대를 형성하는 구성 요소들의 관계를 발생시키고, 서로의 공감대를 형성하도록 한다. 미약한 힘의 결집이 큰 변화를 견인한다는 것이 커먼즈 정의의 가치이며, 이는 또한 모빌리티 정의의 시작이다.

이처럼 모바일 커먼즈의 정의 실현은 타인과 공유하는 태도, 연대, 상호주의, 배려, 신뢰, 관대에 기초한다. 모바일 다중의 네트워크를 실천하기 위해서는, 다중의 모빌리티와 자율성을 확대할 수 있는 네트워크가 필요하다. 이러한 네트워크는 마주침을 통한 소통과 협력의 네트워크로 확대되어야 하며, 이를 통해 커먼즈를 공유하고 분배하는 모바일 다중의 관계-맺기가 확대되어야 한다. 특히, 다중의 관계-맺기는 타인과의 마주침에 토대한 공유의 시너지가 창출되고 확대되는

취약성의 집단 행위에 의한 사회적 변화의 가능성을 탐색한다. 그녀에 의하면, "사회적으로 발생하는 불안정성에 대한 우리 개개인의 취약성을 깨달으면서 각각의 "나"는 스스로에게만 해당되는 것으로 보이던 불안감과 열패감이 어떻게 항상 더 광범위한 사회와 관련되어 왔는지를 알 수 있도록 한다. 이는 서로 간 의존성, 일할 만한 인프라와 사회적 네트워크에 대한 의존성을 다질 수 있는 연대의 에토스ethos를 우선시함으로써, 각 개인에게 부담을 지우며 우리를 미치게 하는 형태의 책임을 해체하고, 아울러 야기된 불안정성을 다루는 집단적이면서도 제도적인 차원의 방식들을 마련할 가능성을 열어 준다"(J. Butler, Notes *Towards a Performative Theory of Assembly*, p. 34).

토대이다.

최근 디지털 기술이 빠르게 진보하면서 '모빌리티 자체가 서비스 MaaS: Mobility-as-a-Service'라는 현상이 대두하고 있다. 도시를 중심으로 확산되고 있는 디지털 플랫폼 서비스는 모바일 커먼즈를 확대하는 요소이자 동시에 이를 위협하는 요소로 주목을 받고 있다.[115] 앱을 중심으로 하는 디지털 플랫폼 서비스는 통신, 교통, 숙박, 유통(배달), 여행 등 경제활동에서 광범위하게 상용될 뿐만 아니라 보건, 의료, 교육, 행정 등 공공 부문에서도 다양하게 활용되고 있다. 디지털 플랫폼 서비스는 매우 다양한 부문에서 발생하며, 투자 조건과 상황이 쉽게 변화하고, 서비스의 발생과 소멸이 매우 역동적인 특징을 보인다. 이제 디지털 모빌리티는 도시 생활의 일부가 되었으나, 공유 기반 서비스는 독점으로 운영되기 쉽고, 이로 인하여 기존의 사회공간적 불균등이 더욱 심화될 가능성도 있다.[116]

또한, 디지털 플랫폼 서비스는 공간의 사회-기술적 및 정치-경제적 특성, 그리고 디지털 플랫폼 구조에 의해 결정된다는 점에서, 플랫폼 자본주의가 모빌리티 도시mobility city를 구성하고 있다고 볼 수 있다.[117] 즉, 도시와 디지털 플랫폼이 결합된 '플랫폼 도시주의platform urbanism'가 출현하면서, 모빌리티의 사용과 활용이 데이터에 의존하

---

115   J. Stehlin, M. Hodson, A. McMeekin, "Platform mobilities and the production of urban space: towards a typology of platformization trajectories," *Environment and Planning A: Economy and Space* 52-7, 2020, pp. 1250-1268.

116   Sustainable Mobility for All, *Sustainable Mobility: Policy Making for Data Sharing*, Washington, DC, Creative Commons Attribution CC BY 3.0., 2021.

117   J. Stehlin, M. Hodson, A. McMeekin, "Platform mobilities and the production of urban space: towards a typology of platformization trajectories," pp. 1250-1268.

는 데이터 식민주의data colonialism가 나타나고 있다.[118] 현재 도시 생활에서 코드는 새로운 인프라가 되었고, 이는 디지털 모빌리티의 독점을 증가시키고 있다. 디지털 독점화는 쉽게 극복될 수 없으며, 오직 디지털 플랫폼이 커먼즈로 인식되는 제도적 장치를 통해서만 극복될 수 있을 것이다. 특히, 모바일 다중의 네트워크가 디지털 공유를 작동시킬 수 있는 사회적 환경과 분위기 조성이 필요하다.

이처럼 디지털 플랫폼 서비스가 공유보다 상업화의 길을 걷는 것은 신자유주의의 맥락에서 이해되어야 한다. 신자유주의는 현재의 자본주의가 개발과 성장에 의해 모두에게 이익이 되는 공동선을 창출한다고 주장하지만, 사실은 공동의 자원부터 환경까지 모든 것을 파괴하고 있다.[119] 이러한 약탈적 자본주의에서 벗어나기 위해 사회발전은 개발 중심이 아니라, 개발과 보전이 결합된 '지속가능한 사회'를 만들어 가는 과정과 실천으로 인식될 필요가 있다. 그렇다면 지속가능한 사회는 모바일 커먼즈와 어떻게 연계되어 사회발전을 이룩할 수 있는가?

전술한 바와 같이, 모빌리티와 커먼즈는 각각의 장점이 결합할 때 사회발전을 견인할 수 있다. 즉, 지속가능한 사회는 단순히 거버넌스에 의해 추진되기보다 다중심 거버넌스polycentric governance를 통해 실천될 수 있을 것인데, 다중심 거버넌스란 모빌리티 자유와 모빌리티 자본이 상호보완적으로 결합하고 커먼즈와 시장 기능이 상호보완적

---

118   J. Stehlin, M. Hodson, A. McMeekin, "Platform mobilities and the production of urban space: towards a typology of platformization trajectories," pp. 1250-1268.

119   S. Sassen, *Cities in a World Economy*, 4th edition, Los Angeles: Sage, 2012.

으로 결합된 거버넌스를 지향하는 것이다. 이를 위해 다중심 거버넌스는 첫째, 모든 인간이 삶과 건강을 유지할 기본 수단을 갖도록 보장할 것, 둘째, 사회적으로 상호작용하는 지식과 기술이 평등한 관계 속에 마주치도록 할 것, 셋째, 마주침에 의한 풍요와 부를 모두가 공유하도록 자유를 부여할 것을 강조해야 한다.[120]

이런 점에서 모바일 커먼즈를 실천하는 것은 곧 사회발전을 추구하는 것이다. 모바일 커먼즈의 정치란 사회의 문제가 무엇인지 제시하고, 공유가 힘들어도 협력과 타협을 지향하고, 소유권에 저항하고 공유의 정의를 강조하면서 인간의 상호작용을 통해 더 나은 세상을 지향하는 것이다.[121] 이를 위해 개인 또는 다중이 취약성을 극복하면서 주체성을 신장시키는 실천이 중요하다. 사회발전은 다중이 주체성을 회복하는 과정이며, 주체성은 전유가 아니라 상호작용과 개방적인 것으로 이해되어야 한다. 즉, 주체성은 가진 것having을 의미하는 것이 아니라 있음being으로서의 함께-있음, 같이-행동함, 함께-만듦이 되어야 할 것이다.[122]

사회발전이 누군가의 불평등한 특권을 동반하는 것이어선 안 된다. 이는 돌봄의 정치에서 살펴볼 수 있는데, 모바일 커먼즈가 강조할 것은 동질에 대한 추구가 아니라 차이를 번역하는 노력의 정치이다.[123] 흔히 돌봄은 사회적 공유의 대상이자, 동일한 형태의 서비스가 사회

120   A. Negri, M. Hardt, *Commonwealth*, 2009.
121   M. Sheller, *Mobility Justice: the Politics of Movement in an Age of Extremes*, 2018.
122   M. Hardt, A. Negri, *Assembly*, 2017.
123   M. Sheller, *Mobility Justice: the Politics of Movement in an Age of Extremes*, 2018.

복지 차원에서 제공되는 것으로 이해되기 쉽다.[124] 돌보고 돌봄 받는 것은 사소한 일로 여겨지고 여성의 일로 간주되기 쉽고, 돌봄이 복지의 차원으로 이해되는 한계를 극복하지 못하고 있다. 이러한 돌봄의 간과 현상은 COVID-19 팬데믹 상황에서 여실히 드러났다. 팬데믹은 가장 돌봄이 필요한 대상(장애인, 노인, 환자, 성소수자, 흑인 등)에게 가장 큰 타격을 입혔기 때문이다.[125]

비록 돌봄이 어떤 노동의 형태이고 어떤 윤리적 가치를 요구하는지에 대한 사회적 합의가 부족하지만, 돌봄은 현재와 미래의 사회발전을 위한 필수적 커먼즈임에 분명하다.[126] 따라서 돌봄의 정치는 불평등한 특권에 맞서는 모빌리티와 커먼즈 운동으로, 이러한 돌봄에 대한 새로운 가치관을 통해 개인의 차이와 존재를 상호 존중하는 공동관리 전략이 도출될 것이다. 거버넌스로서 돌봄의 정치 실천은 차이의 번역을 통해 세계시민의 자질을 갖추도록 하는 첩경으로, "세계시민이 된다는 것은 낯섦과 마주했을 때 편안함을 느끼고, 특정 시간과 장소에서 어떤 종류의 다름과 마주치든 간에 우리가 다름과 공존함을 항시적으로 인식하도록 한다."[127] 이런 맥락에서 '모바일 돌봄 서비스MCS: mobile care service'의 실천은 세계시민으로서 모빌리티 자유를 추구하고 커먼즈 정

124　돌봄 제공에 대한 사회적 격차가 크고 사회발전에서 돌봄의 중요성이 인식됨에도 불구하고, 아직까지 돌봄의 필요에 대한 대화와 토론의 장은 쉽게 외면되고, 이를 사회운동이나 정치로 확대하는 것도 쉽지 않다(김영옥 · 이지은 · 전희경, 《새벽 세 시의 몸들에게: 질병, 돌봄, 노년에 대한 다른 이야기》, 봄날의 책, 2020).

125　The Care Collective, 2020, *The Care Manifesto: The Politics of Interdependence*, London: Verso, 2020.

126　김영옥 · 이지은 · 전희경, 《새벽 세 시의 몸들에게: 질병, 돌봄, 노년에 대한 다른 이야기》, 2020.

127　The Care Collective, 2020, *The Care Manifesto: The Politics of Interdependence*, p. 177.

치를 실천하는 사회발전의 핵심 요소이다. 언제 어디서나 누구에 의해서나 어떤 조건에 의해서도 돌봄이 실천되려면, 돌봄의 모빌리티가 필요하고 돌봄이 커먼즈의 일부가 되는 제도화가 필요하다.

이처럼 모바일 커먼즈의 제도화에서 반드시 필요한 것은 불평등을 완화시킬 문화와 제도가 사회에 뿌리내리는 것이다. 불평등과 배제가 사회적으로 심화되는 것은 서로를 다르다고 느끼면서 서로를 구분하는 차이가 커지기 때문일 것이다. 이러한 차이는 사회적으로 다양한 행위자들의 접촉과 만남의 기회를 제한한다. 따라서 다름과 차이로 인한 배제, 차이와 지배의 문제를 극복하고, 공동의 감수성을 통한 환대의 정치를 사회적으로 확대하기 위해서는 서로 다른 행위자 간 마주침의 장場이 자유롭게 형성되는 시스템, 즉 모바일 커먼즈 시스템이 작동해야 한다. 이를 위해서는 모바일 커먼즈의 제도화를 통해 마주침의 정치가 일상 삶의 전반에 뿌리내려야 하며, 이를 통해 사회발전이 가능할 것이다.

모바일 커먼즈를 위하여

COVID-19와 기후변화로 인한 전 지구적 수준의 위기감은 개발 문제에 새롭게 접근할 것을 요구하며, 종래의 포스트개발 접근으로는 이러한 문제를 해결하는 데 한계가 있음을 보여 준다. 필자는 사회발전의 대표적 방법으로 모빌리티와 커먼즈의 가치, 특히 모빌리티와 커먼즈의 결합이 갖는 변화의 힘에 주목하였다. 필자가 제시하는 주요 결과는 다음과 같다.

첫째, 경제와 비경제 활동에서 모바일/임모바일 요소의 중요성이 갈수록 커지면서, 사회발전에서 모빌리티의 가치가 증대하고 있다. 본 연구에서는 모빌리티 렌즈가 사회발전의 메커니즘을 사회-자연 또는 인간-비인간의 관계로 확대하여 이해하도록 하며, 모빌리티 자유와 모빌리티 자본이 모틸리티를 확대하는 동시에 모빌리티를 통해 사회적 불평등도 해소할 수 있음을 살펴보았다. 사회발전을 위한 모빌리티의 실천은 모빌리티의 부정적 외부성을 극복함과 동시에 모빌리티 정의의 실천, 개방적 공간-만들기, 모빌리티 자유와 마주침의 정치를 통해 실천될 수 있음을 강조하였다.

둘째, 사회발전으로서 커먼즈의 가치는 사회적 형평성과 생태계 유지를 위한 사회의 문화와 제도가 될 수 있다는 점에서 찾을 수 있다. 커먼즈는 공유재의 사회 공동관리를 강조하는 것으로, 본 연구는 커먼즈의 제도화를 통한 사회적 변화의 긍정적 힘에 주목하였다. 커먼즈가 권력과 자본에 의해 착취되는 다중의 힘을 규합하고, 공동관리를 통해 사회 공동의 부와 거버넌스를 창출할 수 있음을 살펴보았다. 커먼즈의 제도화를 위해 본 연구는 개방적 접근권의 필요성, 다중이 중심이 되는 커먼즈 정의의 실천을 강조하였다.

셋째, 필자는 자기규제를 통한 자율적 모빌리티가 집단 공동의 번영과 공유를 통해 인간 삶의 질을 확대하는 과정이라는 맥락에서 모바일 커먼즈의 가치를 탐색하였다. 모빌리티 자유는 고-모빌리티 사회에서 불필요한 이동을 제한하고 필수적 이동에 활력을 불어넣도록 제도화되어야 하고, 동시에 모빌리티 억압을 극복하는 커먼즈의 세계가 제도화되어야 한다. 하지만 디지털 기술의 발전은 개인 신체 정보를 판매의 대상으로 만들고 있으며, 디지털 플랫폼 기업의 성장과 함께 디지털 정보가 새로운 자본축적의 수단이 되고 있음을 간과해서는 안 된다.

　이런 점에서 모바일 커먼즈는 집단적 필요와 사회발전의 맥락에서 이해되고 실천되어야 한다. 특히 아이디어, 정보, 코드, 지식의 공유가 사회발전을 위한 공동의 부를 창출하고 사회적 연대를 견인하는 요소임이 강조되어야 한다. 또한, 디지털 정보의 공동관리를 위해서는 디지털 커먼즈 네트워크가 활성화되어야 한다. 이러한 네트워크를 통해 다양한 형태의 취약성을 극복할 수 있으며, 사회발전을 견인하는 변화와 사회적 연대의 힘을 결집시킬 수 있을 것이다.

　이와 함께 본 연구는 모바일 커먼즈가 동질이 아닌 차이를 번역하는 정치로 실천되어야 함을 강조하였다. 돌봄은 모빌리티와 커먼즈라는 사회적 공동관리를 통해서만 제 기능을 발휘할 수 있으며, 플랫폼 자본주의 속에서 이동·감정·소비·취향·건강 등과 같은 개인정보는 모바일 커먼즈로 공동관리되어야 한다. 이를 위해 본 연구는 다중심 거버넌스의 필요성을 제시하였다. 일부의 권력 집단에 의한 디지털 정보 소유권에 저항하는 모바일 커먼즈 정치는 사회발전을 위한 삶의 질 추구와 불평등한 특권을 해체하는 원동력이 될 것이다. 즉, 어떤 조건과 어떤 상황에서든 사회발전을 위한 변화와 개선을 추구하는 것은 모빌리티와 커먼즈의 결합을 통해 지속될 수 있다.

참고문헌

김영옥 · 이지은 · 전희경, 《새벽 세 시의 몸들에게: 질병, 돌봄, 노년에 대한 다른 이야기》, 봄날의 책, 2020.

이용균, 〈모빌리티와 일상의 세계: 복잡성, 리듬, 정동〉, 《모빌리티 생활세계학: 테크놀로지 도시공간 공동체》, 앨피, 2021b, 295~354쪽.

이광석, 《피지털 커먼즈》, 갈무리, 2021.

이용균, 〈신자유주의 개발의 상상력과 포스트개발: 공유경제를 중심으로〉, 《한국지리학회지》 4(2), 2015, 293~306쪽.

이용균, 〈광주광역시 공유정책의 현재와 미래: 공유의 대안적 발전을 중심으로〉, 《한국도시지리학회지》 21(3), 2018, 1~16쪽.

이용균, 〈모빌리티가 여행지 공공공간의 사적 전유에 미친 영향: 터키 여행공간을 사례로〉, 《한국도시지리학회지》 22(2), 2019, 47~62쪽.

이용균, 〈지속가능한 개발의 한계와 대안적 지속가능성의 탐색〉, 《한국도시지리학회지》 24(2), 2021a, 1~17쪽.

이용균 · 이승호, 〈기후변화가 이누이트의 일상에 미친 영향: 캐나다 이누이트 누난겟을 사례로〉, 《대한지리학회지》 53(2), 2018, 133~148쪽.

A. Escobar, "'Post-development' as concept and social practice," in A. Ziai, (ed), *Exploring Post-development: theory and practice, problems and perspectives*, Routledge, London, 2007, pp. 18-32.

A. Jeffrey, C. McFarlane, A. Vasudevan, "Rethinking enclosure: space, subjectivity and the commons," *Antipode* 44-4, 2012, pp. 1247-1267.

A. Nickolaeva, P. Adey, T. Cresswell, Y. Lee, A. Novoa, C. Temenos, "A new politics of mobility: commoning movement, meaning and practice in Amsterdam and Santiago," *Amsterdam: University of Amsterdam, Centre for Urban Studies, Working Paper Series* 26, 2017, pp. 1-32.

D. Harvey, "The future of the commons," *Radical History Review* 109, 2011, pp. 1-7.

G. Waitt, E. Stratford, T. Harada, "Rethinking the Geographies of Walkability in Small City Centers," *Annals of the American Association of Geographers* 109-3, 2019, pp. 926-942.

I. Illich, "Silence is a commons," *CoEvolution Quarterly* 40, 1983, pp. 5-9.

J. Stehlin, M. Hodson, A. McMeekin, "Platform mobilities and the production of urban space: towards a typology of platformization trajectories," *Environment and Planning A: Economy and Space* 52-7, 2020, pp. 1250-1268.

M. Nussbaum, M., "Creating capabilities: the human development approach and its implementation," *Hypatia* 24-3, 2009, pp. 211-215.

M. Sheller, J. Urry, "The new mobilities paradigm," *Environment and Planning A* 38, 2006, pp. 207-226.

M. Turner, "Political ecology III: the commons and commoning," *Progress in Human Geography* 41-6, 2017, pp. 795-802.

N. Noyoo, "Introduction to the concept of social development," in L. Calvelo, R. Lutz, A. Stauss, (eds.), *Development and Social Work(VI)*, Paulo Freire Verlag, Oldenbrug, 2015, pp. 27-41.

N. Oswin, "The queer time of creative urbanism: family, futurity, and global city Singapore," *Environment and Planning A* 44-7, 2012, pp. 1624-1640.

N. Salazar, A. Smart, "Anthropological takes on (im)mobility, identities," *Global Studies in Culture and Power* 18-6, 2011, pp. i-ix.

P. Chatterton, P., "Building transitions to post-capitalist urban commons," *Transactions of the Institutes of British Geographers* 41, 2016, pp. 403-415.

T. Ballantyne, "Mobility, empire, colonisation," *History Australia* 11-2, 2014, pp. 7-37.

T. Cresswell, T., "Towards a politics of mobility," *Environment and Planning D: Society and Space* 28-1, 2010, pp. 17-31.

A. Giddens, P. Sutton, *Sociology*, 8th edition, Cambridge: Polity Press, 2017. (앤서니 기든스 · 필립 서튼, 《현대사회학》, 김미숙 · 김용학 · 박길성 · 송호근 · 신광영 · 유홍준 · 정성호 옮김, 을유문화사, 2018.)

A. Negri, A., *Reflections on Empire*, Milano: Raffaello Cortina Editore, 2003. (안토

니오 네그리, 《다중과 제국》, 정남영 · 박서현 옮김, 갈무리, 2011.)

A. Negri, M. Hardt, *Commonwealth*, Cambridge, MA: Harvard University Press, 2009. (안토니오 네그리 · 마이클 하트, 《공통체》, 정남영 · 윤영광 옮김, 사월의책, 2014.)

A. Ong, *Neoliberalism as Exception: Mutations in Citizenship and Sovereignty*, Durham, NC: Duke University Press, 2006.

A. Ziai, (ed), *Exploring Post-development: theory and practice, problems and perspectives*, London: Routledge, 2007.

B. Gleeson, *Geographies of Disability*, London: Routledge, 1999. (브렌덴 글리슨, 《장애의 지리학》, 최병두 · 임석회 · 이영아 옮김, 그린비, 2020.)

B. Massumi, *Politics of Affect*, Cambridge, MA: Polity, 2015. (브라이언 마수미, 《정동정치》, 조성훈 옮김, 갈무리, 2018.)

C. Gay, V. Kaufmann, S. Landrième, S. Vincent-Geslin, *Mobile Immobile 1: Quels choix, quels droits pour 2030*, Avignon: Éditions de L'Aube/Forum Vies Mobiles, 2011a. (크리스토프 게이 · 뱅상 카우프만 · 실비 랑드리예브 · 스테파니 뱅상 지랑, 《모바일/임모바일 1》, 이진형 옮김, 앨피, 2021.)

C. Gay, V. Kaufmann, S. Landrième, S. Vincent-Geslin, 2011, *Mobile Immobile 2: Quels choix, quels droits pour 2030*, Avignon: Éditions de L'Aube/Forum Vies Mobiles, 2011b. (크리스토프 게이 · 뱅상 카우프만 · 실비 랑드리예브 · 스페파니 뱅상 지랑, 《모바일/임모바일 2》, 김나현 옮김, 앨피, 2021.)

D. Atkinson, P. Jackson, D. Sibley, N. Washbourne, (eds.), *Cultural Geography: A Critical Dictionary of Key Concepts*, London: Tauris, 2005. (데이비드 앳킨스 · 피터 잭슨 · 데이비드 시블리 · 닐 워시본 편저, 《현대 문화지리학: 주요개념의 비판적 이해》, 이영민 · 진종헌 · 박경환 · 이무용 · 박배균 옮김, 논형, 2011.)

D. Bollier, *Think Like a Commoner*, Paris: Éditions Charles Léopold Mayer, 2014. (데이비드 볼리어, 《공유인으로 사고하라》, 배수현 옮김, 갈무리, 2015.)

D. Demailly, A. Novel, *The Sharing Economy: Make it Sustainable*, IDDRI Studies 13, Paris, 2014.

D. Massey, *For Space*, London: Sage, 2005. (도린 매시, 《공간을 위하여》, 박경환 · 이영민 · 이용균 옮김, 심산, 2016.)

E. Ostrom, *Governing the Commons: the Evolution of Institutions for Collective Action*, Cambridge: Cambridge University Press, 1990. (엘리너 오스트롬, 《공유의 비극

을 넘어》, 윤홍근 · 안도경 옮김, 랜덤하우스코리아, 2010.)

E. Soja, *Seeking Spatial Justice*, Minneapolis: The University of Minnesota Press, 2010.

G. D'Alisa, F. Demaria, G. Kallis, *Degrowth: a Vocabulary for New Era*, New York: Routledge, 2015. (자코모 달리사 · 페데리코 데마리아 · 요르고스 칼리스 편, 《탈성장 개념어 사전》, 강이현 옮김, 그물코, 2018.)

G. Davis, *A history of the social development network in The World Bank, 1973-2003*, The World Bank, 2004.

G. Williams, P. Meth, K. Willis, *Geographies of Developing Areas*, New York: Routledge, 2014. (글린 윌리엄스 · 폴라 메스 · 케이티 윌리스, 《개발도상국과 국제개발: 변화하는 세계와 새로운 발전론》, 손혁상 · 엄은희 · 이영민 · 허남혁 옮김, 푸른길, 2016.)

J. Butler, *Notes Towards a Performative Theory of Assembly*, Cambridge: Harvard University Press, 2015. (주디스 버틀러, 《연대하는 신체들과 거리의 정치: 집회의 수행성 이론을 위한 노트》, 김응산 · 양효실 옮김, 창비, 2020.)

J. Diamond, *Collapse: Why Societies Choose to Fail or Succeed?*, New York: Penguin Group, 2005. (제러드 다이아몬드, 《문명의 붕괴: 과거의 위대했던 문명은 왜 몰락했는가?》, 강주헌 옮김, 김영사, 2005.)

J. Habermas, *The Philosophical Discourse of Modernity*, Cambridge: Polity, 1985.

J. Kuehn, P. Smethurst, P. (eds.), *Travel Writing, Form, and Empire: the Poetics and Politics of Mobility*, London: Routledge, 2008.

J. Rifkin, *The Zero Marginal Cost Society: The Internet of Things, the Collaborative Commons, and the Eclipse of Capitalism*, New York: Palgrave Macmillan, 2014. (제레미 리프킨, 《한계비용 제로사회: 사물인터넷과 공유경제의 부상》, 안진환 옮김, 민음사, 2014.)

J. Schor, *Plentinude: The New Economics of True Wealth*, New York: Penguin Press, 2010. (줄리엣 쇼어, 《제3의 경제학: 세상을 바꾸는 착한 경제생활》, 구계원 옮김, 위즈덤하우스, 2011.)

J. Urry, *Mobilities*, Cambridge: Polity Press, 2007. (존 어리, 《모빌리티》, 강현수 · 이희상 옮김, 아카넷, 2014.)

M. Foucault, *Histoire de la sexualité1: La vlonté de savoir*, Paris: Éditions Gallimard, 1976. (미셸 푸코, 《성의 역사1: 지식의 의지》, 이규현 옮김, 나남, 1990.)

M. Hardt, A. Negri, *Assembly*, New York: Oxford University Press, 2017. (마이클 하트 · 안토니오 네그리, 《어셈블리: 21세기 새로운 민주주의 질서에 대한 제언》, 이승준 · 정유진 옮김, 알렙, 2020.)

M. Sheller, *Mobility Justice: the Politics of Movement in an Age of Extremes*, London: Verso, 2018. (미미 셸러, 《모빌리티 정의》, 최영석 옮김, 앨피, 2019.)

P. Adey, *Mobility*, London: Routledge, 2010.

P. Adey, *Mobility*, 2nd edition, London: Routledge, 2017. (피터 애디, 《모빌리티 이론》, 최일만 옮김, 앨피, 2019.)

P. Bourdieu, *An Invitation to Reflexive Sociology*, Chicago: University of Chicago Press, 1992.

P. Krugman, *Conscience of a Liberal*, New York: Norton, 2007.

P. Marshall, *Issue: The Sharing Economy*, Sage Business Researcher, 2015.

P. Norton, *Fighting Traffic: the Dawn of the Motor Age in the American City*, Cambridge: MIT Press, 2008.

P. Knox, S. Pinch, *Urban Social Geography: an Introduction*, 6th edition, London: Prentice Hall, 2010. (폴 녹스 · 스티븐 핀치, 《도시사회지리학의 이해》(제6판), 박경환 · 류연택 · 정현주 · 이용균 옮김, 시그마프레스, 2012.)

P. Solón, G. Azam, C. Aguiton, E. Beltrán, *Systemic Alternatives*, La Paz: Fundación Solón, 2017. (바블로 솔론 · 주느비에브 아잠 · 크리스노프 아기똥 · 엘리사벳 벨트란, 《다른 세상을 위한 7가지 대안》, 김신양 · 김현우 · 하남혁 옮김, 착한책가게, 2018.)

R. Peet, E. Harwick, *Theories of Development: Contentions, Arguments, Alternatives*, 3rd edition, London: The Guilford Press, 2015.

S. Castles, M. Miller, *The Age of Migration: International Population Movements in the Modern World*, Basingstoke: Palgrave Macmillan, 2009. (스티븐 카슬 · 마크 밀러, 《이주의 시대》, 한국이민학회 옮김, 일조각, 2013.)

S. Mezzadra, B. Neilson, *Borders as Method, or Multiplication of Labor*, Durham, NC: Duke University Press, 2013. (산드로 메자드라 · 브렛 닐슨, 《방법으로서의 경계》, 남청수 옮김, 갈무리, 2021.)

S. Sassen, *Cities in a World Economy*, 4th edition, Los Angeles: Sage, 2012. (사스키아 사센, 《세계경제와 도시》, 남기범 · 이원호 · 유환종 · 홍인옥 옮김, 푸른길, 2016.)

Sustainable Mobility for All, *Sustainable Mobility: Policy Making for Data Sharing*, Washington, DC, Creative Commons Attribution CC BY 3.0., 2021.

T. Cresswell, *On the Move: Mobility in the Modern Western World*, London: Routledge, 2006. (팀 크레스웰, 《온더무브》, 최영석 옮김, 앨피, 2021.)

T. Lemke, *Biopolitik zur Einfuhrung*, Hambrug: Junius Verlag, 2006. (토마스 렘케, 《생명정치란 무엇인가: 푸코에서 생명자본까지 현대 정치의 수수께기를 밝힌다》, 심성보 옮김, 그린비, 2015.)

The Care Collective, 2020, *The Care Manifesto: The Politics of Interdependence*, London: Verso, 2020. (더 케어 컬렉티브, 《돌봄선언: 상호의존의 정치학》, 정소영 옮김, 니케북스, 2021.)

United Nations, *The Millennium Development Goals Report 2015*, United Nations, 2015.

United Nations, *The Sustainable Development Goals Report 2021*, United Nations, 2021.

United Nations Research Institute for Social Development, *Social Development in an Uncertain World: UNRISD Research Agenda 2010-2014*, Geneva: UNRISD, 2011.

United Nations Development Programme, *Human Development Report*, New York: Oxford University Press, 1990.

V. Kaufmann, *Re-thinking the City: Urban Dynamics and Motility*, Lausanne: EPFL Press, 2011. (뱅상 카우프만, 《도시를 다시 생각한다: 도시의 역학과 모틸리티》, 최영석 옮김, 앨피, 2021.)

Y. Harari, *Sapiens: A Brief History of Humankind*, New York: Harper, 2014. (유발 하라리, 《사피엔스》, 조현욱 옮김, 김영사, 2015.)

모조로프, 〈우버화(Uberization), 디지털 공유경제의 함정〉, 《르몽드 디플로마티크》 2015년 9월호, 2015.

D. Baker, "The opportunities and risks of the sharing economy, in Written Testimony for the hearing," *The Disrupter Series: How the Sharing Economy Creates Jobs, Benefits Consumers, and Raises Policy Questions*, the U.S. House of Representative, 2015.

Digital Commons Networks: https://network.bepress.com/

현행법상 장애(인) 개념에 근거한
장애인 이동권의 문제

| 임보미 |

이 글은 《International Journal of Diaspora & Cultural Criticism》 제12권 제2호
(2022)에 게재된 원고를 수정하여 재수록한 것이다. 해당 연구는 2018년 대한
민국 교육부와 한국연구재단의 지원을 받아 수행되었다(NRF—2018S1A6A3A
03043497).

2021년은 2001년 오이도역에서 발생한 휠체어리프트 추락 사망 사건을 계기로 장애인 이동권 논의가 본격화된 지 20주기가 되는 해였다. 리프트 사망 사고 이후 20년이 흐른 2021년, 장애인들은 서울 지하철 역사 곳곳에서 총 11건의 시위를 벌였고, 해를 넘긴 2022년 11월 현재까지도 출근 시간대에 열차 운행을 지연시키는 방식으로 이동권 보장을 요구하는 목소리를 내고 있다.

2001년 사고 직후, 장애인의 이동과 안전 문제가 전면에 부각되면서 장애인들은 ① 지하철 역사 내 엘리베이터 설치, ② 저상버스 도입, ③ 휠체어 탑승이 가능한 특별교통수단의 보급을 구체적 방안으로 제시하며 이동권 확보 운동을 추진하였다. 해를 거듭해 가는 끈질긴 투쟁 끝에 서울시는 저상버스와 이른바 장애인 콜택시 도입을 약속하였고, 장애인 이동과 관련한 가장 대표적인 법률인 「교통약자의 이동편의 증진법」(이하 「교통약자법」)이 제정(법률 제7382호, 2005. 1. 27.)되는 성과를 거두었다.

그러나 휠체어리프트 추락 사고 발생 후 20년, 「교통약자법」 시행 이후 16년이 흐른 현재, 그들은 20년 전과 마찬가지로 여전히 지하철 역사 내 엘리베이터 설치와 저상버스 도입, 장애인 콜택시 확보 등을 요구하고 있다. 다만, 그 당시에는 관련 법률의 제정을 요구했다면, 이제는 제정된 법률을 바탕으로 한 실천이 필요하다고 주장하는 차이가 있을 뿐이다.

반면, 같은 기간 이동을 위한 테크놀로지는 그 발전의 속도와 궤가 이전과는 다른 차원의 수준으로 성장하였다. 현재의 모빌리티는 전통적인 이동 수단에 인공지능, 정보처리 시스템, 네트워크 등의 기술이 집약되고 여기에 서비스가 결합된 형태로 변모하고 있다. 최근의 산업 동향과 미래 모빌리티 산업의 육성을 중심으로 한 정부 정책의 추이를 살펴보면, 완전 자율주행 자동차와 수직 이착륙이 가능한 도심 항공교통이 수년 내에 상용화될 것으로 보인다.

이 글은 이렇듯 찬란한 모빌리티 테크놀로지의 발전 앞에서 장애인들은 왜 20년째 같은 주장을 되풀이할 수밖에 없는지, 장애인 이동의 문제가 기술적으로 복잡한 내용이 아님에도 불구하고 제도 안에 충분히 수용되지 않는 이유는 무엇인지, 어째서 장애인을 위한 예산 편성과 집행은 뒷전이며 후순위여야 하는지에 대한 의문에서 출발하였다. 이와 같은 현상의 근본적 원인은 우리 사회가 장애를 바라보는 관점에 기인한다는 판단 하에, 관련 법률의 장애(인) 정의 규정 근저에 이러한 관점이 놓여 있음을 지적하고, 이것이 장애 정책에 대한 실천적인 문제로 이어진다는 점을 주장하고자 한다. 아울러, 이러한 관점은 선제적인 장애인 이동 정책 마련을 저해하는 것을 넘어, 이동권에 대한 사법심사와 사후적 구제조치에 있어서도 법원의 미온적인 태도를 극복하기 어렵게 만든다는 점을 설명하고자 한다.

먼저 장애를 바라보는 관점의 세계적 추이를 세계보건기구WHO: World Health Organization와 〈UN 장애인권리협약〉상의 장애 개념을 통하여 살펴보고, 이와 비교하여 현행 「장애인복지법」과 「장애인차별금지 및 권리구제 등에 관한 법률」(이하 「장애인차별금지법」)상의 장애(인) 정의를 비판적으로 분석한다. 이를 바탕으로 장애(인) 개념이 구체적인 장애인 이동 증진 정책에 어떻게 파생되어 발현되는지 알아보고, 이것이 사법심사 과정에 미치는 영향 및 그 한계를 살펴본다. 이로써 현재 장애인 개념이 노정하고 있는 한계를 지적하고 새로운 개념 형성을 위한 토대 마련에 작게나마 기여하는 것이 이 글의 목적이다.

장애(인) 개념의 세계적 추이와 현행법상 정의

　장애인 이동권은 오랜 시간 장애인운동을 거치면서 스스로 고안해 낸 새로운 개념으로서, 그 본질과 법적 성격에 관하여 아직도 그 내용이 형성 중이다.[1] 그런데 장애인 이동권은 "장애인"의 권리이다. 따라서 장애인의 이동권을 주장하거나 차별을 이유로 구제를 호소하려면, 선결적으로 그 이동권의 주체나 구제조치의 대상자가 장애인의 정의에 부합하여야 한다. 여기서 "누구의 권리인가"가 갖는 의미는 비단 해당 권리의 주체를 특정하는 데 그치는 것이 아니라, 그 권리의 성격과 내용을 형성하고 사회적 책무의 범위를 설정하며 이를 기반으로 한 정책과 제도의 구현에 직접적으로 영향을 미치는 데까지 이른다. 이것이 바로 장애(인)의 개념이고, 이동권의 내용과 성격을 지배하는 선제 조건이 된다.

세계보건기구와 〈UN 장애인권리협약〉상의 개념

　장애와 장애인에 대한 법적 정의는, 규범적 성격을 가지는 모든 법적 정의가 그러하듯 장애 관련 서비스의 대상 범위와 정도에 관한 사회적 합의에 기반을 둘 수밖에 없다.[2] 그리고 그러한 사회적 합의는 역사적·사회적 환경과 맥락을 같이하며 변화해 가는데, 이렇게 형성된 장애(인) 개념은 관련 법의 전체적인 프레임을 구성하는 기반이 된다.

---

[1] 박진용, 〈장애인 이동권 보장 제도에 관한 공법적 연구〉, 중앙대학교 박사학위논문, 2018, 5쪽.
[2] 김용득, 〈장애개념의 변화와 사회복지실천 현장 함의〉, 《한국사회복지학》 51, 2002, 160쪽.

장애를 개념화하기 위한 접근 모델은 논점에 따라 다양하게 세분화될 수 있으나, 대체로 의학적 모델과 사회적 모델로 대별할 수 있다. 의료적 모델은 의학적 현상으로서의 손상impairment에 주목하여, 장애를 개인의 생리적 또는 인지적 기능을 방해할 수 있는 건강 상태나 질병의 결과로 설명한다. 이에 반하여 사회적 모델은 개인이 아닌 사회적 여건에 초점을 맞추고, 장애란 개인의 신체적·정신적 손상과 무관하게 개인의 활동을 제약하는 "장벽barrier", 즉 온전한 사회조직의 흠결 결과라고 본다.

장애(인) 개념은 「장애인차별금지법」을 비롯한 관련 법률에 따른 보호 대상, 적용 범위 등을 확정하기 위한 필수 개념이지만 세계적으로 통용되는 정의가 존재하는 것은 아니다.[3] 다만, 세계보건기구에서 채택한 장애 개념 및 〈UN 장애인권리협약〉상 장애의 정의가 다수 국가의 차별금지법에 영향을 미침으로써 일정한 국제적 기준으로서의 역할을 담당하고 있다.[4]

세계보건기구는 1970년대까지 장애를 "일종의 질병 또는 사회적 일탈"로 바라보았다. 이렇게 전형적인 의료적 모델에 입각한 장애 개념은 사회적 환경의 중요성을 경시하고 장애를 개인적 문제로 축소한다. 따라서 이에 기반한 장애 정책은 필연적으로 개인을 대상으로 한 치료와 보호 중심으로 시행되며, 나아가 장애인에게 치료 가능성

---

3 홍석한, 〈미국의 장애인법(ADA)에 대한 고찰 – 장애의 개념과 합리적 편의제공 의무의 내용을 중심으로〉, 《미국헌법연구》 32(1), 2021, 3쪽.
4 오욱찬, 〈차별금지의 대상으로서 장애 개념의 포괄성: OECD 국가의 차별금지법에 대한 비교연구〉, 《비판사회정책》 53, 2016, 446쪽.

이 없다면 이들을 수용시설에 보호하는 형태로 귀결될 수밖에 없다.[5] 이러한 문제점을 노정하고 있었던 장애 개념은 1970년대에 이르러 근본적인 변화를 맞게 되었다.

그 변화는 영국에서 시작되었다. 1960~70년대 서구 사회를 풍미했던 네오마르크스 사조에 영향을 받은 연구자들은 장애를 개인의 문제이자 사회 일탈로 간주하는 의료적 모델 개념에 반대하면서, 장애는 자본주의사회에서 유래한 사회적 억압이라고 주장하였다.[6] 이들은 '차별에 반대하는 신체장애인 연합UPIAS: The Union of the Physically Impaired Against Segregation'을 조직하고, 여기서 발표한 '장애의 기본 원리Fundamental Principles of Disability'를 통하여 새로운 장애 개념을 제시하였다. 이들은 손상과 장애disability를 분리하여 손상이란 "사지의 전부 혹은 일부의 상실 또는 사지나 신체기관 혹은 기제의 결함"으로, 장애란 "신체적 손상을 가진 사람을 고려하지 않고 그들을 사회활동 주류로의 참여로부터 배제하는 오늘날의 사회구조에서 유래하는 활동의 제약 및 불이익"[7]이라고 규정하였다. 즉, 손상과 장애는 서로 별개의 것으로, 전자는 개인에게 주어진 사실일 뿐이며 손상 그 자체가 아니라 손상을 입은 자에 대한 "사회적 억압"이 곧 장애라는 것이다. UPIAS의 이러한 정의는 세계보건기구의 장애 개념과 〈UN 장애인 권리협약〉상의 장애 개념에 영향을 미친다.

---

5 윤수정, 〈장애의 개념에 대한 헌법적 고찰 - 〈장애인차별금지 및 권리구제 등에 관한 법률〉의 장애의 개념에 대한 논의를 중심으로〉, 《공법학연구》 21(3), 2020, 171쪽.
6 남찬섭, 〈사회적 모델의 실현을 위한 장애정의 고찰, 현행 장애인차별금지법의 장애정의의 수정을 위하여〉, 《한국사회복지학회》 61(2), 2009, 163쪽.
7 UPIAS, *Fundamental Principles of Disability*, 1976, p.14.

위와 같은 사회적 인식의 변화에 따라 세계보건기구는 1980년 ICIDHInternational Classification of Impairments, Disabilities, and Handicaps의 분류 체계를 만들었다. 이 분류 체계에서는 '손상' · '기능제약disabilities' · '사회적 불리handicaps' 개념을 각각 구분하여, '손상'은 개인의 신체적 차원에서 발생하는 이상 상태, '기능제약'은 손상으로 인한 통상적 활동 수행능력의 제한, '사회적 불리'는 손상→기능제약으로 이어진 개인적 상황을 전제로 한 사회적 참여의 제한을 의미한다고 규정하였다. 이렇듯 ICIDH는 장애 개념에 사회적 관점을 반영하기 시작하였으나 여전히 의료적 모델을 극복하지 못했다는 비판에서 자유롭지 못했고, 한 차례 수정(ICIDH-2)[8]을 거쳐, 2001년 새로운 개념에 기반한 ICF International Classification of Functioning, Disability and Health를 발표하였다.

ICF는 '기능적 장애' 개념을 중심으로, 장애에 대한 독립적인 정의와 기준을 제시하는 대신 신체 기능 및 구조, 활동, 참여라는 세 가지 측면을 모두 고려하여 장애의 전체적인 맥락을 설명하고자 하였다.[9] ICIDH가 손상 → 기능제약 → 사회적 장애의 일방향적 관계를 전제로 하였다면, ICF는 개인적 장애 ↔ 상황적 요소(환경적 요소와 개별적 요소)의 상호관계 속에서 기능과 장애를 설명한다는 차이가 있다. 동일한 수준의 신체 기능이나 신체 구조의 변화가 일어났다 하더라도 사회 인식, 건축물의 장애와 같은 환경 요소나 성별 · 연령과 같은 개인적 요소의 영향을 받아 그 기능에 차이가 나타난다는 것이다. 이렇

---

8 ICIDH를 수정한 ICIDH-2에 관해서는 김용득, 〈장애개념의 변화와 사회복지실천 현장 함의〉, 166쪽 이하 참조.
9 황수경, 〈WHO의 새로운 국제장애분류(ICF)에 대한 이해와 기능적 장애 개념의 필요성〉, 《노동정책연구》 4(2), 2004, 132쪽.

듯 장애 개념에 복합적인 요소를 함께 고려함으로써 장애인에 대한 다양한 방면의 정책적 수요를 측정할 수 있는 지표를 제공하고 있다고 평가된다.

한편, 2006년 채택된 〈UN 장애인권리협약〉은 장애에 대한 별도의 개념 규정을 두지 않고 장애 개념에 대한 개방적 입장을 취한다. 〈UN 장애인권리협약〉 전문前文에 따르면, 장애란 "손상을 지닌 사람과 그들이 다른 사람과 동등하게 사회에 완전하고 효과적으로 참여하는 것을 저해하는 태도 및 환경적인 장벽 간의 상호작용으로부터 기인"한 "점진적으로 변화하는 개념"[10]이다. 장애인에 관해서는 제1조의 목적 규정에서 "장애인은 다양한 장벽과의 상호작용으로 인하여 다른 사람과 동등한 완전하고 효과적인 사회참여를 저해하는 장기간의 신체적, 정신적, 지적 또는 감각적인 손상을 가진 사람을 포함한다"고 규정한다. 여기서 장애인의 원래적 개념을 전제하는 "포함한다include"라는 표현을 사용하고 있으나 그 원래적 개념을 따로 적시하지는 않는 개방적 입장을 취하고 있다. 이는 당사국 간의 충돌을 방지하고 가능한 장애인을 널리 포섭하려는 일종의 전략적 선택으로 보인다.

〈UN 장애인권리협약〉의 문언적 표현을 통해 장애와 장애인의 개념이나 범주를 명료하게 파악할 수 있는 것은 아니지만, 세계보건기구가 마련한 장애(인) 개념과 비교하여 다음과 같은 공통점을 추출할

---

10 장애인권리협약의 원문과 번역문은 국가인권위원회 누리집에서 확인할 수 있다: https://www.humanrights.go.kr/site/program/board/basicboard/view?menuid=001003007007&searchcategory=%EC%9E%A5%EC%95%A0%EC%9D%B8%EA%B6%8C%EB%A6%AC%ED%98%91%EC%95%BD&pagesize=10&boardtypeid=7065&boardid=7607026. (접속일 2022년 3월 11일).

수 있다.

먼저, 장애와 장애인 개념은 절대적·고정적인 개념이 아니라 유동적 개념이라는 점이다. 이는 강한 도덕률에 근거하거나 강력한 법적 안정성이 요구되는 분야와 비교하여 사회 구성원의 합의나 가치관에 따라 상대적으로 수월하게 가변적일 수 있음을 의미한다. 세계보건기구는 1980년 장애 개념에 사회적 책임을 도입한 이후에도 현재까지 두 번에 걸쳐 그 개념을 확장하는 형태로 수정하였고, 〈UN 장애인권리협약〉 역시 장애 개념이 "점진적으로 변화하는 개념"임을 천명하였다.

두 번째로 장애(인) 개념은 다양한 요소들이 상호 결합하여 작용하는 복합적 성격을 가지고 있다. 개인의 신체적·정신적 손상 및 특성, 사회의 물리적 인프라, 사회 구성원의 태도 등이 상호작용함으로써 사회적 활동의 참여, 일상생활의 가능 여부가 다층적으로 나타날 수 있다는 것이다. 이는 장애 정책이 개인적 특성과 환경을 모두 고려하여 수립, 추진되어야 함을 의미한다.

마지막으로, 세계보건기구가 수립한 장애 개념과 〈UN 장애인권리협약〉에서 공통적으로 드러난 가장 큰 변화의 흐름은 장애와 장애인에 대한 사회적 관점의 반영과 그 성격의 강화라는 점이다. "사회의 차별적 구조 또는 환경"을 장애 요소 중 하나로 이해하게 되면, 장애인의 지위는 사회복지서비스 수급자에서 보편적 권리의 능동적 향유자로 변화하는 동시에, 국가는 사회의 차별적 시설이나 구조를 제거해야 하는 의무를 지게 된다. 장애를 개인적 문제에서 바라보던 시각에 기초한 기존 장애 정책의 패러다임 전환이 요청되는 것이다.

우리나라 장애인 이동권에 관한 법 체계와 장애(인) 개념

장애인 이동권에 대한 헌법적 근거는 궁극적으로 헌법 제10조상의 "인간으로서의 존엄과 가치", "행복추구권" 및 제11조상의 평등권에서 찾을 수 있다. 헌법 제11조 제1항 후문은 차별 금지 사유로 "성별 · 종교 또는 사회적 신분"을 상정하고 있으며, "장애"를 이유로 한 차별을 금지하는 명시적 조항은 따로 두고 있지 않다. 이에 대하여 다수설과 판례(헌법재판소 2011. 3. 31. 2008헌바141 결정 등)는 "성별 · 종교 또는 사회적 신분"이라는 표지를 열거적 차별 금지사유가 아니라 차별이 금지되는 사유의 예시라고 본다.[11] 그러나 다수 견해에 따르더라도, 장애인에 대한 차별의 형태와 구조가 다양하고, 평등의 출발선을 비장애인과 동등하게 설정할 수 없으며, 복지와 평등이 결합된 방식의 정책적 접근이 요구된다는 점에서[12] 차별의 대상이 되는 그 밖의 소수자(약자)의 경우와 구분할 필요가 있다. 헌법은 이를 위한 어떠한 구체적 지표도 제시하고 있지 않기 때문에 장애인 정책에 있어 특별히 유리한 근거를 찾기 어렵다는 문제가 있다.

장애인 이동권의 직접적인 법률적 근거로는 2005년 제정된 「교통약자법」 제3조를 들 수 있다. 제3조는 "교통약자는 인간으로서의 존엄과 가치 및 행복을 추구할 권리를 보장받기 위하여 교통약자가 아닌 사람들이 이용하는 모든 교통수단, 여객시설 및 도로를 차별 없이 안전하

---

11 이와 반대로, 해당 사유를 열거적 성격으로 이해하는 견해에 대해서는 윤수정, 〈장애인 정책의 적극적 사법심사를 위한 심사방법의 모색〉, 《공법연구》 43(4), 2015, 27쪽 및 정주백, 〈헌법 제11조 제1항 후문 사유의 성격〉, 《헌법학연구》 19(3), 2013, 293쪽 참조.
12 이재희, 〈장애인의 평등권 보장에 대한 헌법적 검토〉, 《사회보장법학》 6(1), 2017, 97~100쪽.

고 편리하게 이용하여 이동할 수 있는 권리를 가진다"고 규정하고 있는데, 여기서 "교통약자"에 장애인이 포함되는 것이다(제2조 제1호).

한편, 「교통약자법」 제정에 앞서 1997년 제정된 「장애인 · 노인 · 임산부 등의 편의증진 보장에 관한 법률」(이하 「장애인등편의법」)은 제4조에서 "장애인 등은 인간으로서의 존엄과 가치 및 행복을 추구할 권리를 보장받기 위하여 장애인 등이 아닌 사람들이 이용하는 시설과 설비를 동등하게 이용하고, 정보에 자유롭게 접근할 수 있는 권리를 가진다"고 하여 "접근권"을 개념화하였다. 여기서 "장애인 등"이란 "장애인 · 노인 · 임산부 등 일상생활에서 이동, 시설 이용 및 정보 접근 등에 불편을 느끼는 사람"을 말한다(제2조 제1호). 그런데 장애인 이동권과 관련한 대표적인 위 법률에서는 각각 "교통약자"와 "장애인 등"의 정의에 장애인을 포섭하고 있을 뿐, 장애(인) 자체에 대한 정의 규정을 따로 두고 있지 않다. 따라서 교통약자이자 접근권의 보장 대상에 포함되는 장애인에 대한 법적 정의는 장애인 복지의 일반법적 지위를 가지는 「장애인복지법」과 일반적 구제법인 「장애인차별금지법」상의 규정을 차용해야 한다. 「장애인복지법」과 「장애인차별금지법」상의 장애(인) 정의 규정은 〈표 1〉과 같다.[13]

즉, 위 법률상 장애(인)의 법적 정의는 교통약자이자 접근권의 보장 대상으로서 장애인의 범주, 장애인의 (이동)편의 증진을 위한 정책의 방향성과 실현 방안을 내포하고 있으며, 국가나 지방자치단체 및 특

---

13 이 외에도 「장애인고용촉진 및 직업재활법」 등 여러 법률에서 정의 규정을 두고 있지만, 대부분 「장애인복지법」에 대하여 특별법적 지위를 가지고 있고, 그 내용도 별반 다르지 않으므로 여기서는 논외로 한다.

<표 1> 장애(인)의 법률상 정의

법률명	조항	내용
장애인복지법	제2조 제1항	"장애인"이란 신체적 · 정신적 장애로 오랫동안 일상생활이나 사회생활에서 상당한 제약을 받는 자를 말한다.
	제2조 제2항	이 법을 적용받는 장애인은 제1항에 따른 장애인 중 다음 각 호의 어느 하나에 해당하는 장애가 있는 자로서 대통령령으로 정하는 장애의 종류 및 기준에 해당하는 자를 말한다.(이하 생략)
장애인 차별금지법	제2조 제1항	이 법에서 금지하는 차별행위의 사유가 되는 장애라 함은 신체적 · 정신적 손상 또는 기능상실이 장기간에 걸쳐 개인의 일상 또는 사회생활에 상당한 제약을 초래하는 상태를 말한다.
	제2조 제2항	장애인이라 함은 제1항에 따른 장애가 있는 사람을 말한다.

정 수범자의 (이동)편의 증진의 의무 위반을 이유로 한 구제 가능성까지 타진할 수 있는 지표로서 기능하고 있는 것이다.

현행 「장애인복지법」은 1981년 제정된 「심신장애자복지법」(법률 제3452호, 1981. 6. 5. 제정)을 전신으로 하여, 2021년까지 총 68번의 크고 작은 개정을 거쳤다. 제정 「심신장애자복지법」은 "심신장애자"의 재활과 보호를 통한 복지 증진을 목적으로 하였는데, 여기서 심신장애자는 "지체부자유, 시각장애, 청각장애, 음성 · 언어기능장애 또는 정신박약 등 정신적 결함으로 인하여 장기간에 걸쳐 일상생활 또는 사회생활에 상당한 제약을 받는 자"를 의미하였다. 이렇듯 초창기 법률에서는 "정신적 결함"이라는 용어에서도 알 수 있듯이, 장애를 전적으로 개인의 신체적 · 정신적 병리 현상으로 이해하였다.

1980년대 후반, 장애인에 대한 새로운 패러다임의 등장과 사회적 요청에 따라 오늘날과 같이 「장애인복지법」(법률 제4179호, 1989. 12. 30. 전부개정)으로 법률의 명칭을 변경하는 동시에 "심신장애자"라는 표현을 "장애인"으로 대체하였다. 개정된 「장애인복지법」은 제1조에서 장애인 대책에 관한 국가 등의 책무를 인정하고 장애인 복지 대책 마련, 장애인의 생활 안정 등을 이 법률의 목적으로 내세웠지만 장애인을 "지체장애, 시각장애, 청각장애, 언어장애 또는 정신지체 등 정신적 결함으로 인하여 장기간에 걸쳐 일상생활 또는 사회생활에 상당한 제약을 받는 자"라고 정의함으로써, 장애인 개념에 대해 별다른 인식의 변화를 보이지는 않았다.

　1999년 다시 한 번 전문개정(법률 제5931호, 1999. 2. 8.)이 이루어졌는데, 이 개정을 통해서는 장애인의 개념을 일반적 의미로서의 장애인(제1항)과 당해 법률의 적용을 받는 장애인(제2항)으로 이원화하였다. 즉, 제1항에서 장애인을 "신체적 · 정신적 장애로 인하여 장기간에 걸쳐 일상생활 또는 사회생활에 상당한 제약을 받는 자"라고 정의한 뒤, 다시 2항에서 1항의 규정을 바탕으로 하여 신체적 장애와 정신적 장애를 가진 자로서 대통령령이 정하는 장애의 종류 및 기준에 해당하는 자를 이 법률의 적용 대상자로 설정하였다. 이러한 이원적 체계는 현행법까지 계속 유지되고 있다. 이후 제2조 제1항의 정의는 "신체적 · 정신적 장애로 오랫동안 일상생활이나 사회생활에서 상당한 제약을 받는 자"로 변경(법률 제8367호, 2007. 4. 11. 전부개정)되었는데, 이는 사실상 개념의 변화가 아니라 언어순화의 의미에 불과하다.[14]

　「장애인복지법」은 제정 이후 세 번의 전면개정을 비롯하여 비교적 빈번한 개정이 이루어졌다. 이는 오랜 시간 서구를 중심으로 발전해

---

[14]　다만, 대통령령이 정하는 장애의 종류는 개정을 거듭하면서 점차 장애의 범주가 넓어지고 더 상세화되긴 하였으나 본고는 장애의 정의에 초점을 맞추고 있으므로 이에 대한 자세한 논의는 생략하기로 한다.

왔던 장애 담론이 1970년대 말~1980년대 초 우리나라에 유입된 이후 경제적 상황, 사회적 분위기, 복지 담론 등이 빠르게 변화하면서 이를 법률에 반영할 필요가 있었던 결과라고 생각된다. 여러 차례 개정을 거치며 점차적으로 '인간으로서의 존엄과 가치를 포함한 제반 권리', '장애인에 대한 차별 금지', '국가와 지방자치단체는 물론 국민의 책임' 등을 명시하는 규정을 신설함으로써 개별적 결핍에 대한 보충적 복지 태도를 탈피하려는 움직임을 보이고 있다.[15] 그러나 이러한 노력에도 불구하고, 모든 장애 정책의 지표 역할을 하는 장애 개념에 있어서는 근본적인 변화가 나타나지 않았다. 이하에서는 「장애인복지법」상 장애 개념의 구체적인 문제를 지적하고자 한다.

앞서 언급한 바와 같이 「장애인복지법」 제2조는 제1항과 제2항에서 각각 일반적 의미의 장애인과 이 법의 적용 대상으로서의 장애인 개념을 정의하고 있다. 「장애인복지법」 제2조 제2항에 따르면, "이 법의 적용을 받는 장애인"은 대통령령으로 정하는 장애의 종류 및 기준에 해당하는 신체적 · 정신적 장애를 가진 자를 의미하고 장애의 정도는 보건복지부령으로 정하도록 하고 있는데, 그 준거가 되는 대통령령과 보건복지부령은 모두 전적으로 의료적 기준에 입각하여 장애 여부와 정도를 파악한다.

이 조항의 목적은 복지서비스의 대상자를 선정하기 위한 것으로, 장애인은 저마다 장애의 종류와 정도, 그리고 처해 있는 상황이 매우

---

15   이동석, 〈장애학의 다중 패러다임과 한국 장애인복지의 성격〉, 《한국사회복지학》 56(3), 2004, 239쪽.

다양하여 쉽게 유형화할 수 없다는 특징 때문에[16] 필연적으로 어느 정도 사실적 성격을 띨 수밖에 없다고 생각된다. 그러나 이러한 목적을 염두에 둔다 하더라도, 「장애인복지법」은 우리나라 장애인 복지 관련 법률 체계에서 일반법적 성격을 지니고 있으며, 구체적이고 개별적인 복지와 관련해서는 다양한 특별법이 존재하기 때문에 좀 더 일반적이고 선언적인 장애인 개념을 제시할 필요가 있다. 「장애인복지법」은 전반적으로 장애인 보호, 권익 증진 정책의 수립 및 추진 등과 같은 내용을 규정하고 있으므로 복지서비스의 대상자를 선정하기 위해서라도 전적으로 의료적 기준에 의존하게 되면 장애인의 개별적 욕구나 환경을 전혀 고려하지 않고 획일적 서비스를 제공하는 결과를 낳게 된다는 점에서 더욱 그러하다.[17]

한편 제1항은 좀 더 일반적인 의미의 장애인 개념을 규정하고 있는데, 여기서의 장애인 개념은 개별 복지 법제를 통한 서비스 전달 체계에 준거로 기능한다는 점에서 중요한 의미가 있다.[18] 이에 따르면 장애인이란 "신체적·정신적 장애[19]로 오랫동안 일상생활이나 사회생활에서 상당한 제약을 받는 자"이다. 통상 장애의 의미에는, 전적으로 개인의 문제 때문이든 아니면 사회의 장벽 때문이든 어떠한 원인으로

---

16 전광석, 〈사회복지법의 규범체계와 과제〉, 《법제연구》 41, 2011, 15~16쪽.
17 구 「장애인복지법」은 장애를 등급화하여 그 판정을 전적으로 의료적 기준에 의존하였으나, 위와 같은 비판에 직면하여 2019년 장애등급제도를 폐지하고 '수요자 중심의 장애인 지원 체계'를 구축하였다: 김경란·박형빈, 〈장애등급제 폐지에 따라 개편된 장애인 서비스 지원 기준에 대한 고찰: 장애등급 기준을 적용하고 있는 장애인 서비스를 중심으로〉, 《한국케어매니지먼트연구》 36, 2020, 218쪽.
18 조원일, 〈장애모델의 다중 패러다임에 의거한 한·일 장애인복지법의 비교연구〉, 《특수아동교육연구》 13(2), 2011, 30쪽.
19 밑줄은 필자가 삽입. 이하 마찬가지.

이미 제약을 받는 상황을 내포하고 있는 것이 일반적이나, 이 조문에 따르면 "장애인 = 장애를 가진 자"의 공식이 성립하지 않는다. 즉, 장애는 개인의 신체적·정신적 사유에서 발생한 일종의 문제이되, 그러한 문제를 가지고 있다고 해서 곧바로 장애인이 되는 것이 아니며, 장기간 일상생활이나 사회생활에서의 제약을 필요로 한다. 또한 장애인의 성립 요건으로 장애와 상당한 제약 사이의 인과관계를 요하고 있으므로 장애를 가지고 있어도 일상생활이나 사회생활에서 상당한 제약을 받지 않으면 장애인이 아니며, 상당한 제약을 받는다 하더라도 그 제약의 장기간 지속 요건이 충족되지 않으면 장애인이 아니다. 이 조항은 "장애"에 대한 별도의 세밀한 정의를 두고 있지는 않으나, 장애가 개인의 신체적·정신적 사유에서 기인한다는 점을 전제로 하고 있다.

이 조문이 장애의 의료적 모델과 사회적 모델을 모두 포괄하는 것으로 이해하는 견해도 있으나,[20] 여기서 일상생활 또는 사회생활에서의 제약은 개인의 신체적·정신적 장애로 인한 것으로 인식된다는 점에서 장애인의 사회통합이나 실질적 평등을 위한 사회적 책무가 이 정의 조항에 반영되어 있다고 보기 어렵다. 여기서 상당한 제약을 "받는"다는 것이 과거부터 현재까지 현실적으로 제약을 받고 있는 상황만을 의미하는 것인지, 아니면 향후 상당한 제약을 받을 가능성이 있는 상태까지 포함하는지에 대해서 상세히 다루고 있는 문헌은 찾기 어렵다. 그러나 상당한 제약의 원인을 개인적 사유에서 찾는 한 그것이 현실의 문제이든 장래의 가능성이든, 개인의 신체적·정신적 문제의 심각

---

20 박진용, 《장애인 이동권 보장 제도에 관한 공법적 연구》, 14쪽; 이동석, 〈장애학의 다중 패러다임과 한국 장애인복지의 성격〉, 237쪽.

성이 전제되어야 한다는 점에는 변함이 없다. 따라서 여기서 장애인은 "의료적 관점에서 볼 때 일상생활이나 사회생활에 제약을 받을 정도의 특정 장애를 가진 자"라고 해석될 수밖에 없다. 장애의 정의에 있어 개인 특유의 생리적 기능 저하나 손상이라는 특성이 전혀 고려되지 않을 수 없으나, 장애의 성립을 전적으로 개인적 사유에 의존하고 있다는 점에서, 이미 이와 같은 개념의 문제점을 인식하고 이를 극복하려는 세계적 추세와 동떨어진 입법 태도라는 비판을 면할 수 없다.

요컨대, 「장애인복지법」은 제정 이래 수많은 개정을 거쳐 오면서도 기본이 되는 장애 개념에 대해서는 여전히 완고한 의료적 모델에 입각해 있기 때문에, 이것이 모든 장애인 복지 정책의 시발점으로 기능하여 개별적·보충적 복지의 형태를 극복하기 어렵게 만드는 "장애" 요소가 되는 것이다.

2021년 4월, 대법원은 「장애인차별금지법」이 제정(법률 제8341호, 2007. 4. 10.)된 이후 최초로 동법 제48조 제2항에 근거하여 적극적 구제조치 청구를 인용하였다. 특히, 이 사건은 원고인 장애인이 교통사업자인 광역버스 회사를 상대로 휠체어 승강 설비 및 교통약자용 좌석을 설치하지 않은 것을 이유로 「장애인차별금지법」상의 적극적 구제조치를 청구한 사건으로서 장애인 이동권 문제와 직결되어 있다.[21] 이러한 판례의 변화는 장애인에 대한 사회적 책무의 당위성을 인정하는 사회적 합의를 기반으로 한 것이고, 이는 장애와 장애인을 바라보는 시각과 무관하지 않으나, 사법심사의 전제가 되는 현행 「장애인

---

[21] 당해 판결 이후 2022년 2월 17일에도 대법원이 「장애인차별금지법」상의 적극적 구제조치 청구를 인용하는 판결을 내림으로써(대법원 선고 2019다217421 판결, 후술 '사회보

차별금지법」상 장애인 개념 역시 좀 더 적극적이고 선제적인 이동권 보장 정책 수립을 가로막는 요인으로 작용하고 있다.

「장애인차별금지법」은 복지서비스의 수요 대상자를 선정할 필요가 있는 「장애인복지법」과는 달리, 평등의 권리에 근거하여 차별이라는 물리적 장벽과 제약을 제거하는 데 그 입법 취지가 있고,[22] 제정 당시부터 장애인 단체가 적극 참여하여 입법을 추진하고 구체적인 입안 작업에 관여함으로써, 그동안 시혜적 차원에 머물렀던 장애 복지를 인권의 차원으로 변화시켰다는 평가를 받기도 한다.[23]

이 법은 장애인에 대한 특정 처우를 금지하고 장애인의 권익을 구제하기 위한 것으로, 이 법이 금지하는 장애인에 대한 차별 행위와 차별의 피해를 입은 피해자를 위한 구제절차로 구성되어 있다. 제2조에 따르면, "장애라 함은 신체적·정신적 손상 또는 기능상실이 장기간에 걸쳐 개인의 일상 또는 사회생활에 상당한 제약을 초래하는 상태"를 의미하고(제1항), 장애인은 이러한 "장애가 있는 사람을 말한다"(제2항).「장애인차별금지법」 제2조는 장애의 개념 안에 개인적 손상 등 + 장기간 + 일상 또는 사회생활에 상당한 제약 초래를 포괄하여 정의함으로써, 신체적·정신적 사유라는 개인적 문제를 넘어 사회적 관점도 어느 정도 반영하고 있다고 보인다.

한편,「장애인차별금지법」은 장애인 개인이 가진 특성을 이유로 한

장적 성격의 강화와 장애인 이동권에 관한 사법심사의 한계' 참조), 교통사업자의 휠체어 탑승 설비 제공과 교통약자용 좌석 설치 의무가 법리적으로 정착될 것으로 기대된다.

22   조임영, 《《장애인차별금지 및 권리구제 등에 관한 법률》의 장애의 정의에 대한 입법론 연구》,《노동법논총》 44, 2018, 38쪽.

23   김명수, 〈장애인차별금지법의 제정배경과 개선방안〉,《홍익법학》 20(1), 2009, 291쪽.

차별적 행위를 금지하는 것을 주요 골자로 하는 법률로, 이 차별적 행위는 작위의 형태든 부작위의 형태든 적어도 사회적으로 의미 있는 행위로 드러나야 한다. 그런데 제2조에서 말하는 "상당한 제약"은 장애의 개념에 포함되므로 그 자체는 차별이 아니고, 「장애인차별금지법」이 적용되기 위해서는 상당한 제약을 받는 사람에 대하여 제4조가 규정한 행위가 별도로 존재하여야 한다. 여기서 "상당한 제약" 자체가 「장애인차별금지법」이 금지하는 "차별 행위"에 속하는 것이 아니고 양자가 서로 별도의 개념이라면,[24] 차별 행위는 다수의 비장애인이 중심이 되는 사회적 측면에서의 장벽을, 상당한 제약은 다시 개인적 문제에서 비롯되는 결과를 의미하는 것으로 이해할 수밖에 없다. 따라서 "상당한 제약"은 개인의 신체적·정신적 사유를 원인으로 하며, 이 개념이 (입법 당시의 의도와는 별개로) 의료적 모델에 상당히 편향되어 있다는 비판을 면할 수 없다. 특히 제정 당시 장애 개념을 어떻게 설정할 것인가에 대해 여러 논의가 제기되었음에도 불구하고, 최종적으로는 「장애인차별금지법」상의 장애 개념을 「장애인복지법」상의 개념과 조화시키고 장애 여부 판단의 용이성을 고려하고자 한 정부 측 입장이 반영되어 현행법과 같이 제정되었다는[25] 입법 배경을 살펴볼 때 더욱 그러하다. 설령 장애인 개념 성립에 필요한 상당한 제약이 반드시 결과적 요건으로 필요한 것이 아니라, 넓게 해석해서 "상당한 제약을 초래할 가능성"이 있는 상태를 포함한다 하더라도, 이는

---

24 만일 전적으로 사회적 모델에 입각하여 장애를 "개인에 대한 불공정(불평등)한 사회적 차별"이라고 이해하게 되면 "상당한 제약"과 "차별"이 공존할 수 없는 논리적 모순에 빠지게 된다.
25 박종운, 〈장애인차별금지법의 한계와 개정방안〉, 《월간 복지동향》 188, 2014, 38쪽.

사회의 모든 인프라가 비장애인 중심으로 설계되어 있는 것을 전제로 한 개념임에는 변함이 없다.

생각건대, 「장애인차별금지법」은 제정 당시의 사회적 배경과 세계적 추세, 장애인 단체의 관여 등을 종합하여 고려하면 「장애인복지법」에서 말하는 장애 개념에 비하여 사회적 책임을 개념 안에 반영시키고자 하는 취지를 엿볼 수 있다. 그러나 입법 당시 「장애인복지법」상의 장애 개념과의 조화를 고려하려 한 정부 측 입장이 최종 반영된 점, 현행법의 문리적 해석상 상당한 제약의 원인을 여전히 개인적 사유에서 찾고 있다는 점에서 볼 때, 「장애인차별금지법」상의 장애 개념 역시 의료적 모델에 더욱 가까운 것으로 해석된다.

현행 장애(인) 개념에 기초한 장애인 이동 정책과 사법심사의 한계

장애 또는 장애인에 대한 정의 그 자체는 법령 해석이나 다른 법과의 관계에 있어 어떤 구속력을 가지거나 강한 규범력을 행사하는 것은 아니다. 그러나 특정 모델에 기초한 장애(인)의 정의는 실천적인 면에서는 장애인 이동 정책의 지향과 한계를 설정하는 한편, 법이론적인 면에서도 그 함의가 적지 않다. 이하에서는 현행법상의 장애 개념이 어떠한 방식을 통하여 구체적 정책으로 드러나는지, 그리고 이 이론이 사법심사에 있어서 어떠한 작용을 하는지 논한다.

의료적 모델과 장애인 이동 정책

앞서 살펴본 바와 같이 「장애인복지법」과 「장애인차별금지법」상에 따른 장애인은 개인적 사유에서 비롯된 장기간 생활의 제약을 겪는 자라고 정의할 수 있다. 장애의 특성은 일차적으로 당사자 개인의 신체적·정신적 또는 기능적 문제에서 찾을 수밖에 없으나, 현행법은 장애인이 감당해야 할 사회적 제약이 바로 본인 자신에게 내재한 사유 때문으로 해석하고 있다. 서구에서는 이미 1970년대 의료적 모델에 기초한 장애(인) 개념과 그 정책이 사회적 환경의 중요성을 무시하고 치료 및 재활 중심적 처우, 치료와 재활이 불가능할 시에는 수용 및 격리로 이어지는 폐단을 초래한다는[26] 사실을 경험을 통해 확인하였다. 그로부터 수십 년이 지난 현재 우리나라에서, 특히 장애인 이동권 증진을 위한 정책과 의료적 모델 사이에는 어떠한 관계가 있는가?

　의료적 모델을 극단적인 경우까지 밀고 나가면, 장애는 전적으로 개인의 문제로 치부되기 때문에 장애인에 대한 사회적 의무는 비장애인을 기준으로 한 사회적 부조 수준에 머무를 것이지만, 현실적으로 점차 장애(인)에 대한 인식과 제도적 개선을 통해 장애인의 '권리 증진'이라는 통합적 사회정책으로 전환해 가고 있는 것이 사실이다.[27] 그러나 한국 사회에서 장애와 관련된 법이론, 법원의 태도, 장애 정책 등은 장애운동의 지난한 역사와 노력에 비하여 아직까지도 미흡한 수준이며, 아래에서 살펴보는 바와 같이 그 한계를 노정하고 있다. 장애인 이동권에 관한 개념은 아직 학계에서 일반적 합의가 이루어진 수준은 아니지만, 대체로 「교통약자법」 제4조에 규정된 이동권을 "좁

26　윤수정, 〈장애의 개념에 대한 헌법적 고찰 – 〈장애인차별금지 및 권리구제 등에 관한 법률〉의 장애의 개념에 대한 논의를 중심으로〉, 171쪽.

27　박보영, 〈장애모델과 사회정책 그리고 사회적 질: 배제의 장애정책을 넘어 포용의 장애정책으로〉, 《한국융합인문학》 6(3), 2018, 57쪽.

은 의미의 이동권"으로 보고, 「장애인등편의법」 제3조가 규정하는 접근권의 하위 개념 중 하나라고 이해한다.[28] 그리고 「장애인복지법」 제23조 제1항과 「교통약자법」 제4조에 따라 국가와 지방자치단체는 편의시설 설치 및 교통수단의 이용편의 등을 위한 정책 수립의 의무를 부담한다. 더 구체적으로는 「교통약자법」 제6조 이하에 근거하여 수립된 〈교통약자 이동편의 증진계획〉에 따라 중앙정부와 지방자치단체 차원의 이동편의 증진 정책이 추진되고 있다. 이 계획은 2007년부터 5년 단위로 수립·시행되어 2022년 현재 제4차 계획이 추진 중이며, 주로 교통수단·여객 시설·보행 환경 분야를 중심으로 정책이 마련되고 있다.

여기서 교통약자에 속하는 장애인은 우리 법률상 정의에 따르면, 개인의 신체적 또는 정신적 손상(장애)으로 장기간 생활에 제약을 받는 자이다. 생활 제약의 원인을 개인에게서 찾는 접근 방식은 개별 장애인에 대한 추가적·보충적 지원, 공급자 중심의 운영, 이러한 서비스를 이용하기 위한 별도의 추가적 절차의 필요 등의 결과로 이어진다.

적극적 장애운동의 기폭제가 되었던 2001년 휠체어리프트 사고 이후에도 비슷한 유형의 추락 사고가 거듭해서 발생했다.[29] 휠체어리프트는 모두가 이용할 수 있는 시설이 아닌, 주로 휠체어에 탑승한 장애

---

28 김명수·정재황, 〈장애인 이동권에 관한 헌법적 고찰〉, 《성균관법학》 19(3), 2007, 107쪽; 노호창, 〈교통약자의 이동권 및 교통편의 증진을 위한 법 개정에 관한 연구〉, 《법학연구》 20(3), 2020, 170쪽; 두오균, 〈장애인의 이동권에 관한 연구〉, 《장애아동인권연구》 1(1), 2010, 8쪽; 오대영, 〈장애인 이동권과 차별구제 – 대법원 2021.4.1. 선고 2018다203418 판결을 중심으로〉, 《사회보장법연구》 10(2), 2021, 82쪽.

29 2001년 사고 이후 2002년, 2006년, 2008년, 2017년에 휠체어리프트에서 추락하여 사망한 사고가 발생하였으며, 사망 사고 외에도 골절 등의 부상을 입게 된 사건이 다수 발

인만 이용하는 시설이다. 그간 보편적 이동 설비인 엘리베이터가 서울 지하철 역사에 다수 설치되어, 휠체어리프트의 사용 빈도는 현저히 줄어들었으나 여전히 장애인의 이동을 위한 수단으로 운영되고 있다. 장애인의 이동만을 위해 특화된 휠체어리프트는 이용자들이 안전에 관한 두려움, 다른 사람들의 시선, 역무원 호출 등의 번거로움을 모두 부담하여야 이용할 수 있다.

「교통약자법」에 규정된 "특별교통수단"(제2조 제8호)인 이른바 '장애인 콜택시' 역시 장애인만을 위한 이동 수단이다. 특별교통수단의 보급률 자체는 이미 2016년에 법정 기준 100퍼센트를 상회하는 결과를 달성하였다.[30] 그러나 장애인 콜택시의 운영 방식은 관할 지방자치단체별로 상이하기 때문에 이동하려는 지역의 운영 방식을 사전에 인지해야 하며, 일일 이용 횟수 제한으로 이동 중에 더 이상 장애인 콜택시를 이용할 수 없는 경우까지 발생한다. 또한 장애인 콜택시를 이용하기 위해서는 장애인 복지카드를 비롯한 서류를 구비하여 제출하여야 한다. 장애인이 장애인을 위한 교통수단을 이용하기 위해 비장애인이라면 거치지 않아도 될 사전 작업과 절차가 별도로 요구되는 것이다.

반면, 저상버스는 장애인뿐 아니라 모든 유형의 교통약자를 비롯하여 비장애인들의 이동 편의를 도모할 수 있는 수단이라는 점에서 대표적인 유니버설 모빌리티 기기라고 할 수 있다. 그러나 저상버스 이용으로 이동의 편의가 극적으로 확대될 수 있는 주체는 장애인이고, 장애인 단체가 저상버스의 확대 보급을 요구하고 있어 "장애인을 위한 교통수

생하였다.

30 국토교통부, 《제3차 교통약자 이동편의증진계획(2017~2021)》, 2016, 9쪽.

단"이라는 인식이 지배적이다. 저상버스의 보급률은 2021년 기준으로 27.8퍼센트에 지나지 않으며, 더구나 시외 이동을 위한 저상버스는 전무한 실정이다.

또한 이렇듯 장애인들"만"을 위한 이동 수단의 보급 자체도 그러하지만, 우리나라 장애인 교통정책은 개별 교통수단의 보급이나 개선에 초점이 맞추어져 있어 장애인의 이동 전 과정에 걸친 교통수단의 연계, 이동의 목적지가 되는 기관이나 시설로의 접근 등이 종합적으로 고려되지 못하는 문제점이 있다.

반면, 장애를 사회의 문제로 바라보고 장애인을 차별하는 사회구조나 환경을 변화시킴으로써 장애 문제를 해결하려는 개념에 입각하게 되면, 이동 수단이나 설비에 있어서 설계 당시부터 장애를 제거한 디자인, 누구나 이용할 수 있는 보편적 교통수단과 설비를 제공하는 정책으로 귀결되고, 나아가 사회 전반의 인프라를 개선하고자 하는 정책의 추진으로 이어진다.

예를 들어 일본의 장애(인)의 법적 정의는 사회적 모델에 기반한 것으로 알려져 있다. 일본의 현행 「장해자기본법障害者基本法」은 장애인의 개념을 "신체장애, 지적장애, 정신장애(발달장애를 포함한다) 기타 심신 기능의 장애가 있는 자로서 장애 및 사회적 장벽에 의해 지속적으로 일상생활 또는 사회생활에 상당한 제한을 받는 상태에 있는 자"(제2조 제1항)라고 정의하여 구법보다 장애인의 범주를 확장하는 한편, 장애 판단 기준으로 "사회적 장벽"[31]이라는 요소를 추가하였다.

---

31 여기서 사회적 장벽은 "장애가 있는 자에게 일상생활 또는 사회생활을 영위하는 데 장벽이 되는 사회에서의 사물, 제도, 관행, 관념 및 기타 일체의 것을 말한다"(제2조 제2항).

일본 역시 장애인 이동권 관련 정책은 노인 등을 포함한 교통약자의 측면에서 접근하고 있으며, 노인·장애인 등을 포함한 교통약자의 이동권은 바로 이 "사회적 장벽"을 제거하는 방식으로 추진되고 있다. 여기에서 말하는 교통약자는 주로 신체장애인 중심의 장애인이나 거동이 어려운 자를 중심으로 하는 우리나라와 달리, 정책의 대상에 모든 장애인을 포괄하는 것은 물론, 저소득층·외국인을 포함하여 실제로 이동에 어려움을 겪는 자를 교통약자 개념 안에 포함하고 있다.[32]

따라서 일본의 장애인 이동권 정책은 비단 장애인에게 특수한 이동 수단을 마련하는 것을 벗어나 모든 교통약자가 함께 이용할 수 있는 방향으로 추진되고 있으며, 이는 또다시 교통 이용뿐 아니라 사회 시설 전반에 걸친 접근권과 이동권의 보장으로 확장되고 있다. 즉, 각각 개별적으로 규정하고 있던 공공교통기관을 이용한 이동에 관한 법률과 건축물 이용에 관한 법률을 통합하여 「노인, 장애인 등의 이동 원활화 촉진에 관한 법률」(약칭, "신배리어프리법")을 제정(2006년 법률 제91호)하였고, 이에 따라 건축물·도로·공원 등의 시설과 공공교통기관 이용에 있어 장애인의 이동 편의를 증진할 수 있는 계획이 종합적으로 추진되고 있다. 또한 이 법률에 근거하여 장애인과 비장애인 모두 이용할 수 있는 유니버설 디자인 택시를 점차적으로 도입, 활성화하고 있다는 점도 저상버스와 "장애인 콜택시"라고 불리는 특별 운송수단 보급을 중심으로 한 우리나라의 정책과 큰 차이를 나타내는 대목이라 할 수 있다.

---

[32] 이선영·이홍직, 〈일본의 교통약자 이동권 보장정책 고찰을 통한 한국에의 정책적 함의〉, 《일본문화학보》 86, 2020, 146쪽.

독일 역시 사회법전 제9권(SGB IX) 제2조에서 장애인을 "태도 및 환경 관련 장벽과 상호작용하여 6개월 이상 사회에 평등한 참여를 방해할 가능성이 높은 신체적 · 정신적 또는 감각적 손상이 있는 사람"이라고 정의하고 있다. 이에 기반하여 독일의 「여객운송법Personenbeförde-rungsgesetz」 제8조 제3항은 "거동이 불편하거나 감각장애가 있는 사람"들의 필요를 고려하여 대중교통의 완전한 배리어 프리barrier free를 의무화하고 있다.

일본 · 독일의 경우와 우리나라의 장애인 이동권 정책 수립의 차이는 결국 기술의 문제가 아니라, 장애를 바라보고 접근하는 관점의 차이에서 비롯되었다고 할 수 있다.

사회보장적 성격의 강화와
장애인 이동권에 관한 사법심사의 한계

앞서 언급했듯, 교통약자인 장애인은 의료적 모델에 기초하여 개인의 신체적 · 정신적 문제가 원인이 되어 장기간 교통 이용에 어려움을 느낀 자로 정의된다. 이렇게 사회적 제약의 원인을 국가나 사회로부터의 차별 행위가 아니라 개인적 사유에서 찾게 되면 장애인의 이동 문제 역시 치료나 돌봄의 문제가 되고, 장애인의 이동과 관련한 권리는 복지의 차원으로 축소된다.[33]

비장애인 입장에서 이동의 문제는 제2차 세계대전 이후 동/서구권

---

33 김원영, 〈장애인운동이 발명한 권리와 그에 대한 사법체계의 수용에 대한 연구〉, 《공익과 인권》 8, 2010, 217~218쪽.

사이의 정치적 긴장 관계 하에서 박해를 피해 이동할 수 있는 권리[34]가 논의된 이래, 최근 감염병 예방과 관련한 봉쇄 정책 등 특별한 경우가 아닌 한 보통은 "그 존재의 가치조차 논의하지 아니하는" 수준이다(창원지방법원 2008. 4. 23. 선고 2007가단27413 판결). 보통 비장애인의 이동이 법률적 쟁점으로 떠오르는 경우는 오히려 그 이동을 제한하는 때라고 할 수 있는데, 이동의 제한, 즉 임모빌리티immobility(부동상태)의 강제는 신체의 자유라는 고도의 법익을 침해할 우려가 있기 때문에 엄격한 심사를 거쳐 제한적으로만 허용된다. 여기서의 이동은 자유권의 일종으로 해석되며 개인의 자유권적 기본권을 제한하는 국가의 행위는 특별한 정당성을 갖추지 않으면 안 된다.[35] 그리하여 사전에 임모빌리티를 강제할 수 있는 요건이 법률에 정해져 있어야 하며, 실질적 법치주의 원칙 하에 '과잉금지의 원칙'에 적합할 것이 요청된다.[36] 나아가 이러한 요건이 충족되지 않은 부당한 임모빌리티의 강제는 가장 심각한 수준의 기본권 침해 행위 중 하나로 여겨진다.

그런데 장애인의 이동 문제는 비장애인과는 반대로, 임모빌리티 상태에서 모빌리티를 증진시키는 방향이 주로 문제가 되고 장애인 이동권은 일반적으로 이러한 경우를 의미한다.[37] 만일 사회적 모델의 관

---

34 1948년 〈세계인권선언〉은 동구권 국가에 거주하는 반체제 인사들을 지원하기 위한 목적으로 제13조에서 이동 및 거주의 자유에 대한 권리를 천명하였다: 크리스토프 게이 · 뱅상 카우프만 · 실비 랑드리예브 · 스테파니 뱅상 지랑, 〈모빌리티에 대한 권리란 무엇인가〉,《모바일/임모바일 01》, 이진형 옮김, 앨피, 2021, 49쪽.

35 한수웅, 〈사회복지 헌법적 기초로서 사회적 기본권 – 사회적 기본권의 개념과 법적 성격을 중심으로〉,《헌법학연구》18(4), 2012, 65쪽.

36 이노홍, 〈코로나 시대 기본권 제한의 새로운 쟁점과 법치주의 – 미국의 백신접종정책을 중심으로〉,《헌법학연구》27(4), 2021, 84쪽.

37 물론 장애인도 전통적 의미의 자유권적 기본권의 주체로서, 정당한 권한에 근거하지

점에서 장애를 바라보게 되면 장애인은 비장애인과 마찬가지로 마땅히 이동의 권리가 있으나 사회적 장벽과 차별로 인해 장애인의 모빌리티가 제한되고 있다고 이해할 수 있고, 이때 장애인의 이동권은 비장애인의 이동권과 마찬가지의 차원에서 논해질 수 있다.

그러나 오랜 시간 장애인운동을 통해 발명된 권리가 법 체계에 수용된 이후, 이에 대한 사법심사 과정에서 법원은 "장애인들이 편의 시설의 설치·관리를 요구할 수 있는 권리는 장애인들이 사회활동 참여와 복지 증진을 위하여 국가가 구현해 주어야 할 <u>사회적 기본권의 한 부분에 불과하다</u>"(서울중앙지방법원 2007. 11. 22. 선고 2006가단15930 판결, 서울중앙지방법원 2009. 3. 17. 선고 2008나145 판결)고 하여 이동의 자유에 관한 국가 역할을 사회권적 기본권의 측면에서 판단하였다. 그렇다면 사회적 기본권으로서의 장애인 이동권은 사법심사 과정에서 어떠한 의미를 가지는가?

사회적 기본권은 헌법에 보장된 추상적 권리 내용을 실현하기 위해서 입법자의 구체적 형성, 즉 입법자에 의한 실현에 의존해야 하고, 사회적 기본권 그 자체로서는 개인이 국가를 상대로 구체적 급부를 요구할 수 있는 근거가 되지 못한다.[38] 헌법재판소 역시 자유권적 기본권과 사회권적 기본권을 양분하여 전자에 대해서는 '과잉금지원칙'을, 후자에 대해서는 '과소보호금지원칙'을 적용하여 국가의 의무 위

않은 장애인에 대한 임모빌리티의 강제는 허용되지 않는다. 다만, 이러한 경우는 장애인에 특유한 문제가 아니고 본 글의 주제와 직접적 연관성이 없기 때문에 여기서는 논외로 한다.

[38] 한수웅, 〈사회복지 헌법적 기초로서 사회적 기본권—사회적 기본권의 개념과 법적 성격을 중심으로〉, 66~67쪽.

반 여부를 심사한다. 여기서 '과소보호원칙'에 따른 심사란 국가가 국민의 법익 보호를 위하여 적어도 적절하고 효율적인 최소한의 보호조치를 취했는가를 기준으로 판단한다는 것을 의미한다. 이는 헌법재판소가 입법부의 광범위한 입법형성권 또는 입법재량을 인정한다는 명목 하에 이루어지는 심사 방법으로서,[39] 전술한 바와 같이 헌법을 비롯한 장애인 관련 입법 자체가 미비한 상황에서 국가의 적극적 조치가 필요한 영역을 입법부나 행정부의 '재량' 문제로 넘기고,[40] 사회적 기본권을 추상적·규범적으로 판단하는 데 그쳐 기본권의 실질적 보장을 저해하는 결과를 낳고 있다.

조금 더 구체적으로 판례는 "국가가 인간다운 생활을 보장하기 위한 헌법적 의무를 다하였는지의 여부가 사법적 심사의 대상이 된 경우에는, 국가가 최저생활 보장에 관한 입법을 전혀 하지 않았다든가, 그 내용이 현저히 불합리하여 헌법상 용인될 수 있는 재량의 범위를 명백히 일탈한 경우에 한하여 헌법에 위반된다"(헌법재판소 2004. 10. 28 선고 2002헌마328 결정)라고 하여, "국가가 장애인의 법익을 위하여 아무런 조치를 취하지 않거나 명백하게 부적절한 혹은 불충분한 경우를 제외하고는 위헌으로 보지 않는 경향이 있는 것이다."[41]

본고는 헌법재판소나 대법원이 국가의 기본권 보호 의무를 판단하는 기준이나 원칙의 정당성 자체를 논하고자 하는 것은 아니다. 기본

---

39 김해원, 〈사회적 기본권에 대한 헌법재판소의 판단 – 헌법재판소 판례에 대한 비판적 분석을 중심으로〉, 《헌법재판연구》 2(2), 2015, 136쪽.
40 윤수정, 〈장애인정책의 적극적 사법심사를 위한 심사방법의 모색〉, 33쪽.
41 이동영, 〈법적 근거에 기반한 장애인 접근권의 개념정립에 관한 일 고찰〉, 《비판사회정책》 56, 2017, 106쪽.

권 보호 의무 위반 심사 기준으로서의 '과소보호금지원칙'이 이미 최소한의 보호 수준을 전제하고 있다는 점, 모호한 개념을 사용하여 준거 기준의 기능을 다하지 못한다는 점 등을 지적하여 새로운 대안의 모색을 강구할 수도 있다.[42] 그러나 이러한 이론적 시도에 앞서 과거부터 현재까지 공고하게 다져진 법원의 판단 기준과 원칙 하에서 장애인 이동권의 권리 체계가 적어도 장애인에게 유리하게 작용하지 않는다는 점을 지적하고, 나아가 장애를 바라보는 개념부터 수정할 필요가 있음을 강조하고자 하는 것이다.

이른바 저상버스 사건으로 알려진 헌법재판소 결정 또한 과소보호금지원칙을 적용하여 행정청이 저상버스를 적극적으로 도입하지 않는 것이 헌법 위반인가에 관해서 다음과 같이 판시하였다.

> 사회적 기본권은 입법 과정이나 정책 결정 과정에서 사회적 기본권에 규정된 국가 목표의 무조건적인 최우선적 배려가 아니라 단지 적절한 고려를 요청하는 것이다. (중략) 장애인의 복지를 향상해야 할 국가의 의무가 다른 다양한 국가 과제에 대하여 최우선적인 배려를 요청할 수 없을 뿐 아니라, 나아가 헌법의 규범으로부터는 '장애인을 위한 저상버스의 도입'과 같은 구체적인 국가의 행위의무를 도출할 수 없는 것이다. (헌법재판소 2002. 12. 18. 선고 2002헌마52 결정)

이러한 헌법재판소의 결정은 이후 유사한 사건을 다룬 판례에도

---

42 이에 대한 자세한 논의로는 이민열, 〈기본권보호의무 위반 심사기준으로서 과소보호금지원칙〉, 《헌법재판연구》 7(1), 2020, 247쪽 이하 참조.

영향을 미쳐 「장애인복지법」, 「장애인등편의증진법」 등은 국가와 지자체로 하여금 저상버스를 도입해야 할 의무를 부과하고 있지 않다는 취지의 판결들이 지속되었다. 이러한 접근 방식은 장애인 이동권 문제를 특별법에 의존하는 것에서 벗어나 더 높은 차원의 '차별' 문제로 다루는 것을 방해하였다. 대법원은 「장애인차별금지법」이 시행된 지 14년이 지난 2022년 2월에 이르러서야 처음으로 장애인 이동권에 관한 논의 중 구체적 핵심 사안인 휠체어 탑승 설비 및 저상버스 제공 의무 등을 「장애인차별금지법」의 주요 쟁점들에 비추어 판단하였다 (대법원 2022.2.17. 선고 2019다217421 판결).

이 판결은 피고 중 하나인 버스 회사가 장애인의 이동 편의를 위한 휠체어 탑승 설비를 장착하지 않은 것이 차별 행위에 해당한다고 판시하고 휠체어 탑승 설비 장착이라는 적극적 구제조치를 명하였다. 그러나 탑승 설비 장착 의무의 대상 버스를 원고인 장애인이 탑승할 개연성이 있는 노선(거주지, 직장 소재지 등)에 국한하여, 탑승 설비 장착에 대한 국가적 차원의 의무를 인정한 것이라고 보기는 어렵다.[43] 아울러 운수업체 측의 저상버스 제공 의무는 인정하지 않았으며, 국가나 지자체의 지도·감독 소홀 역시 그 자체로는 차별 행위를 구성하지 않는다고 판시하였다.

만일 장애인의 이동권이 비장애인의 이동권과 같은 차원에서 논의된다면, 국가는 (원래 이동이 어려운) 장애인의 이동권 증진 의무가 아

---

[43] 본 판결의 원심(서울고등법원 2019. 1. 25. 선고 2015다2041792 판결)은 피고 버스 회사들의 모든 버스에 휠체어 탑승 설비를 제공할 것을 명하였으나, 본 판결이 이러한 원심 판단의 위법을 지적하고 탑승 설비 제공 의무를 일부 노선으로 한정하였다.

닌 (마땅히 자유로워야 할) 장애인의 이동을 저해하는 요소를 제거해야 할 의무를 지게 되고, 이때 자유권적 기본권을 보호하기 위한 국가의 역할은 불간섭이라는 소극적 의무를 벗어나 개인이 "자유롭게 선택할 수 있어야 할 자유를 잘 행사할 수 있도록 촉진"하는 것으로 재해석할 수 있을 것이다.[44]

장애인의 이동권 담론이 법 체계에서 사회적 기본권으로 수용되고 장애인이 복지 수혜의 대상자로서 그 지위가 공고해지는 것은 장애인에게 결코 유리한 상황으로 보이지 않는다. 사회복지법이 스스로의 능력으로 생활을 유지하기 어려운 자들에 대한 적극적 지원·보호를 통하여 인간다운 생활을 보장하는 한편 사회 구성원으로 참여하도록 하여 사회통합을 실현하는 목적을 갖는다고 하더라도,[45] 그것이 사법 심사 과정을 거치면서 사회통합을 위한 국가와 사회의 책임에는 꽤 관대한 입장을 견지하고 있기 때문이다.

장애인들은 오랜 투쟁과 노력 끝에 이동권이라는 개념을 고안해 내고 이를 법 체계 안으로 끌어오는 데 성공했으나, "누구의" 이동권인가의 문제에서부터 이동권의 실천적 한계는 예정되어 있었다고 할 수 있다.

현행법상 장애(인)의 정의는 장애를 개인적 문제로 귀속시키면서, 장애인의 이동 방안 역시 근본적 해결이 아닌 부차적·추가적 조치를 통해 해결하고자 하는 정책적 기조를 형성하고, 법이론적으로도 장애

---

44 샌드라 프레드먼, 《인권의 대전환》, 조효제 옮김, 교양인, 2009, 210쪽.
45 전광석, 〈사회복지법의 헌법적 쟁점 – 아동복지법, 노인복지법, 장애인복지법 등에 관한 헌법재판소 결정을 중심으로〉, 《사회보장법학》 9(2), 2020, 176쪽.

인의 권리를 사회부조적 측면에서의 논의로만 한정 짓고 있다. 나아가 장애와 장애인, 사회복지법과 차별금지법상의 차이에 관한 충분한 논의가 부재한 탓에 논리적 문제도 내포하고 있다.

이는 장애를 사회적 문제로 바라보고 있는 세계적 추세에 역행할 뿐 아니라, 이동의 문제가 절실한 장애인들에게 국가가 실천적 해답을 내려야 할 의무를 해태하고 있는 것이다. 우선적으로는 기존 법률에 기반한 〈이동 편의 증진 계획〉의 충실한 이행이 담보되어야 하는 것은 물론, 향후 장애를 이루는 사회적 장벽을 철폐하는 방안을 모색하기 위한 근본 작업으로서 장애와 장애인에 대한 법적 정의의 수정이 강력히 요구된다.

우선 장애인 관련 특별법의 입법 목적 또는 취지에 따라, 특정 복지 수급 여하를 결정하기 위한 기준으로 장애인 개인의 신체적·정신적 상태를 고려할 수 있다. 그러나 본문에서 살펴본 것과 같이, 이동권의 정책 대상이 되는 장애인의 정의를 일반법 지위에 해당하는 「장애인복지법」상의 규정에서 차용해야 하는 경우처럼 장애(인)의 정의가 정책 마련의 근간으로 작용하는 때에는 장애인에 대한 사회적 책무를 분명하고 뚜렷하게 명시하는 방향으로 개정되어야 한다. 보다 구체적으로는 "손상"과 "장애"의 개념을 구분할 필요가 있다. 장애의 정의에 "사회적 장벽" 개념을 포함시킨다 하더라도, 이 사회적 장벽이 개인의 특정한 신체적·정신적 상태와 무관할 수 없고, 목적이나 취지가 상이한 장애인 관련 개별 법률에 따라, 또는 예를 들어 장애인에 대한 의료서비스와 같이 장애인 개인의 특유한 사정을 고려하지 않으면 안 되는 경우가 있기 때문이다. 따라서 개인에게 특유한 이러한 사정을 "손상"으로, 손상을 입은 자에 대한 사회적 장벽을 "장애"로 개념

짓는 새로운 정의 조항이 요청된다.

또한 「장애인차별금지법」은 해당 법률의 취지상 평등권·인권에 기반하여 장애인에 대한 차별 금지를 선언하고, 장애인의 사회통합을 방해하는 사회적 장벽의 제거 의무를 명시하여 향후 장기적 관점의 장애인 정책과 사법심사의 기초로 삼아야 할 것이다. 그러나 앞서 살펴본 바와 같이 현행 「장애인차별금지법」상의 장애 정의는 상당 부분 의료적 모델에 기초하였다는 문제가 있긴 하지만, 사회적 모델에 입각하여 장애를 "사회적 장벽"으로 정의하게 되면 "차별 행위 사유로서의 장애"와 논리적 모순 관계에 빠지게 된다. 따라서 장애인에 대한 사회적 책무를 법률에 가시화하고 이러한 모순을 극복하기 위해서는 "장애"가 "손상"에서 비롯된다는 점을 명확히 하는 한편, 사회가 이러한 "장애"를 제거하거나 형성하지 않도록 해야 할 의무가 있음을 표현하는 것이 바람직해 보인다. 아울러 이 법이 "손상"을 이유로 한 차별 행위를 규제하고 나아가 이를 예방하기 위해서는 사회적 장벽에 의해 일상생활이나 사회생활에 (지속적인) 제한을 받고 있는 자뿐 아니라, 그러한 가능성이 있는 자를 포함하여야 법률의 실질적인 의미와 실효성을 담보할 수 있을 것이다.

참고문헌

샌드라 프레드먼, 《인권의 대전환》, 조효제 옮김, 교양인, 2009.
크리스토프 게이 · 뱅상 카우프만 · 실비 랑드리예브 · 스테파니 뱅상 지랑, 《모바일/임모바일 01》, 이진형 옮김, 앨피, 2021.

김경란 · 박형빈, 〈장애등급제 폐지에 따라 개편된 장애인 서비스 지원 기준에 대한 고찰: 장애등급 기준을 적용하고 있는 장애인 서비스를 중심으로〉, 《한국케어매니지먼트연구》 36, 2020.
김명수, 〈장애인차별금지법의 제정배경과 개선방안〉, 《홍익법학》 20(1), 2009.
김명수 · 정재황, 〈장애인 이동권에 관한 헌법적 고찰〉, 《성균관법학》 19(3), 2007.
김원영, 〈장애인운동이 발명한 권리와 그에 대한 사법체계의 수용에 대한 연구〉, 《공익과 인권》 8, 2010.
김용득, 〈장애개념의 변화와 사회복지실천 현장 함의〉, 《한국사회복지학》 51, 2002.
김해원, 〈사회적 기본권에 대한 헌법재판소의 판단 – 헌법재판소 판례에 대한 비판적 분석을 중심으로〉, 《헌법재판연구》 2(2), 2015.
남찬섭, 〈사회적 모델의 실현을 위한 장애정의 고찰, 현행 장애인차별금지법의 장애정의의 수정을 위하여〉, 《한국사회복지학회》 61(2), 2009.
노호창, 〈교통약자의 이동권 및 교통편의 증진을 위한 법 개정에 관한 연구〉, 《법학연구》 20(3), 2020.
두오균, 〈장애인의 이동권에 관한 연구〉, 《장애아동인권연구》 1(1), 2010.
박보영, 〈장애모델과 사회정책 그리고 사회적 질 – 배제의 장애정책을 넘어 포용의 장애정책으로〉, 《한국융합인문학》 6(3), 2018.
박종운, 〈장애인차별금지법의 한계와 개정방안〉, 《월간 복지동향》 188, 2014.
오대영, 〈장애인 이동권과 차별구제 – 대법원 2021. 4. 1. 선고 2018다203418 판결을 중심으로〉, 《사회보장법연구》 10(2), 2021.
오욱찬, 〈차별금지의 대상으로서 장애 개념의 포괄성 – OECD 국가의 차별금지법에 대한 비교연구〉, 《비판사회정책》 53, 2016.
윤수정, 〈장애인정책의 적극적 사법심사를 위한 심사방법의 모색〉, 《공법연구》 43(4), 2015.

윤수정, 〈장애의 개념에 대한 헌법적 고찰 – 〈장애인차별금지 및 권리구제 등에 관한 법률〉의 장애의 개념에 대한 논의를 중심으로〉, 《공법학연구》 21(3), 2020.

이노홍, 〈코로나 시대 기본권 제한의 새로운 쟁점과 법치주의 – 미국의 백신접종정책을 중심으로〉, 《헌법학연구》 27(4), 2021.

이동석, 〈장애학의 다중 패러다임과 한국 장애인복지의 성격〉, 《한국사회복지학》 56(3), 2004.

이동영, 〈법적 근거에 기반한 장애인 접근권의 개념정립에 관한 일 고찰〉, 《비판사회정책》 56, 2017.

이민열, 〈기본권보호의무 위반 심사기준으로서 과소보호금지원칙〉, 《헌법재판연구》 7(1), 2020.

이선영·이홍직, 〈일본의 교통약자 이동권 보장정책 고찰을 통한 한국에의 정책적 함의〉, 《일본문화학보》 86, 2020.

이재희, 〈장애인의 평등권 보장에 대한 헌법적 검토〉, 《사회보장법학》 6(1), 2017.

전광석, 〈사회복지법의 규범체계와 과제〉, 《법제연구》 41, 2011.

_____, 〈사회복지법의 헌법적 쟁점 – 아동복지법, 노인복지법, 장애인복지법 등에 관한 헌법재판소 결정을 중심으로〉, 《사회보장법학》 9(2), 2020.

정주백, 〈헌법 제11조 제1항 후문 사유의 성격〉, 《헌법학연구》 19(3), 2013.

조원일, 〈장애모델의 다중 패러다임에 의거한 한·일 장애인복지법의 비교연구〉, 《특수아동교육연구》 13(2), 2011.

조임영, 《《장애인차별금지 및 권리구제 등에 관한 법률》의 장애의 정의에 대한 입법론 연구〉, 《노동법논총》 44, 2018.

한수웅, 〈사회복지 헌법적 기초로서 사회적 기본권 – 사회적 기본권의 개념과 법적 성격을 중심으로〉, 《헌법학연구》 18(4), 2012.

황수경, 〈WHO의 새로운 국제장애분류(ICF)에 대한 이해와 기능적 장애 개념의 필요성〉, 《노동정책연구》 4(2), 2004.

홍석한, 〈미국의 장애인법(ADA)에 대한 고찰 – 장애의 개념과 합리적 편의제공 의무의 내용을 중심으로〉, 《미국헌법연구》 32(1), 2021.

국가인권위원회, 2021, 장애인권리협약 및 선택의정서, https://www.humanrights. go.kr/site/program/board/basicboard/view?menuid=001003007007&search category=%EC%9E%A5%EC%95%A0%EC%9D%B8%EA%B6%8C%EB%

A6%AC%ED%98%91%EC%95%BD&pagesize=10&boardtypeid=7065&boardid=7607026. (접속일 2022년 3월 11일).

국토교통부, 《제3차 교통약자 이동편의증진계획(2017~2021)》, 2016.

박진용, 〈장애인 이동권 보장 제도에 관한 공법적 연구〉, 중앙대학교 박사학위논문, 2018.

UPIAS, *Fundamental Principles of Disability*, 1976.

재개발 모빌리티 장치와 광주대단지 사건, 그리고 아홉 켤레의 구두로 남은 사내

| 최영석 |

이 글은 《International Journal of Diaspora & Cultural Criticism》 12권 2호(2022.8)에 게재된 원고를 수정 보완하여 재수록한 것이다.

모빌리티와 군중

　1971년 8월 10일 화요일, 쏟아지는 비를 뚫고 아침부터 수만 명의 사람들이 성남출장소 앞으로 모여들었다. 어젯밤, 최종완 서울시 부시장이 이곳에 다녀갔다. 광주단지 불하 가격 투쟁위원회와의 면담을 위해서였다. 거듭된 진정서와 결의문 전달이 묵살되자 분노한 투쟁위원회는 10일에 주민궐기대회를 열기로 결정했다. 대회장은 성남출장소 뒷산 공터였다. 3만여 장의 전단이 사방에 뿌려졌고 현수막과 포스터가 곳곳에 내걸렸다. 상황이 심상치 않게 돌아가자 성남출장소가 서울시에 구원 요청을 했고, 부시장이 직접 내려와 담판을 했던 것이다. 회의장 분위기는 험악했다. 부시장은 따지고 드는 어느 대표에게 "누가 당신더러 이곳에 와서 살라고 했소? 여기서 살지 않으면 될 거 아니요"라고 막말을 내뱉었다.[1] 결국 밤늦게 담판이 결렬되었으나 다음 날인 10일에 양택식 서울시장이 직접 내려와 교섭하겠다는 합의가 가까스로 이루어졌다.

　부시장이 떠나자 확성기를 단 차가 단지 내를 돌며 "서울시장이 내일 아침 11시에 오기로 약속했다, 한 사람도 빠짐없이 참석하여 우리의 단결된 힘을 보여 주자"는 내용을 방송했다. 다음 날 아침에는 집집마다 '모이자, 뭉치자, 궐기하자, 시정대열에!'라는 제목의 전단지가 뿌려졌다. 소식은 입에서 입으로도 전해졌다. 공식적인 통반장이 존재하지는 않았으나 서울의 판자촌에서 집단이주한 이들 사이에서 이

1 　손정목, 〈광주대단지 사건 – 도시50년사(19)〉,《도시문제》38(420), 대한지방행정공제회, 2003, 102쪽.

전의 통반장들은 여전히 연락 창구로 기능했다. 이들은 철거민들에게 투쟁 장소로 모이라는 연락을 돌렸다.[2]

10일 아침 10시경이 되자 플래카드와 피켓을 든 3만에서 7만여 명의 군중이 성남출장소의 뒷산과 마당, 공터, 간선도로를 가득 메웠다. 11시가 지나고, 11시 40분이 되어도 시장이 나타나지 않자 분노가 폭발했다. 군중들은 서울시 대단지사업소 · 성남출장소 · 성남파출소에 쳐들어가 창문을 깨고 집기와 서류를 불태웠으며, 관용차에 불을 지르고 버스와 트럭을 탈취해 서울로 향하는 유일한 길인 수진리 고개로 진입하려고 했고, 최루탄을 쏘는 경찰과 격렬한 투석전을 벌이며 대립했다. 격렬한 충돌은 시장이 내려와 투쟁위원회와 합의를 마쳤다는 이야기가 퍼진 저녁 5시가 넘어서야 사람들이 흩어지며 마무리되었다. 이 사건으로 양측에서 수십 명의 부상자가 나왔고 22명이 구속되었다.

익히 알려져 있다시피 모빌리티mobility는 이러저리 옮겨 다니며 쉽게 흥분하는 군중들을 가리키는 말이었으며 군중the mob의 어원이기도 하다. 따라서 광주대단지 사건은 그야말로 모빌리티적 사건이다. 그러나 무엇보다도 이 사건의 직접적인 원인은 모빌리티 수단의 작동과 오작동, 모빌리티와 임모빌리티immobility의 충돌 때문이었다. 먼저, 양택식 시장은 왜 약속과 달리 제시간에 모습을 드러내지 못했는가? 교통정체 때문이었다. 양 시장은 간부회의와 기자간담회를 마친 뒤 10시가 넘어 대단지로 출발했다. 고가도로를 타고 남산으로 넘어가는데 남산

---

2 임미리, 〈1971년 광주대단지 사건의 재해석: 투쟁 주체와 결과를 중심으로〉, 《기억과 전망》 26, 한국민주주의연구소, 2012, 247쪽.

터널에서 정체가 발생했다. 광주대단지로 넘어가는 다른 길은 없었으므로 속수무책이었다. 도착했을 때는 이미 소요가 발생한 뒤였다.

왜 길이 하나뿐이었을까? 《신동아》 기자 박기정은 사건 직후 쓴 르포 기사에서 이 사건이 충격적이었던 이유를 "수도 서울에서 불과 차로 30분가량의 거리"에서 일어난 "난동"이었다는 사실에서 찾는다. 그리고 "배 주린 자들의 행렬이 난동으로 치닫고 있을 무렵 같은 생활권에 있는 서울의 도심에는 배부른 신사 숙녀들이 고급 승용차에 몸을 싣고 치솟은 빌딩 사이로 여유 있게 내닫고" 있었다고 대비시킨다.[3] 사회적 모빌리티(계층)와 공간적 모빌리티(교통)를 결합시키는 이 서술은 문제의 핵심을 암시하지만, 이 르포에서 파악한 바와는 달리 당시의 광주대단지는 서울과의 근접성에도 불구하고 '같은 생활권'이라고 부를 수는 없었다. 군중 행렬과 승용차의 모빌리티 차이만큼이나 광주대단지와 서울의 모빌리티 차이는 현격했다. 서울로 가는 버스는 단 하나였고, 그 길도 수진리 고개를 넘어가는 현재의 성남대로 하나뿐이었다. 흥분한 군중들이 서울 쪽으로 진출하려고 경찰과 격렬하게 대치한 지점인 수진리 고개는 광주대단지 초입에 위치해 있었다. 여기에 설치된 성남파출소는 비상사태 발발 시 길목을 차단하는 역할을 했다. 구릉지대에 조성된 광주대단지는 도시가 들어서기에 적합한 지형은 아니었다. 그러나 반대로 여기에 이주시킨 철거민들을 외부로부터 격절시키고 그들의 '모빌리티 역량motility'을 저하시키기에는 알맞았다.

3　박기정, 〈르뽀 광주대단지〉, 《신동아》, 1971년 10월호, 169쪽.

하나뿐인 길을 사이에 두고 중심지의 교통정체와 주변부의 고립이 맞닥뜨린 이중의 임모빌리티 상황은 모빌리티의 폭발적인 증가, 군중의 소요를 낳았다. 강요된 임모빌리티가 출구를 찾아 폭발하는 순간이라고 보아도 좋을 것이다. 그러나 물리적 이동과 교통수단의 문제에만 초점을 맞추어 이 사건을 조명하는 태도는 옳지 못하다. 모빌리티와 임모빌리티를 이분법적으로 나누고 성남이라는 특정 공간에만 초점을 맞추어 복잡하고 다계열적인 여러 요소와 원인들을 놓칠 수 있기 때문이다.

이 글의 목적은 성남이라는 장소를 중심으로 논의되었던 광주대단지 사건을 모빌리티 장치라는 틀로 분석하여 모빌리티와 불균등한 권력관계의 상호 연관성을 탐사해 보는 것이다. 의미의 중심을 장소에 한정 지을 때, 우리는 사건의 핵심을 지나치기 쉽다. 모빌리티는 어떤 의미에서 장소 못지않은 또 다른 존재의 기반이다. 장소만이 아니라 이동도 의미를 생산하고 그 의미는 재현에 영향을 끼친다. 그리고 재현은 또다시 의미의 해석에 영향을 준다. 광주대단지 사건을 형상화한 문학 재현물 중 가장 널리 알려진 윤흥길의 소설 〈아홉 켤레의 구두로 남은 사내〉는 이 사건을 문학 텍스트로 조직화하여 사건에 서사를 부여하였다. 따라서 이 소설의 재현은 광주대단지 사건의 이해 방식에 큰 영향을 미친 또 다른 행위자라고 할 수 있다. 무엇보다 〈아홉 켤레의 구두로 남은 사내〉는 광주대단지 사건의 다층적인 모빌리티 장치를 절묘하게 포착한다. 아래에서는 광주대단지 사건의 지평에 놓인 불균등한 권력관계와 다층적 요소들을 재개발 모빌리티 장치로 명명하면서, 〈아홉 켤레의 구두로 남은 사내〉 분석으로 모빌리티와 권력관계의 상호 연관성을 조명하여 광주대단지 사건의 우발적 필연성contingent necessity을 드러내려고 한다.

재개발 모빌리티 장치

푸코Michel Foucault는《성의 역사1》을 출간한 후, '성 장치'라는 말이 무엇을 뜻하느냐는 질문에 아래와 같이 대답했다.

> 이 [장치라는] 이름으로 제가 포착하고자 한 것은 담론, 제도, 건축상의 정비, 법규에 관한 결정, 법, 행정상의 조치, 과학적 언표, 철학적 · 도덕적 · 박애적 명제를 포함하는 확연히 이질적인 집합입니다. 요컨대 말해진 것이든 말해지지 않은 것이든, 이것이 장치의 요소들입니다. 장치 자체는 이런 요소들 사이에 수립되는 네트워크입니다.[4]

푸코는 이질적인 요소들 간의 네트워크인 장치dispositif가 권력관계에 대한 합리적 · 계획적 개입이면서도, 특정 순간의 긴급함에 답하기 위한 전략적인 것이라고 규정한다. "지식의 여러 유형을 지탱하고, 또 그것에 의해 지탱되는 권력관계의 전략"이 장치라는 것이다. 통치성의 차원에서 장치는 실천, 담론, 물질, 규율을 통해 신체를 주조한다. 단순한 일방적인 폭력이 아니라 통치장치로 기능하므로 장치는 주체화 과정과 떼어 놓고 생각할 수 없다. 아감벤Giorgio Agamben에 따르면, "장치란 무엇보다 주체화를 생산하는 하나의 기계"이며, "그런 기계이

---

4 미셸 푸코,《권력과 지식: 미셸 푸코와의 대담》, 홍성민 옮김, 나남, 1991, 235쪽.

기에 비로소 통치기계"이다.[5]

자동차모빌리티automobility를 분석한 만더샤이트Katharina Manderscheid 는 푸코의 장치 개념과 모빌리티를 결합시키려고 시도했다. 새로운 모빌리티 패러다임의 전제 중 하나가 사람들의 모빌리티 실천이 그들의 공간·문화·정치·경제·사회 및 개인적 맥락에 내재되어 있다는 것이라면, 다양한 규모의 모빌리티와 관련하여 불평등에 영향을 미치는 다면적이면서도 분산적인 권력관계에 관심을 기울이지 않을 수 없다. 때문에 만더샤이트는 "파열과 모순을 드러내는 동시에 설명" 하기 위해 '모빌리티 장치'를 개념화했다.[6]

도시 확장과 그에 따른 도시문제에 대응하며 나타난 재개발사업은 도시학적 차원의 효율적 도시 관리 영역에서만 탐구될 수는 없다. 재개발은 1971년 광주대단지 사건에서부터 2009년 용산참사에 이르는 한국 현대사의 역사적 사건들을 촉발한 원인이자, 다면적 차원에서 나타난 파열과 모순의 현장이기도 했다. 재개발은 자본주의적 개발 논리의 외화, 공권력 동원에 따른 국가폭력, 빈곤의 악순환, 공동체 파괴 등의 문제와 관련된다. 이때 재개발은 무엇보다 해당 장소의 공간성과 밀접한 관계를 갖는 사건으로서 논의되는 경우가 많다. 그러나 재개발은 언제나 모빌리티적인 사건이며, 자본과 물자와 사람과 위치와 계층의 이동과 멈춤을 필연적으로 수반한다. 따라서 재개발은 서로 이질적이며 여러 층위에 걸친 요소들이 네트워크를 이루며 비

---

5 조르조 아감벤, 《장치란 무엇인가? 장치학을 위한 서론》, 양창렬 옮김, 난장, 2010, 41쪽.
6 카타리나 만더샤이트, 〈이동 문제, 자동차와 미래 모빌리티 체제: 규제 양식과 장치로서의 자동차 모빌리티〉, 《모빌리티와 푸코》, 카타리나 만더샤이트·팀 슈바넨·데이비드 타이필드 편, 김나현 옮김, 앨피, 2021. 251~252쪽.

대칭적인 지식과 권력의 자장 하에 주체를 생산하는 모빌리티 장치의 하나라고 할 수 있다.

'재개발 모빌리티 장치'라는 개념은 광주대단지 사건을 성남이라는 장소성에 한정해 이해하는 대신에 다층적인 이동, 모순, 규율, 담론, 권력관계의 결과로 해석하도록 도와줄 것이다. 우선 이 개념은 모빌리티와 권력/불평등성의 네트워크가 어떻게 우발적 필연성을 낳는지를 통찰하게 한다. 광주대단지 사건은 일회적이고 우연적 요소들로 촉발되었지만, 그 우연적 요소들은 필연적인 결과를 낳은 공간적 구조, 사회구조, 모빌리티 실천, 개인과 집단의 욕망, 헤게모니 담론과 반헤게모니 담론 등이 결합한 권력 네트워크의 일부이다. 둘째로, 모빌리티 장치는 모빌리티와 임모빌리티의 이분법에 머무르지 않고 그 사이의 역동적인 관계를 추적하게 해 준다. 대단지 재개발은 일차적으로 모빌리티를 임모빌리티로 제한하려는 시도이지만, 임모빌리티 속에서도 모빌리티는 언제나 작동한다. 광주대단지는 철거민을 가둔 단순한 감옥이나 수용소로 단순하게 이해될 수 없다. 딱지를 전매하고 유보지를 사들이며 전출입과 자본의 이동이 이루어졌고 생계를 위해 내외부로 움직여야 했기 때문이다. 특히 통치기계로서의 장치는 그 속성상 언제나 순환을 지향하게 마련이다. 광주대단지 사건은 재개발 모빌리티 장치의 실패와 성공을 동시에 드러내는 장면이다. 셋째, 모빌리티 장치가 특정한 주체성의 형성을 낳는다는 측면에서 장치 개념은 광주대단지 사건의 행위자들, 인간 주체의 성격에 주목하게 만든다. 철거민, 전매입주자, 세입자 등 여러 정치경제적 층위에 놓인 이 사건의 참여자들은 폭도, 민중, 시민, 비시민 등으로 담론화를 거치며 주체화되었다. 〈아홉 켤레의 구두로 남은 사내〉의 권씨는 이 차원에서 주목해야 할 형상이다.

여러 담론과 기존 연구들에서는 이 사건이 난동, 폭동, 소요, 시위, 항거, 봉기, 시민운동 등의 다양한 이름으로 불린다. 명칭을 규정하고 자 하는 이 각각의 시도들은 성남이라는 공간에 대한 정치적 규정과 밀접한 관련이 있다. 다시 말해 장소의 정체성을 확정 지으려는 노력이다. 사건 직후의 언론 보도들은 빈민들의 굶주림이 낳은 폭동으로 보았고, 저항성은 인정하나 우발적이었다고 보는 입장에서는 항거로 명명하며, 민중들의 의식적 저항을 예비하는 사건이라고 보는 시각에 서는 봉기로 지칭하였다. 각각의 입장들은 성남이라는 공간을 이해하는 방식과 직결된다. 폭력과 범죄와 사기가 횡행하는 빈민들의 공간이라는 차별적 이미지에서부터 "차별과 배제의 기억을 운동역량으로 동원"[7]하여 집단기억에 의존하는 정치집단의 모태에까지 이르는 스펙트럼이 나타난 것이다.

그러나 모빌리티 장치의 차원에서 보면, 장소에 대한 집단적 기억들이 서로 경합하는 장소로 뛰어드는 방식과는 다른 층위의 관찰이 가능하다. 팀 크레스웰Tim Cresswell에 따르면, 모빌리티는 장소place의 역동적 등가물이다. 장소는 공간의 의미 있는 부분들, 즉 의미와 권력이 스며들어 있는 위치를 뜻한다. 장소는 우리가 경험하는 의미의 중심이다. 장소에 애착을 품고, 그곳을 두고 싸우고, 거기에서 사람들을 쫓아낸다. 그러나 모빌리티도 장소와 마찬가지로 인간의 세계 경험에서 핵심이다. 특히 그는 사회적인 것은 '사회'에서가 아니라 모빌리티

---

7 임미리, 〈경기동부연합의 기원과 형성 그리고 고립〉, 《기억과 전망》 28, 한국민주주의연구소, 2013, 67쪽.

들의 복잡한 배열에서 포착된다고 주장한다.[8]

장치로서의 집과 구두

이 글의 중심 텍스트는 〈아홉 켤레의 구두로 남은 사내〉이다. 광주 대단지 사건은 오랫동안 주목받지 못했으며, 오히려 윤흥길의 이 소설을 통해 널리 알려졌다. 일찌감치 난동으로 규정된 상황에서 2000년대 이전에는 사회과학적 연구가 크게 진전되지 않았다. 지배 담론은 자본주의적 발전 과정에서 나타나는 우연적 사건이자 과정으로 일축했고, 진보적 입장에서도 사건의 주체나 성격에서 발전적 양상을 찾아내기 어려웠기 때문이다. 대중적으로 널리 알려진 이 소설은 사건 이해의 서사를 제공해 주었다. 또한 2000년대 이후 사건의 성격 규정을 둘러싼 논쟁이 주로 공간적 이해에 치우친 것과 달리, 이 소설은 모빌리티 측면에서의 접근을 가능하게 해 준다.

이 글에서는 구두 · 버스 · 대문, 세 가지의 사물이 소설 속에서 갖는 의미망을 독해하는 방식으로 재개발 모빌리티 장치를 탐사해 볼 것이다. 모빌리티 차원에서의 분석을 가능하게 하는 세 사물은 소설 속 주요 행위자인 권씨의 신체와 밀접한 관련을 갖는다. 그는 광주대단지 사건 당시 버스를 탈취하여 서울로 가는 길목에서 경찰과 맞섰던 폭도이며, 여러 켤레의 구두를 광나게 닦는 일에 집착하는 사람이고, 주인집의 돈을 훔치려다 실패한 뒤 대문 밖으로 나가 자취를 감추

---

8   팀 크레스웰, 《온 더 무브》, 최영석 옮김, 앨피, 2021, 17쪽.

는 특이한 인물이다.

표제에서 드러나듯, 구두는 권씨의 또 다른 정체성이다. 아홉 켤레의 구두가 남고 권씨는 부재하지만, 이 '사내'는 완전히 사라진 것이 아니다. 아홉 켤레의 구두로 그의 존재는 웅변된다. 문제는 권씨의 존재, 다시 말해 그를 둘러싼 사회정치적 맥락, 행위, 담론, 사건의 의미망이 담긴 재개발 모빌리티 장치와의 관련 하에서 형성된 그의 주체성을 아홉 켤레의 구두로 전치시키는 일이 가능하냐는 것이다. 문학적 상징은 특유하거나 애매하며 심지어 복수성을 가질 때도 많다. 명확한 지시 대상을 드러내지 않으면서 텍스트의 표층에서 암시하는 역할에 그치기 때문이다. 따라서 구두라는 상징은 소설 전반의 구조 속에서 해독되어야 한다.

물론 소설의 구조는 소설 자체만으로 성립하지 않으므로, 소설에서의 상징 독해는 소설 바깥의 현실이 소설에 어떻게 구조화되어 있는지를 살피는 어려운 작업을 동반한다. 〈아홉 켤레의 구두로 남은 사내〉는 이 점에서 약간의 편리함을 제공한다. 이 소설의 전체 구조는 일종의 액자소설로도, 초점 화자의 전환으로도, 내적 알레고리로도 볼 수 있다. 이 소설의 대체적인 줄거리는 집주인 오 선생이 세입자 권씨와의 흥미로운 역학관계 속에서 겪는 몇몇 사건들로 이루어진다. 구두를 닦는 일에 집착하는 권씨가 방을 빌려 들어오고, 경찰이 찾아와 그를 감시해 달라고 요청하며, 아내의 병원비가 모자란 권씨가 돈을 빌려 달라고 했으나 거절하고, 강도인 척 안방에 칼을 들고 침입한 권씨가 정체를 들킨 후 대문을 나서 자취를 감추는 사건들이 연이어 전개된다. 현재 시점의 이 사건 전개는 서술자인 오 선생의 시점으로 진행되면서 소설의 앞뒤 액자를 구성한다. 소설의 중간 대목에는 권씨가 자신이 광주대단지 사건으로 구속되어 형을 살다 온 전말을 오 선생에게 털어놓는 장면이 삽입된다. 여기서 초점 화자가 오 선생에서 권씨로 전환되면서, 사건의 목격자이자 참여자인 권씨의 독백이 가능해진다.

흔히 액자소설적 구성은 소설 도입부와 결말부의 사건이 액자 속 사건의 전개에 주목하게 하는 기능적 역할의 수행에 치우칠 때가 많다. 그러나 이 소설에서는 오 선생이 초점자인 현재 시점에서 두 인물 사이에 의미심장한 구도와 사건들이 제시되며, 광주대단지 사건은 이 사건들의 의미를 파악하게 하는 예표론적 역할을 한다. 다시 말해 권씨가 겪은 광주대단지 사건은 소설 내 사건들의 알레고리이며, 역으로 소설 내 사건들은 광주대단지 사건의 의미를 구조화한다. 따라서 문제는 권씨의 회상이 사건의 사실관계들을 어떤 식으로 변용하는가 (권씨의 회상 장면의 사건 진행과 세부는 당시의 신문 기사와 르포들을 참조하여 서술된다. 특히 참외 사건, 버스에 올라탄 청년들, 택시에서 승객들을 하차시키는 장면은 신동아에 실린 〈르뽀 광주대단지〉에서 그대로 따왔음을 알 수 있다), 그리고 오 선생 시점의 전개와 권씨 시점의 사건 서술이 서로 어떻게 의미를 보충해 주는지를 파악하는 것이다.

소설의 앞머리에 자리한 이 순경의 방문은 계층화된 규율사회가 소설 세계의 전반을 아우르고 있음을 보여 준다. 이 순경은 전과자이자 사찰 대상자인 권씨의 상황을 일러 달라며 "밀대 노릇"을 부탁한다.[9] "한 사람의 시민으로서의 의무를 강조할 생각"은 없다면서도, "다

---

9 윤흥길, 《아홉 켤레의 구두로 남은 사내》, 문학과지성사, 1997, 147쪽.

만 친절한 이웃"이 되어 달라는 것이다. 하지만 오 선생의 말마따나 "권씨의 동태를 일일이 사직 당국에 고자질"해야만 권씨의 "친절한 이웃"이 되는 셈이므로, 이웃의 의미는 이중적이다. 국가권력 − 집주인 − 세입자라는 규율감시의 체계 속에서 집주인은 그가 싫든 좋든 감시의 매개로 존재한다. 푸코에 따르면 규율은 무엇을 하지 말라는 금지가 아니라 무엇을 하라는 요청으로 실천된다. 권씨가 "법에 따라 내사당하고 있다는 사실을 다른 누구보다도 못 견디는 체질"[10]이라는 이 순경의 말에서 알 수 있듯이, 권씨는 소설의 첫머리에서부터 일종의 국외자로 간주된다. 오 선생은 이 체제 바깥의 존재를 감시하는 시민으로서 작동하며, 그가 화자라는 점에서 이 소설의 기본적인 시선은 감시를 행함으로써 스스로를 체제의 일부로 자리 잡게 하는 주체화의 시선이다.

이 소설에서 그려 내는 계층화된 주체화의 논리는 오 선생의 이사에서 잘 나타난다. 성남에서 고급 주택에 속하는 시청 뒤편 은행동의 100평짜리 집으로 이사하기 전까지 오 선생네는 단대리 시장 근처, "숨통을 죄듯이 다닥다닥 엉겨붙은 20평 균일의 천변 부락"[11]에서 살았다. 이 20평 균일의 집이란, 대단지의 개발 과정과 밀접한 연관이 있다.

서울시는 '선입주 후개발' 정책에 따라 철거민들을 트럭으로 날라 이들이 천막을 치고 '가수용'된 상태에서 개발을 진행했다. 1969년 9월, 용산역 주변의 철거민 3,301가구가 광주대단지로 이송되면서 입

---

10 윤흥길, 《아홉 켤레의 구두로 남은 사내》, 148쪽.
11 윤흥길, 《아홉 켤레의 구두로 남은 사내》, 152쪽.

주가 시작되었다. 채 1년이 지나지 않아 광주대단지에는 10만이 넘는 인구가 거주하게 된다. 이들은 한 가구당 20평을 배당받았다. 원래는 평균 30평 정도를 분양받아야 했으나, 더 많은 철거민을 옮기기 위해 20평만 분양한 것이다. 또한 서울시는 대로변 등의 요지에 해당하는 곳을 유보지로 지정하고 매매하여 시 재정을 충당하는 계획을 세우고 있었으므로, 이는 더 많은 토지를 확보하려는 의도에 따른 정책이기도 했다. 게다가 세입자는 분양에서 제외되었으므로 20평에 2~3가구가 거주하는 경우도 많았다. 일괄적으로 20평의 분양지가 구획된 결과, 이후 수십 년 동안 이 지역에서는 저소득층 인구만 전입·전출을 반복하면서 도시 전체가 가난한 자들의 도시로 고착화되었다.[12]

따라서 시청 근처 100평 주택으로의 이사는 단순한 '내집 마련'도, 넓은 주거 공간 확보에 그치는 것도 아니다. 이 이사를 감행함으로써 오 선생은 공간적 이동과 함께 사회적 모빌리티의 상승을 달성했다. 오 선생이 감시와 통제의 대상이 아니라 그 일부로 기능하는 것은 이러한 모빌리티 변화와 밀접한 관련이 있다. 오 선생의 아내가 기회가 올 때마다 자신들이 은행동 주택에 살고 있다고 힘주어 말하는 것, 즉 "20평의 마음과 100평의 마음의 격차"[13]는 오 선생이 시민의 입장에서 비시민을 경계하는 주체화 과정을 낳았다. 달리 말하자면 감시하는 시선의 주체가 되었으므로 온전한 시민으로 자임할 수 있게 된 것이다.

12   김국현, 〈1960년대 서울의 공간문제와 광주대단지 사건〉, 연세대학교 교육대학원 석사 학위논문, 2014, 37쪽.
13   윤흥길, 《아홉 켤레의 구두로 남은 사내》, 161쪽.

권씨의 구두는 오 선생의 '집'과 대립하는 사물이다.

보아하니 권씨의 구두 닦기 실력은 보통에서 훨씬 벗어나 있었다. 사용하는 도구들도 전문 직업인 못잖이 구색을 맞춰 일습을 갖추고 있었다. 그리고 무릎 위에 앞치마 대용으로 한 내의를 펼쳐 단벌 외출복의 오손에 대비하고 있었다. 흙과 먼지를 죄 털어낸 다음 그는 손가락에 감긴 헝겊에 약을 묻혀 퉤퉤 침을 뱉아가며 칠했다. 비잉 둘러가며 구두 전체에 약을 한 벌 올리고 나서 가볍게 솔질을 가하여 웬만큼 윤이 나자 이번엔 우단 조각으로 싹싹 문질러 결정적으로 광을 내었다. 내 보기엔 그런 정도만으로도 훌륭한 것 같은데 권씨는 거기에 만족하지 않고 계속해서 같은 동작을 반복했다. 그만한 일에도 무척 힘이 드는지 권씨는 땀을 흘렸다. 숨을 헉헉거렸다. 침을 퉤퉤 뱉았다. 실상 그것은 침이 아니었다. 구두를 구두 아닌 무엇으로, 구두 이상의 다른 어떤 것으로, 다시 말해서 인간이 발에다 꿰차는 물건이 아니라, 얼굴 같은 데를 장식하는 것으로 바꿔놓으려는 엉뚱한 의지의 소산이면서 동시에 신들린 마음에서 솟는 끈끈한 분비물이었다.[14]

여러 켤레의 구두를 늘어놓고 온 힘을 다해 닦아 내는 권씨의 행동은 단순히 청결이나 자기관리로 설명할 수 없다. 오 선생네의 주체화 과정이 집의 이동으로 마련되었듯이, 권씨는 '얼굴을 장식하려는 엉뚱한 의지'로 최소한의 모빌리티 수단인 구두에 광을 올린다. 이후의

---

14 윤흥길, 《아홉 켤레의 구두로 남은 사내》, 162쪽.

회상에서 드러나듯이, 권씨는 전매입주자로 광주대단지에 들어왔다. "지상낙원이 들어선다는 소문"[15]을 믿고 소위 '딱지'라고 불리는 철거민의 입주 권리를 전매한 것이다. 권씨의 선택은 서울시의 수익형 개발 정책이 낳은 결과였다. 광주대단지 개발은 개발 자체에 초점이 맞춰진 것이 아니라, 서울에서 철거민들을 이동시켜 따로 수용하려는 필요에서 나왔다. 따라서 충분한 예산을 확보하지 못한 서울시는 지가를 올려서 개발 비용을 충당하려고 했다. 서울 가까운 곳에 20평의 땅을 마련해 집을 짓고 살면 앞으로의 생활이 보장될 것이라는 기대를 품은 무주택 영세민들이 입주권을 구하기 위해 모여들었다. 서울시는 1년 넘게 이 상황을 방조하면서 투기자본을 끌어들였다. 1971년에는 제7대 대통령 선거와 제8대 국회의원 선거가 있었고, 이 지역 국회의원 후보인 차지철은 '토지 무상 불하, 5년간 면세'를 공약하면서 장밋빛 청사진을 제시했다. 선거가 끝나자 서울시는 곧장 전매 금지 조치를 내놓았으며, 보름 동안 분양지에 가옥을 세우기를 요구했고, 원래의 분양지 대금이었던 평당 2천 원 대신에 전매입주자에게는 평당 8천 원 내지 1만 6천 원을 납부하라고 고지했다. 게다가 경기도에서는 토지취득세 부과통지서를 발부했다. 정부의 조치를 시정하길 요구하는 주민들과 당국의 대립은 광주대단지 사건의 기폭제가 되었다. 권씨는 이 과정을 겪으면서 투쟁에 가담했고, 전과자이자 감시 대상으로 전락하게 된 것이다. 따라서 오 선생의 경우와 달리, 그의 전입은 모빌리티의 상승이 아니라 하강으로 이어졌다.

---

15 윤흥길, 《아홉 켤레의 구두로 남은 사내》, 174쪽.

권씨의 구두는 그가 지키려고 하는 '인간의 품격'[16]으로도, 그가 민중으로 전화하기 위해 내버려야 하는 '소시민적 아이덴티티'[17]로도 해석된다. 권씨는 "나 이래 뵈도 안동 권씨요!", "나 이래 뵈도 대학 나온 사람이오!"와 같은 말을 자주 내뱉는 인물이며, 그의 강한 '자존심'은 소설 속에서도 자주 언급된다. 따라서 그의 구두는 그것이 인간의 품격이건 소시민 근성이건 간에, 그가 현재 잃어버렸으되 구두라는 상징물을 통해 상상적으로 소유해야 하는 예전의 흔적이다. 남아 있는 부분을 지시하는 기호라는 점에서, 이 상징은 제유에 가깝다. 그러나 결과로서의 기차가 원인으로서의 산업혁명을 상징하듯, 그의 구두를 환유로 독해할 수는 없을까? 다시 말해 그가 처한 중층적 모빌리티 장치의 결과로 이해할 수는 없을까? 출소 이후 날품팔이 노동자로 살아가는 권씨의 상황에서, 구두는 그의 생계를 유지해 줄 유일한 모빌리티 수단이다. 그가 구두를 매일 닦는 것은 사회간접자본 투자가 이루어지지 않은 상태에서 아무것도 없는 곳에 택지만을 분양하고 이주부터 진행한 무리한 정책 추진의 당연한 결과이기도 하다. 건물도, 수도와 하수시설도, 충분한 일자리를 제공할 공장도 마련되어 있지 않은 당시의 광주대단지에는 당연히 길도 제대로 닦여 있지 않았다. 어느 통계에 따르면 도로포장률은 13퍼센트에 지나지 않았고, 이마저도 서울로 향하는 대로 일부분에 한정되어 있었다.[18] 한 연구자의 지적처럼. "광주대단지를 다루는 르포와 소설마다 진흙탕이 등장"하

---

16 송은영, 《서울 탄생기》, 푸른역사, 2018, 332쪽.
17 성민엽, 〈아홉 켤레의 구두로 남은 사내 연작의 현재적 의미〉, 《아홉 켤레의 구두로 남은 사내》, 문학과지성사, 1997, 312쪽.
18 서울특별시시사편찬위원회, 《서울 600년사》 제6권, 서울특별시, 1996, 669쪽.

는 것도 당연한 일이다.[19] 광주대단지 재현의 일부분인 지체된 인프라, 곧 진흙탕은 거주자들에 대한 모빌리티 제한과도 직결된다. 그렇다면 권씨의 구두는 재개발 모빌리티 장치의 특성을 드러내는 상징으로도 읽을 수 있다. 광주대단지의 입주권을 전매하며 이주해 온 권씨는 이 속에서 극심한 모빌리티 제한을 겪었다. 20만 원을 주고 산 20평의 권리가 자신의 집으로 실현되려면 자신의 손으로 집을 짓고, 평당 1만 6천 원과 세금을 내야 한다. 그에게는 더 이상의 모빌리티가 불가능하다. 이 임모빌리티 상황을 벗어나기 위한 최후의 수단은 버스에 올라타고 각목을 든 채로 수진리 고개로 나아가는 것이었다.

버스의 모빌리티와 임모빌리티

광주대단지 사건은 모빌리티 제한에 대한 폭력적 분출이었다. 대단지 조성은 조성 자체에 목적을 둔 것이 아니라, 서울시의 도시빈민을 제어하고 고정시키려는 시도였다. 광주대단지 사건 당시에 서울시 기획관리관이었던 손정목은 "돌이켜 보면 20세기 후반기의 서울 도시계획은 '무허가 건물과의 싸움' 바로 그것이었다고 해도 틀린 말은 아니다"라고 회상한다.[20] 해방 후 국내로 귀환한 이들, 6·25전쟁 이후의 난민들, 수출주도형 경제성장 전략 속에서 일자리를 찾아 상경한 이농민 등은 도심을 포함한 서울 시내 곳곳에서 공지에 무허가 건물을 짓고 생활했다. 1960년대에 서울 인구의 10퍼센트는 무허가 건물에

---

19 송은영, 《서울 탄생기》, 331쪽.
20 손정목, 〈광주대단지 사건 – 도시50년사(19)〉, 89쪽.

거주했다.[21] 당국은 무허가 건물에 거주하는 이들을 특정 지역에 집단 이주시키는 방식으로 대응했고, 이를 정착지라고 불렀다. 정착지 정책은 결과적으로 실패였다. 정착지 사업은 '무허가 건물의 장소적 이전'이 아니라 '무허가 건물 공인지대의 조성'에 가까웠다.[22] 무허가 건물 지역에는 더 많은 판잣집이 들어섰다. 무허가 건물이 확대재생산된 것이다. 서울 시내에서 무허가 건물이 철거되면, 바로 다음 날 같은 곳에 또 판잣집이 만들어졌다. 소위 달동네는 대개 이렇게 형성되었다.

철거민들은 도시 속에서 이동하는 유목민들과 같았다. 서울시는 이들을 제한할 수가 없자, 광주대단지에 '가둔다'. 서울에서 철거민들의 존재는 언제 어디서나 나타나는 유목민족의 습격과 비슷했다. 파시즘 시기 이탈리아는 리비아의 베두인족과 전쟁을 벌이면서 이들의 모빌리티를 제한하려는 정주주의적 전략을 시도했다. 사막에 철조망을 두르고 강제수용소를 만들어 고정된 공간 안에서 살게 한 것이다.[23] 그런 면에서 광주대단지의 재개발 모빌리티 장치는 모빌리티를 제한하고 길들이려는 시도로 형성되었다고 볼 수 있다. 계획이 수립되기도 전에 사업이 시행되었고, 임야와 구릉지대가 제대로 정비되지도 않은 상태에서 이주가 이루어졌다. 서울과 거리가 가깝지만, 산으로 가로막혀 있는 곳이므로 서울과의 단절성이 두드러졌다. 대단지 지역은 최소한의 교통수단만이 마련되어 있었다. 서울로 연결하는 통로도 천

---

21 김수현, 〈서울시 철거민운동사 연구: 철거민의 입장을 중심으로〉, 《서울학 연구》 13, 서울시립대학교 부설 서울학연구소. 1999, 214쪽.
22 손정목, 〈광주대단지 사건 - 도시50년사(19)〉, 90쪽.
23 팀 크레스웰, 《온 더 무브》, 86쪽.

호동으로 연결되는 길 하나뿐이었다. 천호동을 거쳐 을지로로 향하는 버스 노선도 하나였다. 시내까지는 2시간 30분이 걸렸고, 요금은 시내 요금의 2배인 35원이어서 빈민들이 왕복하기에 감당할 수준이 되지 못했다. 서울에서 지겟일을 하려고 해도 지게 때문에 승차를 거부당하기도 했다.

도시계획은 규율 메커니즘보다는 안전장치에 가깝다. 제한하고 통제하는 것이 아니라 수용 가능한 범위를 계산하고 최소한의 순환이 가능하도록 해야 한다. 그런 점에서 광주대단지의 재개발 모빌리티 장치는 이율배반적이었다. 당국은 철거민들을 서울에서 격리하고 감추면서도, 일종의 민영화를 시도하여 공공사업의 재원을 토지 분양으로 마련하려고 했다. 광주대단지 사건 당시 주민들이 서울시의 '땅 장사'를 맹렬하게 비난한 것도 이러한 맥락 때문이다. 대단지 건설에는 단순히 주거 환경 개선이나 도시 공간 정비라는 목표만이 아니라, 개발에 따른 이익을 창출하려는 자본의 논리가 존재했다.[24] 서울시는 주민들의 생활 문제를 방기했다. "인구가 50만이 넘으면 주민들 서로가 주고 받아먹고 살 수 있는 자급자족의 도시가 된다"[25]는 식이었다. '죽게 만들고 살게 내버려 두는' 규율권력의 장소에서 '살게 만들고 죽게 내버려 두는' 생명권력의 장소로의 이동이 제대로 작동하지 않은 셈이다. 그러므로 광주대단지 사건의 재개발 모빌리티는 "도시위생학의 측면에서 도시하층민·빈민을 교화 혹은 배제시키며, 중산층으로 상징되는 정상인에 대한 '위협'으로 간주하고 '이질적 타자'이자 사회적

---

24 김국현, 〈1960년대 서울의 공간문제와 광주대단지 사건〉, 3쪽.
25 박기정, 〈르뽀 광주대단지〉, 177쪽.

무질서의 대상으로 이들을 보는 지배적 담론"[26]의 자장 아래 있었다고 보아야 할 것이다.

그러나 광주대단지 사건을 모빌리티와 임모빌리티의 이분법으로 단순화할 수는 없다. 임모빌리티는 언제나 모빌리티를 포함하기 마련이다. 푸코는 일종의 감금 상태에 있는 군인들의 제식동작에서 모빌리티의 흔적을 찾았다. 애초에 철거민을 감추고 수용하는 것이 목적이었던 광주대단지는 얼마 지나지 않아 활발한 모빌리티의 장소가 되었다. 인구 이동의 차원에서, 철거민들은 이 도시의 대다수를 차지하지 못했다. 생활수단이 마련되지 않은 대단지에서 생계가 막막해진 철거민들은 딱지를 팔고 다시 서울로 돌아가 또다시 무허가 주택을 지었다. 대단지 인구의 폭발은 개발 이익을 기대한 이들이 모여들었기 때문이다. 기록에 따라 다르지만 사건 직전 인구의 20~60퍼센트가 전매입주자에 해당했다. 자본의 이동도 일어났다. 도시개발을 기대한 투기자본이 몰려들었다. 1971년 당시 대단지의 인구 구성은 복잡했고 이해관계도 각기 달랐다. 원주민 · 철거민 · 전매입주자 · 유보지매입자 · 세입자들은 각기 다른 목표와 이익, 서로 다른 소득수준과 네트워크 자원을 지닌 사람들이었다. 예컨대 평당 1만 6천 원에 달하는 서울시의 강압적인 분양가 납부 요구가 전매입주자에게는 직접적인 위협이었으나, 철거민들은 원래의 약속대로 평당 2천 원을 지불하게 되어 있었다. 그럼에도 인구의 3분의 1에서 2분의 1에 해당하는 수만 명의 군중이 모여들었던 것은 모빌리티를 포함한 최소한의 인

---

26 김원, 〈1971년 광주대단지 사건 연구: 도시봉기와 도시하층민〉, 《기억과 전망》 18, 민주화운동기념사업회, 2001, 196쪽.

프라를 제공하지 못한 도시 거버넌스의 실패에 기인했다.

광주대단지 사건의 직접적인 단초를 제공한 시장의 지각과 군중의 도로 진출은 그런 의미에서 상징적이다. 한쪽에서는 차가 막혔고 다른 한쪽에서는 차가 모자랐다. 〈아홉 켤레의 구두로 남은 사내〉는 이 장면을 권씨의 기억상실이 일어나는 순간으로 극화한다.

사흘 후에 형사가 출판사로 찾아와서 수갑을 채우더군요. 경찰에서 증거로 제시하는 사진들을 보고 놀랐습니다. 사진 속에서 난 뻐스 꼭대기에도 올라가 있고 석유 깡통을 들고 있고 각목을 휘둘러대고 있기도 했습니다. 어느 것이나 내 얼굴이 분명하기는 한데 나로서는 전혀 기억에 없는 일들이었으니까요.[27]

그가 올라탄 버스는 사회적 임모빌리티를 이동적 모빌리티로 표출하는 도구다. 소설은 주로 르포의 현장 취재에 기대어 사건을 재현한다. 군중은 관용차에 불을 지르고, 지나가는 택시를 세우고, 버스를 탈취한다. "다른 사람들은 몇 끼씩 굶고 악을 쓰는 판인데 택시나 타고 앉았다니, 늘어진 개팔자로군."[28] 군중들의 목소리를 빌려 소설은 공간적 임모빌리티와 사회적 모빌리티의 추락을 모빌리티 수단의 이용과 연계시킨다.

광주대단지 사건에서 흥미로운 점은 유난히 교통수단에 대한 방화나 탈취가 많았다는 것이다. 박기정의 르포에 따르면, 군중들은 성남

---

27 윤흥길, 《아홉 켤레의 구두로 남은 사내》, 182쪽.
28 윤흥길, 《아홉 켤레의 구두로 남은 사내》, 179쪽.

출장소에 난입해 집기를 부수고 불을 지르는가 하면, 출장소 앞의 "서울관 1-356호 찝을 불태운 다음", "경기관 7-492호 반트럭을 불태"웠고, 이어 지나가던 서울영 7-4880호, 7-4875호 삼륜차와 서울영 6-206호 시영버스, 경기자 7-725호 트럭 등을 닥치는 대로 탈취해 타고 플래카드를 차에 달고 고함을 지르며 육단지 거리를 누비며 달렸다." 또한 "일부는 몽둥이를 들고 서울로 향하는 길목마다 막고 서서 택시를 타고 나가는 사람들에게 "우리는 몇 끼니를 걸러 죽을 지경에 이르렀는데 팔자 좋게 택시만 타느냐", "죽어도 같이 죽자 왜 도망가려 하느냐"면서 온갖 욕설과 위협을 주어 모조리 차에서 내리게" 했다.[29] 통계에 따르면 이 사건으로 입은 차량 피해만 해도 소실 4대, 시영버스 대파 5대, 소파 13대로 모두 22대에 달했다.[30]

차량 방화는 소요 사태에서 일반적인 것이지만 이 사건의 경우는 조금 특별하다. 군중들은 서울로 향하는 차를 막았고, 버스를 탈취한 뒤로는 서울로 가는 길로 차를 몰았다. 이동을 위한 모빌리티 수단인 자동차는 단순한 사물이 아니라 임모빌리티와 모빌리티 사이의 긴장을 드러내는 매개물이었다. 그런 의미에서 앞서 인용한 권씨의 기억 상실은 재개발 모빌리티 장치 속에서 주체화가 발생하는 한 장면으로 이해해야 한다. 그는 철거민이 아니다. 불법적으로 딱지를 매매하여 이 도시로 진입한 전매입주자이다. 그는 어느 정도 배운 사람이라는 이유로 투쟁위원회에 참가한 지식인이다. 그러나 그는 투쟁에 참여하지 않고 택시를 타고 도망친다. 사건의 현장에서, 그는 폭력적 저

29   박기정, 〈르뽀 광주대단지〉, 171쪽.
30   김국현, 〈1960년대 서울의 공간문제와 광주대단지 사건〉, 48쪽.

항의 선두에 서지만 이는 각성이 아니라 상실로 처리되어 있다. 민중의식이나 계급의식의 획득으로 보기에는 모호하고, 단순한 우연적 사건으로 보기에는 지나치게 강렬하다. 버스 위에 선 권씨의 모습은 다층적 이해관계와 담론, 불균등한 권력관계, 모빌리티와 임모빌리티의 역동적 양상이 조합된 재개발 모빌리티 장치의 우연적 필연성이 주조한 형상이다.

대문의 안과 바깥

오 선생이 단대리의 20평 부락에서 은행동의 100평 주택으로 이사하기로 결심한 이유는 아들이 고물장수 아들과 노는 광경을 목격한 충격 때문이다. 그의 아들은 과자를 흙바닥에 던지고 상대가 그것을 주워 먹게 만드는 놀이를 하고 있었다.

> 나는 동준이 녀석으로부터 과자 상자를 빼앗아 개울 속에 집어던졌다. 그리고는 녀석의 따귀를 마구 갈겼다. 마음 같아서는 고물 장수 아들을 흠씬 두들겨 주고 싶었는데 손이 자꾸만 내 자식놈 쪽으로 **빗나갔다.**(강조는 필자)[31]

아들을 폭행하는 이 회상 장면은 이 순경이 찾아와 권씨가 대단지 소요 사태의 주모자 중 한 명임을 밝히고 감시를 부탁하는 대목 뒤에

---

[31] 윤흥길, 《아홉 켤레의 구두로 남은 사내》, 167쪽.

서 바로 이어진다. 따라서 동준이와 고물장수 아들의 관계는 통치권력과 권씨의 관계를 알레고리적으로 재현한 것이라고 할 수 있다. 그런데 홍미롭게도 여기에서 폭력은 고물장수 아들이 아니라 오 선생의 행위로 나타난다. 일차적으로 이 폭력은 지배권력의 억압을 목격한 관찰자로서의 분노가 표출된 것이다. 그러나 오 선생의 폭력이 대단지 사건에서 권씨가 행한 폭력의 거울상으로 자리한다는 점에서, 이 장면은 더 적극적으로 독해되어야 한다. 권씨가 적극적으로 소요 사태의 선두에 나선 것은 길바닥의 참외를 주워 먹는 군중들을 목격했기 때문이다.

삼륜차 한 대가 어쩌다 길을 잘못 들어 가지고는 그만 소용돌이 속에 파묻힌 거예요. 데몰 피해서 빠져나갈 방도를 찾느라고 요리조리 함부로 대가리를 디밀다가 그만 뒤집혀서 벌렁 나자빠져 버렸어요. 누렇게 익은 참외가 와그르르 쏟아지더니 길바닥으로 구릅니다. 경찰을 상대하던 군중들이 돌맹이질을 딱 멈추더니 참외 쪽으로 벌떼처럼 달라붙습니다. 한 차분이나 되는 참외가 눈 깜짝할 새 동이나 버립디다. 진흙탕에 떨어진 것까지 주워서는 어적어적 깨물어 먹는 거예요. 먹는 그 자체는 결코 아름다운 장면이 못 되었어요. 다만 그런 속에서도 그걸 다투어 줏어먹도록 밑에서 떠받치는 그 무엇이 그저 무시무시하게 절실할 뿐이었죠. 이건 정말 나체화구나 하는 느낌이 처음으로 가슴에 팍 부딪쳐 옵디다. 나체를 확인한 이상 그 사람들하곤 종류가 다르다고 주장해 나온 근거가 별안간 흐려지는 기분이 듭니다. 내가 맑은 정신으로 나를 의식할 수 있었던 것이 거기까지가 전부였습니다.[32]

---

32 윤흥길, 《아홉 켤레의 구두로 남은 사내》, 181쪽.

이 대목의 골자는《신동아》의 르포 기사와 거의 동일하다.

경찰의 최루탄과 주민의 투석으로 맞선 데모가 한창일 무렵 때마침 참외를 가득 실은 삼륜차가 지나갔다. 데모를 하던 군중들은 남녀노소를 가릴 것 없이 모두 정신없이 차에 달려들어 흙탕에 떨어진 것까지 주워 먹기 시작했다. 순식간에 참외 한 차분이 없어지고 말았다.[33]

그러나 이 기사에서는 배고파 죽겠다고 울부짖는 어린아이를 위 인용문의 바로 뒤에 배치하여 빈곤과 굶주림이 이 사건의 핵심 요소임을 강조한다. 사건의 묘사가 거의 유사한데도 참외 사건이 윤흥길의 소설 속에서 다른 의미망을 지니게 되는 까닭은 오 선생 아들의 과자 사건과 겹쳐 있기 때문이다.

권씨는 진흙탕 속의 참외를 집어먹는 군중들과 자신이 그리 다르지 않다고 느끼고 폭력적 항의에 동참한다. 오 선생은 과자를 집어먹는 아이를 보고 역시 폭력적 수단으로 분노를 표출한다. 그러나 그의 폭력에는 불균등한 권력관계에 대한 항의만이 아니라, 그 음식을 집어먹음으로써 스스로의 존엄을 망각하는 '저들'에 대한 혐오도 포함되어 있다. 고물장수의 아들을 때리고 싶었으나 자기 아들에게로 '빗나가는' 손이 그것이다. 분노와 혐오의 중첩은 재개발 모빌리티 장치 속에서 발생하는 모호한 주체화의 일부다. 강렬한 폭력의 순간을 권씨가 각성이 아니라 망각으로 기억하게 되는 이유도 여기에 있다.

---

33   박기정, 〈르뽀 광주대단지〉, 171쪽.

소설의 마지막 부분에서는 권씨가 가출하게 되는 과정을 서술한다. 아내가 난산을 겪자 권씨는 오 선생에게 병원비를 부탁하지만, 오 선생은 에둘러 거절한다. 그러나 가책을 느낀 오 선생은 권씨의 전셋돈이 남아 있다는 것을 기억하고 병원비를 지불한다. 그날 밤, 권씨는 강도로 위장하고 오 선생의 방에 침입한다. 돈이 없다는 것을 확인하고 돌아 나갈 때, "부주의하게도 그는 식칼을 들고 왔던 자기 본분을 망각"하고 "엉겁결에 문간방으로" 들어가려 했다. 오 선생은 친절하게 그의 실수를 지적해 준다. "대문은 저쪽입니다." 권씨는 대문을 열고는 "보안등 하나 없는 칠흑의 어둠 저편으로 자진해서 삼켜져" 버린다.

이 장면은 '친절한 이웃'이라는 이중적 명제 속에서 세입자와 주인으로서, 참외와 과자의 목격자로서 서로 겹치거나 대립해 온 두 사람의 갈등이 최고조에 이르는 순간이다. 대문이 저쪽이라고 알려주는 오 선생의 말은 파국을 막기 위한 친절한 배려처럼 보이지만, 서로의 위치를 확인해 주는 가장 심각한 불화의 순간이기도 하다. 성남이라는 공간으로 이주한 후 오 선생은 집주인의 자리로 이동했으며, 권씨는 그와 똑같았던 20평의 공간을 더 점유하지 못하고 바깥으로 내몰렸다. 권씨는 임모빌리티의 공간에서 자신의 모빌리티를 확장하려고 했으나, 이는 실패로 끝났다. 과자 사건에서 드러나는 오 선생의 혐오의 감정은 권씨의 주체화를 무어라 이름 붙일 수 없는 망각의 형태로 귀결시켰다. 이는 서술자 오 선생의 것도, 작가 윤흥길의 것도 아닌, 재개발 모빌리티 장치의 일부로서 기능한 타자화 담론의 자장 때문일 것이다. 이 집의 대문은 두 계층 사이, 불가능한 동거의 진입로이자 파국의 통로였던 것이다. 소설은 오 선생이 오랫동안 돌아오지 않는 권씨의 집 속에서 아홉 켤레의 구두를 확인하고, 이 순경에게 전화를 걸어 그의 실종을 고지하며 친절한 이웃의 의무를 다하는 것으로 끝을 맺는다.

모빌리티를 "개인이나 집단이 이동에 관련된 가능성의 장을 전유하고 그것들을 사용하는 방식"[34]이라고 정의할 때, 우리는 이를 보편적인 인간 권리의 일부라고 생각하기 쉽다. 그러나 "실제로는 모든 규모에서, 곧 공적 공간으로부터, 국가 시민권으로부터, 그리고 모빌리티 수단으로부터 계급적·인종적·성적sexual으로 젠더화된gendered 그리고 무력화하는disabling 배제와 관련하여 존재"[35]하는 것이 모빌리티이다. 모빌리티와 관계 맺는 서로 이질적인 존재들의 네트워크인 모빌리티 장치는 이러한 불균등한 권력관계 속에서 주체를 구성한다.

〈아홉 켤레의 구두로 남은 사내〉에서 오 선생은 체제에 협력하고 타자를 동정하는 '친절한 이웃'이다. 그리고 그야말로, 재개발 모빌리티 장치의 원활한 작동을 가능하게 하는 통치기계이자 통치의 주체다. 아감벤은 통치장치의 포식성을 염려하면서, 통치될 수 없는 것 l'Ingovernabile은 모든 정치의 시작이며 소실점이라고 했다. 장치들 안에 포획되고 분리되었던 것을 공통으로 사용할 수 있게 되돌리고, 그리고 통치될 수 없는 것에 빛을 비춰야 올바른 문제 제기가 가능하다는 것이다.[36] 그의 논의는 푸코와 모빌리티 이론에 기댄 이 글의 전개 속에서는 부합할 대목을 찾기 어려운 주장이다. 그러나 폭력과 저항, 소시민과 민중, 철거민과 중산층 그 어디에도 소속되지 못하고 대문

---

34 미미 셸러, 〈불균등한 모빌리티의 미래〉, 《모바일 장의 발자취》, 제임스 폴콘브리지·엘레슨 후이 편, 하홍균 옮김, 앨피, 2019, 50쪽.

35 미미 셸러, 〈불균등한 모빌리티의 미래〉, 39쪽.

36 조르조 아감벤, 《장치란 무엇인가? 장치학을 위한 서론》, 48쪽.

을 걸어 나간 권씨의 형상은 통치될 수 없는 것에 대한 사유의 출발점일지도 모른다.

참고문헌

김국현, 〈1960년대 서울의 공간문제와 광주대단지 사건〉, 연세대학교 교육대학원
    석사학위논문, 2014.
김수현, 〈서울시 철거민운동사 연구: 철거민의 입장을 중심으로〉, 《서울학 연구》
    13, 서울시립대학교 부설 서울학연구소, 1999.
김원, 〈1971년 광주대단지 사건 연구: 도시봉기와 도시하층민〉, 《기억과 전망》 18,
    민주화운동기념사업회, 2001.
미미 셸러, 〈불균등한 모빌리티의 미래〉, 《모바일 장의 발자취》, 제임스 폴콘브리
    지 · 엘레슨 후이 편, 하홍규 옮김, 앨피, 2019.
박기정, 〈르뽀 광주대단지〉, 《신동아》, 1971년 10월호.
성민엽, 〈아홉 켤레의 구두로 남은 사내 연작의 현재적 의미〉, 《아홉 켤레의 구두로
    남은 사내》, 문학과지성사, 1997.
임미리, 〈1971년 광주대단지 사건의 재해석: 투쟁 주체와 결과를 중심으로〉, 《기억
    과 전망》 26, 한국민주주의연구소, 2012.
임미리, 〈경기동부연합의 기원과 형성 그리고 고립〉, 《기억과 전망》 28, 한국민주주
    의연구소, 2013.
손정목, 〈광주대단지 사건 – 도시50년사(19)〉, 《도시문제》 38(420), 대한지방행정
    공제회, 2003.
카타리나 만더샤이트, 〈이동 문제, 자동차와 미래 모빌리티 체제: 규제 양식과 장치
    로서의 자동차 모빌리티〉, 《모빌리티와 푸코》, 카타리나 만더샤이트 · 팀 슈바
    넨 · 데이비드 타이필드 편, 김나현 옮김, 앨피, 2021.

미셸 푸코, 《권력과 지식: 미셸 푸코와의 대담》, 홍성민 옮김, 나남, 1991.
_____, 《안전, 영토, 인구》, 오르트망 옮김, 난장, 2011.
서울특별시시사편찬위원회, 《서울 600년사》 제6권, 서울특별시, 1996.
송은영, 《서울 탄생기》, 푸른역사, 2018.
윤흥길, 《아홉 켤레의 구두로 남은 사내》, 문학과지성사, 1997.
조르조 아감벤, 《장치란 무엇인가? 장치학을 위한 서론》, 양창렬 옮김, 난장, 2010.
팀 크레스웰, 《온 더 무브》, 최영석 옮김, 앨피, 2021.

2부

모바일 공동체와 모빌리티 윤리

고도 모빌리티 시대의 장소윤리

| 김태희 |

이 글은 《서강인문논총》 제65집(2022.12)에 게재된 원고를 수정 및 보완하여 재수록한 것이다.

게오르크 지멜Georg Simmel은 1903년의 에세이 〈대도시와 정신적 삶〉에서 "대도시의 거리를 걸을 때나 빠르고 다양한 경제적 · 직업적 · 사회적 삶을 경험할 때 발생"하는 심리적 조건을 "외적 · 내적 자극들이 급속도로 그리고 끊임없이 바뀌는 데서 기인"하는 "신경과민"이라고 규정한다.[1] 나아가 이러한 "신경 자극이 급속도로 변화하면서 대립적 형태로 밀려들기 때문에" 도시인들은 "둔감함"이라는 인격적 특성을 지니게 된다고 하였다.[2]

그로부터 한 세기도 더 지난 지금, 도시의 삶은 지멜이 관찰한 시대와는 비교할 수 없을 만큼 더욱 복잡하고 빠르게 변화했다. 근대는 무수한 격변을 겪으며 이러한 삶의 복잡성과 속도를 뚜렷하게 증대시켜 왔다. 2020년 기준 세계 인구의 76퍼센트가 도시에 거주하고 있는 상황에서 실로 이러한 삶의 복잡성과 속도는 도시민뿐 아니라 현대인 대부분의 성격을 규정짓는다. 도시가 큰 규모로 형성되고 발전하던 20세기 초에 지멜은 이러한 새로운 현상을 낯설고 놀라운 눈으로 바라볼 수 있었지만, 도시에서 태어나 자라거나 도시의 삶을 늘 접하며 당연시해 온 우리는 이러한 낯섦과 놀라움의 시각조차 가지기 힘들 것이다.

이처럼 빠르고 대규모로 일어나는 움직임을 최근 사회과학과 인문학 일각에서는 모빌리티mobility라는 개념으로 포착하곤 한다.[3] 이러한

---

1 게오르그 짐멜, 〈대도시와 정신적 삶〉, 《짐멜의 모더니티 읽기》, 김덕영 · 윤미애 옮김, 새물결, 2005, 36쪽.
2 게오르그 짐멜, 〈대도시와 정신적 삶〉, 41쪽.
3 모빌리티를 연구의 새로운 렌즈로 활용하는 이른바 모빌리티 전환mobility turn과 새 모빌리티 패러다임new mobilities paradigm에 대해서는 다음을 참조하라. Mimi Sheller,

의미에서의 모빌리티는 단지 자동차와 같은 교통수단과 관련된 의미를 넘어서 인간, 비인간 생명, 사물, 정보, 이미지, 자본 등 모든 것의 이동을 지칭한다. 그러나 모빌리티는 단순히 이동들의 총괄 개념이 아니다. 팀 크레스웰Tim Cresswell은 이동movement이 위치location들 사이에서 일어난다면 모빌리티는 장소place들 사이에서 일어나며, 이런 의미에서 이동은 추상화된 모빌리티라고 말한다.[4] 아래에서 장소를 정의할 때 다시 상술하겠지만, 장소가 "공간의 의미 있는 부분, 즉 의미와 권력이 스며들어 있는 위치"를 뜻한다면, 모빌리티 역시 이동의 의미 있는 부분, 즉 의미와 권력이 스며들어 있는 이동, "사회적으로 생산된 이동"[5]이라고 할 수 있다.

한편 지멜이 포착한 모빌리티는 인간, 비인간 생명, 사물, 정보, 이미지, 자본 등 모든 것의 이동을 지칭하는 광의의 모빌리티의 하나이다. 미미 셸러Mimi Sheller와 같이 모빌리티의 주요 차원scale을 신체·교통·도시·이주·환경 등으로 구별할 수 있다면,[6] 지멜이 포착한 모빌리티는 신체·교통·도시 등의 차원이 서로 얽힌 것이다.

그런데 모빌리티는 도시 차원을 넘어서 이주와 환경까지 포괄하는 지구적 차원에서 더욱 두드러진다. 특히 지역과 국가를 넘나드는 인간·비인간 생명·사물·정보·이미지·자본 등의 이동이 빠른 속

John Urry, "The New Mobilities Paradigm," *Environment and planning A* 38-2, 2006, pp. 207-226; 이진형, 〈새 모빌리티 패러다임과 모빌리티 텍스트 연구 방법의 모색〉, 《대중서사연구》 24(4), 2018, 377~402쪽.

4 팀 크레스웰, 《온 더 무브 – 모빌리티의 사회사》, 최영석 옮김, 앨피, 2021, 19쪽.

5 팀 크레스웰, 《온 더 무브 – 모빌리티의 사회사》, 20쪽.

6 미미 셸러, 《모빌리티 정의》, 최영석 옮김, 앨피, 2019, 122쪽.

도로 끊임없이 일어나고 있는 지구화된 세계에서, 대부분 사회는 이전의 정주적 사회에 비춰 볼 때 고도의 모빌리티를 보여 주고 있다. 이러한 시대를 역사적 관점에서 고도 모빌리티high mobility 시대[7]라고 명명하거나, 토머스 네일Thomas Nail의 표현을 빌려 "운동의 시대" 혹은 "운동세kinocene"라고 명명할 수 있겠다.

> 우리는 운동의 시대에 산다. 역사상의 다른 어떤 시대보다도 더, 사람과 사물이 이전 어느 때보다도 더 먼 거리를, 더 자주, 더 빠르게 움직인다. 고체였던 모든 것은 오래전에 공기 중으로 녹아들었으며, 마치 격동하는 바람을 탄 민들레 씨처럼, 이제는 세계 주위로 완전히 순환하고 있다. 21세기 초, 우리는 인간 활동의 모든 권역이 점점 더 운동에 의해 정의되는 세계에 있다.[8]

현대사회의 고도 모빌리티는 삶의 형식을 매우 유동적으로 만든다. 고도 모빌리티 시대에는 인간 · 비인간 생명 · 사물 · 정보 · 이미지 · 자본 등의 이동 속도가 지극히 중요하므로 현대인은 빠르고 과도한 이동에 적응할 필요가 더욱 커졌고, 이러한 필요는 지멜의 관찰과 같이 개인의 성격에 영향을 주고 나아가 개인들의 상호주관적 관계에도 영향을 준다. 따라서 고도 모빌리티 시대에는 지그문트 바우만 Zygmunt Bauman이 《액체 현대》에서 말하듯이 개인의 "정체성들은 그저

---

7 고도 모빌리티 개념에 대해서는 다음을 참조하라. Inseop Shin, Jinhyoung Lee, "Introduction: The Humanities in the Age of High Mobility," *Mobility Humanities* 1-1, 2022, pp. 1-5.

8 토머스 네일, 《존재와 운동》, 최일만 옮김, 앨피, 2021, 23쪽.

취약하고 일시적이며 '다음 번 통지까지' 존재하는 것처럼" 보인다.[9]

나아가 이러한 모빌리티는 나날이 가속된다. 하르트무트 로자 Hartmut Rosa는 《소외와 가속》에서 현대의 가속을 기술의 가속, 사회 변화의 가속, 생활 속도의 가속으로 규정하고[10] 이들이 어떻게 공간, 사물, 자기 행위, 시간, 자신과 타자로부터의 소외를 야기하는지를 정밀하게 서술한 바 있다.[11] 이 중에서도 특히 자신과 타자로부터의 소외는 바로 현대인의 상호주관적이고 윤리적인 관계의 동요를 야기한다. 가령 모빌리티의 가속으로 인하여 우리가 맺는 관계의 수와 종류, 접촉 빈도 등이 늘어나면서 진실로 서로 깊이 관계하는 것은 오히려 구조적으로 어려워지는 것이다.[12]

본고에서는 장소에 주목하여 현대사회의 고도 모빌리티가 현대인의 상호주관적인 관계를 어떻게 변화시키는지를 탐구한다. "결국 모든 것이 움직인다면, 여기란 어디인가?"[13]라는 물음이 보여 주듯이, 개인들의 상호주관적인 윤리적 삶의 근본 조건인 장소가 고도 모빌리티로 인하여 변화하고 있으며, 이는 개인들의 삶의 조건을 근본적으로 변화시키고 있기 때문이다.

공동체에서 상호주관적 삶의 필요조건인 윤리는 역사와 정체성을 확립하는 조건인 진정한 장소감sense of place이 없으면 불가능하다. 그러므로 고도 모빌리티 시대의 윤리를 사유할 때, 인간의 상호작용이

---

9 지그문트 바우만, 《액체 현대》, 이일수 옮김, 필로소픽, 2022, 344쪽.
10 하르트무트 로자, 《소외와 가속》, 김태희 옮김, 앨피, 2020, 20~33쪽.
11 하르트무트 로자, 《소외와 가속》, 118~139쪽.
12 하르트무트 로자, 《소외와 가속》, 138~139쪽.
13 도린 매시, 《공간을 위하여》, 박경환 · 이영민 · 이용균 옮김, 심산, 2016, 264쪽.

일어나는 장소를 고려하는 이른바 장소윤리ethics of place에 주목해야 한다. 따라서 본고에서는 먼저 장소가 인간에게 어떠한 의미를 지니는지를 살펴보고, 고도 모빌리티 시대에 장소의 유동화 및 이로 인한 윤리의 동요를 고찰할 것이다. 나아가 이른바 '지구적 장소감global sense of palce' 개념을 기초로 새로운 '지구적 장소윤리global ethics of palce'를 어떻게 상상할 수 있는지 살펴보고자 한다.

장소와 인간

미셸 푸코Michel Foucault에 따르면 "현상학자들의 서술"은 "우리가 살고 있는 공간이 균질적이고 텅 비어 있는 것이 아니라, 반대로 온갖 다양한 성질로 가득 차 있다는 것"을 가르쳐 주었다.[14] 푸코가 말하듯이 현상학phenomenology은, 그리고 그로부터 적지 않은 영향을 받은 인본주의 지리학humanistic geography은 이처럼 동질적이고 텅 빈 공간이 이질적 공간으로 의미화되는 곳으로서의 '장소'를 인간의 근본 조건으로 간주하였다.[15] 말 그대로 "삶은 장소에서 일어난다life takes place."[16]

그렇다면 장소란 무엇인가? "가장 간단하고 공통적인 정의"에 따르

---

14 미셸 푸코, 《헤테로토피아》, 이상길 옮김, 문학과지성사, 2016, 45쪽.
15 현상학이나 실존주의 철학이 지리학에 미친 영향과 이러한 경향을 선도한 인본주의 지리학자 이-푸 투안과 에드워드 렙프에 대해서는 다음을 참조하라. 팀 크레스웰, 《장소》, 심승희 옮김, 시그마프레스, 2012, 31~38쪽. 또한, 지리학 자체의 현상학적 기초를 강조하는 입장은 다음을 참조하라. 에드워드 렙프, 《장소와 장소상실》, 김덕현 · 김현주 · 심승희 옮김, 논형, 2005, 31쪽.
16 데이비드 시먼, 《삶은 장소에서 일어난다: 현상학, 생활세계, 장소 만들기》, 최일만 옮김, 앨피, 2020.

면 "장소란 의미 있는 곳"을 말한다.[17] 이보다 "정교한 현상학적 정의"
에 따르면, 장소는 "다른 인격체, 사물, 공간, 추상적 위치, 또한 심지
어 개인의 자아가 모습을 보이고, 인지되고, 식별되며, 상호작용하는,
열려 있으며 상호연결된 지역"을 뜻한다.[18] 나아가 좀 더 간결한 또 다
른 현상학적 정의에 따르면, 장소는 "인간적 체험, 행위, 의미를 시간
적·공간적으로 모으는gather 모든 환경적 현장"이다.[19] 마르틴 하이데
거Martin Heidegger도 이처럼 '모음-versammeln'으로서의 장소에 대해 서술
한다.

> 근원적으로 '장소'라는 이름은 창의 끝을 뜻한다. 모든 것이 그 끝에
> 모인다. 장소는 가장 높고 가장 먼 곳으로 자신을 모은다. 모으는 것은
> 모든 것을 관통하고 모든 것에 현성한다. 장소, 즉 모으는 것은 자신에게
> 로 가져오고, 그 가져온 것을 참답게 보존하되, 닫혀 있는 캡슐처럼 보존
> 하는 것이 아니라, 집결된 것을 두루 비추고 밝힘으로써 비로소 자신의
> 본질 속으로 해방시킨다.[20]

다시 말해 본래 동질적이고 텅 빈 '공간'이 인간과의 관계 및 의미

---

17   팀 크레스웰,《장소》, 9쪽.

18   Jeff Malpas, *Place and Experience*, Cambridge University Press, 1999, p. 36(데이비드 시먼,
     《삶은 장소에서 일어난다》, 20쪽에서 재인용).

19   데이비드 시먼,《삶은 장소에서 일어난다》, 20쪽. 물론 이러한 정의들은 피정의항(장소)
     을 설명하는 정의항의 용어들(의미, 모음 등)도 충분히 규정적이지 않아 다시 정의를
     필요로 한다는 점에서 난점이 있거나 최소한 추가 논의가 필요하다. 장소의 정의 문제
     가 지닌 난점에 대해서는 다음을 참조하라. 김성환,〈공간에서 다시 장소로: 근현대 공
     간론의 한 가지 흐름〉,《철학탐구》56, 2019, 44~45쪽.

20   마르틴 하이데거,《언어로의 도상에서》, 신상희 옮김, 나남출판, 2012, 56쪽.

화가 결여된 것이라면, '장소'는 '모음'을 통해 스스로를 이질적 공간으로 의미화한다. 일종의 장소Ort 수행으로서의 '장소화Er-örtern'인 이러한 모음에 있어서 이질적 공간들, 즉 장소들 사이에 "대결Auseinander-setzung"이 벌어진다.[21]

하이데거의 존재론적이고 현상학적인 장소 개념을 계승하는 철학자와 지리학자들은 장소가 "경험 구조와 가능성 자체에 통합된다"[22]고 파악한다. 세계-내-존재인 인간은 내재적으로 장소-내-존재이다. 이처럼 장소는 인간의 실존과 정체성의 근본적 조건이므로 "우리가 누구인가는 우리가 어디에 있는가를 잘 반영한다."[23]

이러한 관점에서는 근대의 특징인 공간과 장소의 분리가 핵심적인 논점으로 등장하고,[24] 장소의 의미는 공간과의 대조를 통해 더욱 뚜렷해진다. 인본주의 지리학의 선구자 이-푸 투안Yi-Fu Tuan에 따르면 공간은 장소보다 추상적이다. 따라서 "무차별적인 공간에서 출발하여 우리가 공간을 더 잘 알게 되고 공간에 가치를 부여하게 됨"에 따라 장소가 나타난다.[25]

그런데 이와 같은 장소와 공간의 이항대립적 개념화는 정주와 이

---

21 전동진, 〈존재의 과정적 성격〉, 《대동철학》 1, 1998, 331쪽.

22 제프 말파스, 《장소와 경험-철학적 지형학》, 김지혜 옮김, 에코리브르, 2014, 45쪽.

23 Edward S. Casey, "J. E. Malpas's Place and Experience," *Philosophy and Geography* 4-2, 2001, p. 225. 나아가 케이시는 이를 인간 실존이나 경험을 넘어, '존재 자체'의 조건으로 일반화한다. "대체 (물질적이거나 심적인) 객체로, 혹은 (경험되거나 관찰되는) 사건으로 존재함은 아무리 최소한이거나 불완전하거나 일시적이더라도, 장소를 가짐이고 장소화됨이다." Edward S. Casey, *Getting Back into Place: Toward a Renewed Understanding of the Place-World*, Indiana University Press, 1993, p. 14.

24 도린 매시, 《공간, 장소, 젠더》, 정현주 옮김, 서울대학교출판문화원, 2015, 47쪽.

25 이-푸 투안, 《공간과 장소》, 구동회 · 심승희 옮김, 대윤, 1999, 19쪽.

동이라는 또 다른 이항대립적 개념화로 이어진다. 이러한 관점에서는 대개의 경우 장소는 정주적이고 공간은 이동적이라는 이항대립적 개념화가 이루어지는 것이다. 그러나 장소/공간 및 정주/이동의 이분법은 대체로 가치중립적이지 않다. 공간이 움직임이 일어나는 곳이고 장소는 멈추는 곳이라면, 공간은 개방성·자유·위협을 뜻하고 장소는 안전과 안정을 뜻하기 때문이다.[26] 나아가 이상적인 장소는 윤리적 세계에서의 진정한 존재를 보증해 주는 곳이자 의미의 중심이 되는 것이다.

그러나 이제 문제는 이동의 빈도, 범위, 속도가 급증하는 고도 모빌리티 시대에는 이런 이상적이고 전통적인 의미의 장소가 축소되고 그와 대비되는 의미에서의 공간이 확대되고 있다는 데 있다. 그렇다면 고도 모빌리티 시대, 즉 이동의 공간이 정주의 장소를 빠르고 광범위하게 잠식하는 것처럼 보이는 시대에도 장소가 인간에 대해 지니는 의미는 여전히 유효할 것인가? 이 물음을 숙고하기 위해 먼저 고도 모빌리티 시대의 장소감과 장소윤리의 변화를 살펴보자.

고도 모빌리티 시대의 장소감

고도 모빌리티 시대에 이동이 광범위하고 가속되어 나타나면서 장소는 축소되고 공간이 확대된다면, 장소감은 어떻게 나타나는가? 앞서 서술한 것처럼 장소가 인간에게 의미 있는 이질적 공간으로 만들

---

26   이-푸 투안, 《공간과 장소》, 19쪽 이하.

어지는 것이라면, 이러한 장소 만들기place-making는 장소감을 통해 일어난다. 장소감은 "사람들이 장소에 대해 가지는 주관적이고 감정적인 애착"[27]을 뜻하며 넓은 의미의 장소애topophilia, 즉 "사람과 장소 또는 배경의 정서적 유대"[28]를 포괄한다. 이런 의미에서는 장소공포 topophobia와 같은 부정적 정동도 장소감 혹은 넓은 의미의 장소애의 일종이다. 인간에게 장소에 대한 애착이 중요하지만 다른 한편으로 인간은 장소가 주는 고역도 느낀다.[29]

장소의 혼spirit of place이나 장소의 분위기genius loci[30]라고도 불리는 장소감은 장소를 구성하는 핵심적 특징 중 하나이다. 존 애그뉴John Agnew는 장소의 세 가지 특징으로 위치location, 로케일locale, 장소감을 제시한다. 위치는 장소가 자리 잡은 좌표상의 고정된 지점이고, 로케일은 장소의 물리적 형태로서 사회적 관계를 위한 물질적 배경이다. 그러나 인간과의 관계 속에서 '의미'를 생산하는 것은 바로 장소감이다.[31] 심지어 위치나 로케일이 고정되지 않고 계속 바뀌더라도 장소감이 있다면 장소는 만들어진다. 항해하는 배, 집시·인디언·서커스단의 야영지 등이 그러한 예이다.[32]

---

27 팀 크레스웰, 《장소》, 11쪽.

28 이-푸 투안, 《토포필리아: 환경, 지각, 태도, 가치의 연구》, 이옥진 옮김, 에코리브르, 2011, 21쪽.

29 가령 어느 장소에 꼼짝없이 묶여 있을 수밖에 없다는 생각, 장소가 감옥처럼 억압적이라는 생각은 인간에게 어느 장소에도 뿌리를 내릴 수 없다는 뿌리 뽑힘 못지않게 고통스러운 체험이다. 에드워드 렐프, 《장소와 장소상실》, 101쪽.

30 에드워드 렐프, 《장소와 장소상실》, 115쪽.

31 John A. Agnew, "Place and Politics: The Geographical Mediation of State and Society," *Progress in Human Geography*, 27-5, 1987, pp. 605-614.

32 Susanne Langer, *Feeling and Form*, Routledge and Kegan Paul, 1953, p. 95(에드워드 렐프,

그렇다면 이러한 전통적인 의미의 장소감은 고도 모빌리티 시대에도 여전히 유지되는가? 장소의 중요성을 강조하는 지리학자 이-푸 투안은 모빌리티로 인해 장소감이 피상적이 된다고 주장한다.[33] 모빌리티에 주목하는 지리학자 팀 크레스웰도 이렇게 주장한다. 크레스웰에따르면 장소는 영원히 모빌리티에 도전을 받으며, 특히 장소를 "뿌리깊고 '진정한' 정체감과 연결되는 의미의 중심"으로 보는 "장소의 전체역사"가 흔들린다.[34] 따라서 앞서 언급한 "본질주의적이고 배제적인 장소 개념은 (후기) 근대 세계에서는 점차 지속 불가능해지고 있다."[35]

이 문제를 좀 더 자세히 살펴보자. 데이비드 시먼David Seamon에 따르면, 장소 개념에 대한 비판은 두 가지 갈래로 이루어진다.[36] 첫 번째는 장소 개념이 보수적이고 반동적이라는 비판인데, 이에 대해서는아래에서 지구적 장소감을 논하면서 상술할 것이다. 두 번째는 바로장소 개념이 고도 모빌리티 시대에 부적합하다는 비판이다. 이것은 "세계화 · 사이버공간 · 가상현실을 향한 현재의 흐름" 때문에 "실제-세계 장소는 여러 가지 방식으로 점점 더 무의미해지고 낡은 것이 되고 있다"[37]는 주장이다. 다시 말해, 모든 것이 빠르게 이동하고 변화함에 따라, 이른바 무장소성placelessness이 일반화된다는 것이다. 에드워드 렐프Edward Relph에 따르면 "의미 있는 장소를 가지지 못한 환경과

《장소와 장소상실》, 78쪽에서 재인용).

33 이-푸 투안, 《공간과 장소》, 292~293쪽.

34 팀 크레스웰, 《장소》, 85쪽.

35 팀 크레스웰, 《장소》, 41쪽.

36 데이비드 시먼, 《삶은 장소에서 일어난다》, 364~369쪽.

37 데이비드 시먼, 《삶은 장소에서 일어난다》, 365쪽.

장소가 가진 의미를 인정하지 않는 잠재적인 태도, 양자를 함께 기술하는 말"[38]인 무장소성의 확대로 인하여 실존의 한 형태로서의 진정성authenticity 있는 장소는 축소된다.[39] 따라서 장소의 정체성은 약화되고 각 장소는 서로 비슷해 보이게 되는데,[40] 이러한 무장소성을 유발하는 주된 원인 중 하나는 바로 잦은 이사 · 여행 · 관광 등의 모빌리티이다.[41]

그러므로 우리는 이동의 공간이 확대되고 정주의 장소가 축소되고 있는, 다시 말해 무장소성이 일반화되고 있는 고도 모빌리티 시대에 장소 개념이 여전히 유효한가라는 물음을 진지하게 던져야 한다. "오늘날의 초근대적 시대에, 자율적 개인이 자기 적소適所로 삼는 환경이나 장소와 독립적으로 세계로 나아가는 일이 인간적 삶에서 극히 빈번히 일어나는 때에"[42] 인간이 장소-내-존재라는 명제는 대체 얼마나 타당한가? 만일 고도 모빌리티 시대에 이런 명제가 타당하지 않다면, 우리는 이렇게 물어야 한다. 그렇다면 무장소성은 과연 박탈과 유기라는 부정적 의미만 지닐 뿐 최소한 중립적 의미, 나아가 공간과의 새로운 관계라는 긍정적 의미를 지닐 수는 없는가?

그러나 '무장소성' 개념에는 "비진정성과 결핍된 헌신에 대한 암묵적인 도덕적 판단이 사라진 것"[43]이라는 부정적 의미가 사전에 적재

---

38 에드워드 렐프,《장소와 장소상실》, 290쪽.
39 에드워드 렐프,《장소와 장소상실》, 172쪽.
40 에드워드 렐프,《장소와 장소상실》, 197쪽.
41 팀 크레스웰,《장소》, 72쪽.
42 데이비드 시먼,《삶은 장소에서 일어난다》, 18쪽.
43 팀 크레스웰,《장소》, 77쪽.

되어 있으므로, 우리는 이러한 물음에 대답하기 위해 적어도 '무장소성' 개념보다는 중립적인 '비장소non-place' 개념도 살펴봐야 한다.[44] 마르크 오제Marc Augé에 따르면 비장소는 전통적인 인류학적 장소 anthropological place를 침식하면서 등장한다. "정체성의 장소, 관계의 장소, 역사의 장소"[45]라는 특성을 지니는 인류학적 장소는 거기 사는 사람들의 내밀한 상호주관적 관계와 비교적 장기간의 역사에 의해 형성된 어떤 단단한 정체성과 관련된다. 그런데 이처럼 항구적이고 정적이며 평온한 인류학적 장소에 "정체성과 관련되지 않고 관계적이지도 않으며 역사적인 것으로 정의될 수 없는 공간", 즉 비장소[46]가 스며들고 이를 대체한다. 특히 여행자의 이동과 경관의 이동이 나란히 일어나는 여행자의 공간은 비장소의 원형[47]이다.

이러한 비장소적 상황은 바로 전통적 의미의 장소의 사라짐이다. 모빌리티는 "기본적으로는 소요逍遙하면서 경계를 끊임없이 재검토하는 글로벌한 사람·물자·용역의 유동성과 혼종성을 통해 이루어진다."[48] 이른바 액체 현대의 모빌리티로 말미암아 묵직한 고체 현대의

---

44 렐프의 '무장소성' 개념과 오제의 '비장소' 개념의 차이에 대해서는 다음의 분석을 참조하라. "그(오제)는 비장소나 초근대성 논의가 가치 판단과 무관하다는 점을 확인하며, 새로운 것을 '종래의 것이 지닌 본질을 비튼 것'으로 간주하려는 복고주의적 시각을 배격한다. 그리하여 비장소에 대한 그의 기술과 설명은 하이데거 이래 장소 담론이 암묵적으로 전제해 온 과거/전통/공동체/시골에 대한 노스텔지어와 단절한 상태에서 이루어지는 것이다." 이상길, 〈옮긴이 해제 – 따로 또 같이, 비장소에서 살아가기〉, 마르크 오제, 《비장소 – 초근대성의 인류학 입문》, 이윤영·이상길 옮김, 아카넷, 2017, 192쪽.

45 마르크 오제, 《비장소 – 초근대성의 인류학 입문》, 이윤영·이상길 옮김, 아카넷, 2017, 69쪽.

46 마르크 오제, 《비장소》, 97쪽.

47 마르크 오제, 《비장소》, 106~107쪽.

48 요시하라 나오키, 《모빌리티와 장소 – 글로벌화와 도시공간의 전환》, 이상봉·신나경

규범들도 유동화되는데, 이는 급진적 개인화뿐 아니라 '비장소'의 증가에 의한 것이기도 하다. 비장소는 "승객 및 재화의 가속화된 순환(고속도로, 인터체인지, 공항)에 필요한 설비일 뿐만 아니라 교통수단 그 자체, 또는 거대한 쇼핑센터, 그리고 지구상의 난민을 몰아넣은 임시 난민수용소"[49] 등 특정한 장소를 지칭하지만, 그 진정한 함의는 사건 · 공간 · 개인화의 과잉으로 야기된 초근대적 공간[50]에서 비장소가 빠른 속도로 확장되고 있다는 데 있다. 그 귀결은 바로 개인들의 상호주관적 관계의 변화이다. 인류학적 장소는 "유기적인 사회성"을 창조하는 반면, 인간들이 서로 익명적 관계만 맺는 경계적 공간인 비장소는 "고독한 계약성"만 창조하기 때문이다.[51] 전통적인 의미의 장소감을 얻기 위해서는 그 장소에 오래 머물러야 하지만,[52] 비장소들로 침식되는 고도 모빌리티 시대의 장소감은 좀 더 일시적이고 불안정한 정동 및 지각들로 침윤되고, 이러한 장소감의 유동화에 따라 개인들의 상호주관적이고 윤리적인 관계도 휘발적이고 익명적이 된다.

우리는 고도 모빌리티 시대의 장소 상실을 포착하는 '무장소성'이라는 개념이 부정적 함의를 사전에 적재하고 있으므로 그보다는 중립적으로 서술되는 '비장소' 개념을 고찰하고자 하였다. 그럼에도 불구하고 비장소들에서는 개인들의 윤리적 관계가 허약해진다는 결론에 이르렀다. 나아가 "공간은 본질적으로 힘과 상징으로 가득한, 지배

옮김, 심산, 2010, 25쪽.
49 마르크 오제, 《비장소》, 48쪽.
50 마르크 오제, 《비장소》, 131쪽.
51 마르크 오제, 《비장소》, 115쪽.
52 이-푸 투안, 《공간과 장소》, 293쪽.

와 복종, 연대와 협력 관계의 복잡한 연결망"임을 잊어서는 안 된다.[53] 따라서 이러한 관점에서 "권력의 기하학power-geometry은 무엇보다 흐름과 이동에 대한 권력의 문제를 제기"한다.[54]

가령 떠돌이vagabond와 관광객tourist은 "타인의 공간을 가로질러 이동하고, 물리적 가까움과 도덕적 가까움을 분리하며, 행복의 기준을 스스로 설정"하는 모빌리티를 수행한다는 면에서는 비슷하게 보이더라도, '모빌리티 권력'이라는 면에서는 극과 극이다. 떠돌이가 "행선지 없는 순례자이고 여정 없는 유목민"이라면, 관광객은 "자유를 위해 돈을 내고, 모국의 관심과 감정을 무시할 권리와 나름의 의미의 거미줄을 칠 권리를 위해 돈을 낸다."[55] 따라서 이들은 동일한 고도 모빌리티 시대를 살고 있는 듯하지만, 이들의 장소감은 서로 극명하게 다를 수밖에 없다.

나아가 고도 모빌리티 시대의 장소감을 숙고하는 데 있어서 핵심은 현대에는 떠돌이가 일반화된다는 것, 즉 떠돌이가 현대인의 전형이 된다는 것이다. 시몬 베유Simone Weil는 인간 영혼의 가장 중요한 필요인 뿌리내림이 "장소에 의해 저절로 일어나는" 공동체에의 참여 덕

---

53 도린 매시, 《공간, 장소, 젠더》, 478쪽.

54 도린 매시, 《공간, 장소, 젠더》, 267쪽.

55 Zygmunt Bauman, *Postmodern Ethics*, Routledge, 1993, pp. 241-243(존 어리, 《모빌리티》, 김태한 옮김, 앨피, 2022, 68쪽에서 재인용). 한편, 관광객과 같은 자유로운 주체는 고도 모빌리티 시대에 비로소 등장한 것은 아니다. 이른바 '자유주의적 주체'가 그 형성 과정부터 속박과 제약이 없는 모빌리티라는 육체적·물질적 차원에서 구성되며 어떤 사람의 모빌리티 자유는 다른 사람의 모빌리티 통제에 의해 보장된다는 사실에 관한 역사적 연구는 다음을 참조하라. 하가르 코테프, 《이동과 자유 – 자유주의적 통치와 모빌리티의 계보학》, 장용준 옮김, 앨피, 2022, 32~32쪽.

분에 가능하다고 말한다.[56] 그러나 한나 아렌트Hannah Arendt에 따르면 현대의 대중은 뿌리 뽑힘uprootedness과 무용지물superfluousness의 경험, 즉 장소 상실의 경험을 공유한다.

> 외로움은 현대의 대중이 뿌리 뽑혀 불필요하게 된 현상과 밀접하게 연관된다. … 뿌리 뽑혔다는 것은 다른 사람들이 인정하고 보장하는 자리가 이 세상에 없다는 것을 의미한다. 고립이 외로움의 예비 조건이 될 수 있는 것처럼 (반드시 그렇지는 않지만) 뿌리 뽑힘은 무용지물의 예비 조건일 수 있다.[57]

이제 무장소성 혹은 비장소의 확대로 인한 뿌리 뽑힘과 무용지물, 그리고 이와 밀접하게 연관된 외로움이 개인들의 장소감 변화를 넘어서 그들의 상호주관적인 윤리적 관계에 어떠한 영향을 미치는지 살펴보자.

고도 모빌리티 시대의 장소윤리

앞서 서술한 장소와 공간의 이항대립, 나아가 이에 결부된 정주와 이동의 이항대립은 윤리적 관점에서도 이항대립으로 나타난다. 전통적으로 정주는 윤리적인 반면 이동은 그렇지 않다고 받아들여졌다. 사람 · 사물 · 실천 등은 흔히 특정 장소와 긴밀하게 연결되어 있어서

---

56 Simone Weil, *The Need for Roots*, Routledge, 1952, p. 43.
57 한나 아렌트, 《전체주의의 기원 2》, 이진우 · 박미애 옮김, 한길사, 2006, 279쪽.

이러한 연결의 절연은 제자리(장소)를 벗어난 것, 즉 경계 넘기를 저지른 것으로 비난받는다.[58] 나아가 이러한 장소착오anachorism를 저지르고 제자리를 벗어난 것은 오염물로 간주된다.[59] 따라서 이처럼 월경越境의 모빌리티는 모든 질서 파괴와 전복의 근원이다.

이는 '모빌리티'라는 단어의 역사에서도 잘 드러난다. 18세기에 '움직이는 민중the mobile vulgus'을 가리키던 mobility라는 말은 귀족을 뜻하는 nobility와 대비되어 "쉽게 옮겨 다니고 흥분하는 무리들"을 의미했으며, 이후 이 말이 짧아져서 폭민暴民을 뜻하는 mob이 되었다.[60] 근대사회에서 이동하는 자들, 가령 "떠돌이, 부랑자, 난민, 망명자"는 비도덕적이라는 의심을 받았고 "행상, 집시 여행자, 방랑하는 유대인"은 위험 요소였다.[61]

이러한 사고방식에서는 장소의 정주성이 공간의 이동성보다 도덕적으로 우위에 놓인다. 가령 난민의 "고향 상실은 도덕적 행위의 위기"[62]이다. 전술한 것처럼, 장소는 의미와 보살핌의 중심이고 정체성이 구성되는 공간으로서 본질적으로 도덕적인 개념이기 때문이다. 따라서 정주는 의미와 정체성을 형성하는 도덕적 행위로 인식되는 반면, 이동은 끊임없는 불안을 낳고 근원적이고 도덕적이고 진정한 존재인 장소를 위협하는 위험천만한 행동으로 여겨진다.

---

58   팀 크레스웰, 《장소》, 43쪽.
59   팀 크레스웰, 《장소》, 160쪽.
60   팀 크레스웰, 《온 더 무브》, 50쪽.
61   팀 크레스웰, 《온 더 무브》, 63쪽.
62   Liisa Malkki, "National Geographic: The Rooting of Peoples and the Territorialization of National Identity among Scholars and Refugees," *Cultural Anthropology* 7-1, 1992, p. 32(팀 크레스웰, 《온 더 무브》, 64쪽에서 재인용).

이러한 관점은 고도 모빌리티가 공동체 내에서 개인들의 상호작용을 약화한다는 사회과학 연구들에도 다소 다른 의미이기는 하지만 암묵적으로 반영되어 있다. 가령 로버트 퍼트넘Robert David Putnam은 미국 사회에서 공동체에 기반한 시민 참여가 퇴조하는 현상을 분석한 저서 《나 홀로 볼링》에서 통근 거리가 멀어지면 지역사회에 대한 참여가 크게 줄어든다고 지적한다. 이처럼 사람들이 빈번하게 이동하거나 거주자 교체율이 높은 공동체는 통합이 어려우므로, 모빌리티는 "시민적 참여, 그리고 공동체에 기반을 둔 사회적 자본을 손상한다."[63]

이와 같이 장소들을 넘나드는 이동은 전통적으로 질서를 파괴한다는 의혹뿐 아니라 공동체의 통합을 저해한다는 우려도 받아 왔다. 물론 이 중에서 후자의 우려는 근거가 없지 않아 보인다. 개인들의 상호주관적 관계가 장소를 구성하며 이것은 바로 공동체에서 타자에 대한 '응답 능력response-ability'으로서 책임responsibility의 감각에서 말미암기 때문이다.[64] 자신과 타자에 대한 책임을 오롯이 인식하고 받아들이는 것은 실존의 한 형태로서의 진정성을 구성하며, 이 진정성은 장소

---

63 로버트 D. 퍼트넘, 《나 홀로 볼링-사회적 커뮤니티의 붕괴와 소생》, 정승현 옮김, 페이퍼로드, 2016, 340쪽. 존 어리는 근접성에 기반하는 퍼트넘의 사회 자본social capital 개념의 한계를 지적하면서 모빌리티가 생산하는 네트워크 자본network capital 개념을 주창한다(존 어리, 《모빌리티》, 329~333쪽). 한편, 모빌리티 증대로 인해 네트워크 자본의 중요성이 커지면서 사회적 불평등도 심화될 것이라는 우려에 대해서는 다음을 참조하라. 이상봉, 〈모빌리티의 공간정치학: 장소의 재인식과 사회관계의 재구성〉, 《모빌리티 사유의 전개》, 앨피, 2019, 65쪽.

64 James Buchanan, "The Proximate and the Distant: Place and Response-Ability," *Philosophies of Place: An Intercultural Conversation*, Eds. Peter D. Hershock and Roger T. Ames. Honolulu: U of Hawaii P, 2019, p. 91.

들을 경험하는 데 있어서 다양한 강도로 나타난다.[65] 진정성 있는 장소는 개인들이 서로 유대를 느끼는 중심이자 서로를 보살피고 서로에게 관심을 기울이는 장이므로,[66] "장소에 자리 잡는 인류의 특성을 명확히 설명하지 않고는 윤리에 진정한 내용을 부여할 수 없다."[67]

앞서 장소를 구성하는 핵심적 특징인 위치, 로케일, 장소감 중에서 장소의 의미를 생산하는 것은 바로 장소감이라고 서술한 바 있다. 장소를 구성하는 데에는 위치나 로케일 같은 장소의 물리적 환경도 중요하지만, 장소란 종국적으로 장소감에 의해 구성된다. 나아가 장소를 만드는 장소감은 개인적인 정동의 문제에 그치는 것이 아니라 공동체적 윤리의 문제로 이어진다. 장소란 "본질적으로 그 지역에 사는 사람들이고, 장소의 외관이나 경관은 상대적으로 덜 중요한 배경에 지나지 않는다."[68]

이런 의미에서 장소는 공동체의 기초이자 윤리의 탄생지라고 할 수 있다. 물론 의무론이나 공리주의를 포함하여 서구의 근대를 지배해 온 윤리 이론들은 가령 "네 의지의 준칙(격률)이 언제나 동시에 보편적 입법의 원리가 될 수 있도록 행위하라"든지, "최대 다수의 최대 행복"이든지, 어떤 추상적인 윤리 법칙이나 원리를 우선 상정하고 이들을 구체적 상황에서 구현하는 것을 윤리의 기능으로 간주한다. 그러나 서구에서 윤리ethics라는 말의 어원인 에토스ethos는 원래 '거주하는 장소'를 뜻하고, 나아가 어떤 특수한 민족이나 사회가 공유하는 관

---

65   에드워드 렐프, 《장소와 장소상실》, 172~173쪽.
66   에드워드 렐프, 《장소와 장소상실》, 288쪽.
67   제프 말파스, 《장소와 경험-철학적 지형학》, 6쪽.
68   에드워드 렐프, 《장소와 장소상실》, 85~86쪽.

습을 의미했다.[69] 윤리는 어떤 공동의 장소에서 공유하는 어떤 것이다. 다시 말해, 공동체에서 윤리가 성립되기 위해서는 함께 엮임 bonding together이 필요하고 어떤 의례를 실행할 특정 장소가 필요한 것이다.[70]

그렇다면 무장소성 혹은 비장소가 점점 확대되는 고도 모빌리티 시대라고 해도 인간 삶에 있어서 장소의 중요성은 부인하기 어렵다. 삶의 기반이 되는 장소들이 점차 동요하더라도 인간이 몸을 지닌 존재인 한 인간의 경험은 어떤 장소에서 이루어진다. 나아가 인간의 몸이야말로 "가차 없는 장소",[71] 즉 "욕망과 취약성의 장소, 자기주장이 강한 동시에 외부 요인에 노출된, 공공성의 장소"[72]이다. 인간은 체화된embodied 존재로서 언제나 환경에 착근된embedded 존재이자 장소화된emplaced 존재이다.[73] 따라서 "장소를 통한 신체적 장소 잡기"로 인하여, 고도 모빌리티 시대에도 장소는 "인간 삶의 거대한 안정화 요소"[74]이다. 모빌리티가 장소를 이해하는 중요한 요소라고 하더라도, 모빌리티가 반드시 장소감을 배제하지는 않는 것이다.

이러한 문제를 포착하기 위해 믹 스미스Mick Smith가 제기한 '장소윤

---

69 에드워드 케이시, 《장소의 운명》, 박성관 옮김, 에코리브르, 2016, 23쪽.

70 에드워드 케이시, 《장소의 운명》, 23쪽.

71 미셸 푸코, 《헤테로토피아》, 이상길 옮김, 문학과지성사, 2016, 28쪽.

72 주디스 버틀러, 《위태로운 삶 - 애도의 힘과 폭력》, 윤조원 옮김, 필로소픽, 2018, 47쪽.

73 체화가 어떻게 장소화의 전제인가에 대한 현상학(후설, 메를로-퐁티)의 논의에 대해서는 다음을 참조하라. 에드워드 케이시, 《장소의 운명》, 460~469쪽; 김상호, 〈미디어와 공간, 그리고 장소의 문제〉, 《모빌리티 시대 기술과 인간의 공진화》, 앨피, 2020, 205~242쪽. 또한 "일상적 삶에서의 신체적 실천과 모빌리티의 역할"에 관해서는 다음을 참조하라. 피터 애디, 《모빌리티 이론》, 최일만 옮김, 앨피, 2019, 279쪽.

74 데이비드 시먼, 《삶은 장소에서 일어난다》, 367쪽.

리' 개념의 의미를 확장할 필요가 있다. 종래에 이 개념은 "급진적인 환경윤리의 에토스"를 확립하기 위해 "지역성과 맥락의 중요성"을 인지하고 "자연과 가까운 삶이 가진 가치"를 추구하기 위해 제기되었다.[75] 그러나 환경윤리의 범위를 포괄하되 그보다 일반적 의미의 윤리에서 이 개념을 활용할 수도 있다. 이런 의미에서의 장소윤리는 현상학자 제프 말파스Jeff Malpas가 언급하듯이 "지역적인 것, 특수한 것, 독특한 것, 그리고 구체적인 것에 주목하는 윤리"[76]이다. '장소'는 바로 이러한 '지역적인 것, 특수한 것, 독특한 것, 그리고 구체적인 것'을 지시하는 개념이기 때문이다.

따라서 "진정한 장소감 없이는 윤리는 불가능하다."[77] 다만 문제는 '진정한 장소감'이 전통적 의미의 장소감이어야 하는가라는 것이다. 앞서 서술한 것처럼 윤리가 인간의 상호주관적 존재의 필수불가결한 조건이라면, 현대의 고도 모빌리티 세계에서도 최소한의 장소윤리는 필요할 것이다. 아렌트의 통찰과 같이, 개인들은 세계 안에서 어떤 장소를 가져야만 인간답게 살 수 있다. 특히 정치적 행위를 통해 사적 세계에서 벗어나 상호주관적인 정치 공간에 들어설 때 인간다운 삶이 가능하다.[78] 그러나 개인들이 공존하기 위한 필수적 전제 조건으로

---

75 Mick Smith, *An Ethics of Place: Radical Ecology, Postmodernity, and Social Theory*, State University of New York Press, 2001, p. 20(양경언, 〈신동엽 시에 나타난 장소의 윤리 연구〉, 《문학과 환경》 21(3), 2022, 119쪽에서 재인용).

76 Jeff Malpas, "Is There an Ethics of Place?," *Localities* 2, 2012, p. 17.

77 Jeff Malpas, "Is There an Ethics of Place?," p. 28.

78 이러한 아렌트의 장소 개념과 인본주의 지리학의 장소 개념의 유사성과 차이에 대해서는 다음을 참조하라. 양창아, 〈한나 아렌트의 장소론: 공적 영역과 평의회 체제에 대한 사유의 재해석〉, 《코기토》 76, 2014, 198~237쪽.

서의 장소감과 장소윤리는 반드시 정주의 정동이자 정주의 도덕이어야 하는 것은 아니다. 그러므로 고도 모빌리티 시대에 장소감과 장소윤리를 재개념화하기 위해서는 이제까지의 논의를 규정하는 온갖 이항대립, 즉 이동/정주, 공간/장소, 글로벌/로컬 등의 이항대립을 벗어나는 새로운 경로를 모색해야 할 것이다. 이와 관련하여 이제 도린 매시Doreen Massey의 이른바 '지구적 장소감' 개념을 고찰하고, 이를 기반으로 '지구적 장소윤리'의 가능성을 모색하고자 한다.

지구적 장소감과 지구적 장소윤리

먼저 지구적 장소감 개념이 나타나는 배경을 이해하기 위하여 데이비드 하비David Harvey와 매시의 논쟁에 주목할 필요가 있다. 하비는 공간에 반대하고 장소를 옹호하는 경향이 나타나고 있다고 진단하면서 이를 반동적이고 배제적인 장소의 정치politics of place라고 비판한다. 하비는 특히 장소 마케팅과 사회운동의 장소를 분석하면서 장소는 자본축적의 도구가 되거나 연대 결집의 걸림돌이 될 수 있다고 우려한다.[79]

이에 응답하면서 매시는 장소 자체를 좀 더 진보적으로 재정의하는 길을 모색한다. 앞서 언급한 "모든 것이 움직인다면 여기는 어디인가"라는 매시의 물음은 이동의 편재遍在 속에서 장소란 무엇인가라는 물음과 다름없다. 이 물음에 대한 매시의 대답은 어떤 장소를 그 장소

---

79 황진태, 〈장소성을 둘러싼 본질주의와 반본질주의적 이분법을 넘어서기: 하비와 매시의 논쟁을 중심으로〉, 《지리교육논집》 55, 2011, 60쪽.

너머의 다른 장소들과 연결함으로써 진보적 장소감인 지구적 장소감을 생성해야 한다는 것이다.[80]

'새 모빌리티 패러다임'의 관점에서 장소를 규정하는 존 어리John Urry에 따르면, "장소의 경제적·정치적·문화적 생산은 사람의 다양한 모빌리티로, 나아가 자본·사물·기호·정보의 다양한 모빌리티로 일어"나는데, "이런 것들은 빠르지만 불균등한 속도로 수많은 경계를 가로질러 움직이며, 단지 우발적으로만 스펙터클의 안정적 장소를 형성한다."[81] 따라서 장소는 본질적으로 외부와 내부의 끊임없는 물질 대사를 통해 구성되는 것인데, 지구적 장소감은 바로 장소 외부의 지구화의 영향과 장소 내부의 역사성의 접합에 다름 아니다. 따라서 이 개념은 장소가 단지 그것에 고유한 특성이나 경계에 입각하여 정의되는 것이 아니라 지구적 차원의 사회적 관계에 의해 구성된다는 것을 강조하며 배타적이지 않고 개방적인 장소 만들기를 역설한다.

전술한 것처럼, 물론 고도 모빌리티 시대에도 특정 장소에서의 경험은 대다수 사람의 삶에서 여전히 중요하다. 그러나 모빌리티와 장소가 반드시 서로를 배제하지는 않는다는 것은 모빌리티의 순환적 반복을 통해 장소를 만드는 유목민의 사례에서도 잘 나타난다.[82] 그러므로 이런 윤리적 환경의 변화에 적합한 장소감은 "안락하고 익숙한 어떤 것의 감각"이 아니라 "세계에서 자신의 불안하고 깨지기 쉬운 위치함의 감각, 그리고 이에 대해 책임을 가져야 한다는 감각이다."[83]

---

80 도린 매시, 《공간, 장소, 젠더》, 281쪽.
81 존 어리, 《모빌리티》, 440쪽.
82 피터 애디, 《모빌리티 이론》, 160쪽.
83 Jeff Malpas, "Is There an Ethics of Place?," p. 28.

그러므로 고도 모빌리티라는 현대적 환경에서는 장소윤리에 있어 장소감의 중요성과 장소감의 재개념화 필요성을 동시에 염두에 두어야 한다. 먼저 우리는 장소감, 즉 "독특한 공동체, 경관, 도덕질서로서의 장소와의 동일시"[84]가 여전히 중요하다는 사실을 염두에 두어야 한다. "우리의 장소애착 및 장소감은 장소, 인간, 환경, 그 안의 사물들의 특수성과 '독특성'에 우리가 구체적으로 참여하는 데 기초"하며, "참된 장소윤리"는 바로 여기에 토대를 둔다.[85]

그러나 이와 동시에 좀 더 이동적인 삶의 형식에 있어서 장소감을 재개념화해야 하비가 우려하는 반동적이고 배제적인 장소의 정치를 혁파할 수 있다. 여기에서 말파스의 걱정은 유념할 만하다. "장소에 대한 우리 자신의 관계를 주장함으로써, 그리고 이때 우리 자신의 정체성이 이 관계에 의해 규정된다고 봄으로써, 우리는 또한 바로 그 장소로부터 타자를 배제한다. 왜냐하면 타자는 '이 장소'의 존재가 아님에 의해 타자이기 때문이다."[86]

따라서 우리는 근본적으로 정주적 형이상학sedentary metaphysics[87]을 극복해야 한다. 경계가 있고 진정성이 있는 장소, 지역, 국가를 인간 경험의 근본적 기초로 설정하는 이러한 사고는 하이데거 현상학의 거주wohnen와 건축bauen 개념을 참조한다. 하이데거에게 "거주함이란 죽

---

84   John A. Agnew, "Place and Politics," p. 327.

85   Jeff Malpas, "Is There an Ethics of Place?," p. 27.

86   Jeff Malpas, "Is There an Ethics of Place?," p. 11.

87   Liisa Malkki, "National Geographic," pp. 24~44. 물론 정주와 이동, 나아가 정주적 형이상학과 이동적 형이상학이 서로 경쟁적이라기보다는 서로의 선결 조건으로서 상호보완적이라는 주장에 대해서는 다음을 참조하라. 하가르 코테프,《이동과 자유》, 43~44쪽.

을 자들이 이 땅 위에 존재하는 방식"이고 "건축함은 본래 거주함"이다.[88] 하이데거는 다리를 건축된 사물Ding의 사례로 들어, 그것이 "땅과 하늘 그리고 신적인 것들과 죽을 자들을 자기 곁〔가까이〕에 결집하며 모아들인다versammeln"고 말한다.[89] 전술한 바와 같이 장소가 '모음'이라면 다리와 같이 건축된 사물도 바로 장소와 다름없을 것이다. 이러한 관점에서는 인간은 본질적으로 집을 짓고 한 곳에 머물러 살아야 하는 존재이다.

그러나 장소를 재개념화하기 위해서는 하이데거의 통찰이 지닌 핵심, 즉 인간이 장소-내-존재라는 통찰을 수용하되 본질주의를 벗어나는 방식으로 수용해야 한다. "장소에 대한 현상학적 접근"이 "특정 장소의 고유한 특성에 특별히 관심을 갖지 않으며, 특정 장소의 구성에 관여하는 사회적 힘의 종류에도 별로 관심을 갖지 않는다"[90]는 팀 크레스웰의 비판적 논평을 생산적으로 극복하기 위해서는 두 가지에 유의하여야 한다. 첫째, 우리는 본질에는 다양한 층위가 있다는 점에 주목하여 다층적으로 접근해야 한다. 가령 장소 일반의 보편적 본질이 있는가 하면, 특정 유형 장소의 특수한 본질도 있고, 나아가 특정 개체로서 바로 이 장소의 개체적 본질 혹은 독특한 본질도 있는 것이다. 둘째, 새로운 장소의 현상학에서는 장소의 다층적인 본질들을 탐구하면서도 이러한 본질들이 절대적이고 항구적으로 고정되어 있다고 여기지 않는다. 이러한 본질들은 오히려 상호주관적으로 구성되는

---

88 마르틴 하이데거, 〈건축함 거주함 사유함〉, 《강연과 논문》, 이기상 · 신상희 · 박찬국 옮김, 이학사, 2015, 189쪽.
89 마르틴 하이데거, 〈건축함 거주함 사유함〉, 196쪽.
90 팀 크레스웰, 《장소》, 82쪽.

것으로서 언제나 수정 및 변화에 열려 있다. 따라서 새로운 장소의 현상학은 새로운 형태의 장소들에 대해서도 좀 더 유연한 관점을 취할 수 있어야 한다.

이는 지구적 장소감이라는 매시의 개념을 이해할 터를 제공한다. 매시는 장소에 대한 반동적 생각을 두 가지로 정리한다. 첫째는 장소가 하나의 본질적 정체성을 가지고 있다는 생각이 그것이고, 둘째는 장소감이 내부적으로 구성될 수 있다는 생각이 그것이다. 따라서 그에게 "문제는 반동적이지 않으면서도 어떻게 지리적 차이와 특수성, 심지어 뿌리내림이라는 인식을 고수할 수 있을까"이다.[91]

그런데 '여기'라는 장소는 "단지 우리의 만남으로 구성되어 있고 그런 만남 자체이지, 그 이상도 그 이하도 아니다."[92] "장소는 끊임없이 변동하는 궤적들의 묶음으로서 우리의 '함께 내던져져 있음throwntogetherness'에 대해 질문을 던진다."[93] 이것이 바로 매시가 말하는 "장소라는 사건의 정치"[94]이다. "사건으로서의 장소는 궤적들의 임시적 집합이기 때문에 교섭을 요구"하며, 이처럼 "필연적으로 교섭되고, 때로는 적대감 때문에 찢겨지며, 항상 불균등한 사회관계들의 작용을 통해 윤곽을 형성"[95]하기 때문이다. 따라서 장소는 동질적이지 않고, 그 속에서 장

91 도린 매시, 《공간, 장소, 젠더》, 273쪽.

92 도린 매시, 《공간을 위하여》, 266쪽.

93 도린 매시, 《공간을 위하여》, 284쪽. 매시의 이 개념은 하이데거의 "던져져 있음Geworfen‐sein"으로부터의 영향관계, 혹은 적어도 친연관계를 드러낸다. 하이데거의 이 개념에 대한 공간적 해석은 다음을 참조하라. 오토 프리드리히 볼노, 《인간과 공간》, 이기숙 옮김, 에코리브르, 2011, 356~357쪽.

94 도린 매시, 《공간을 위하여》, 281쪽.

95 도린 매시, 《공간을 위하여》, 288쪽.

소감도 각각 이질적이다.[96]

장소가 과정임, 외부에 의해 정의됨, 다수의 정체성과 역사를 가짐, 상호작용에 의해 정의됨 등으로 규정된다면,[97] 이에 상응하여 장소윤리도 고정된 것이 아니라 하나의 과정이고, 그 안에 제한된 것이 아니라 외부에 의해 정의되며, 단일한 정체성과 역사가 아니라 이질적인 다수의 정체성과 역사를 지니고, 내부와 외부의 끊임없는 상호작용으로 규정될 수 있을 것이다. 이러한 관점을 굳건히 고수할 때 비로소 이동성의 세계 속에서 지구적 장소감에 기초한 지구적 장소윤리를 정초하는 것이 가능할 것이다.[98]

고도 모빌리티 시대, 취약성의 장소윤리

고도 모빌리티 시대에 인간의 상호주관적 관계는 단지 "면대면 사회적 상호작용"을 통해서만 이루어지는 것이 아니라, "사람이나 장소와의 다양한 연결에 의지하는 상상된 현전imagined presence"을 통해서도 이루어진다. 이는 "사물, 사람, 관념, 이미지를 다양한 거리만큼 이동

96　매시는 광산촌 여성의 장소감이 남성의 그것과 다르다는 사례를 든다. 도린 매시,《공간, 장소, 젠더》, 277쪽.

97　팀 크레스웰,《장소》, 113~114쪽.

98　외국인노동자의 장소 만들기 사례에 대해서는 다음을 참조하라. 팀 크레스웰,《장소》, 127~128쪽. 이런 관점에서 김현은 "통치의 공간에서 정치의 장소로" 관점을 이동해야 한다고 주장한다. "통치의 경계를 넘나들며, 사회 구성원들의 마주침을 보증하는 유동성"을 지니는 이러한 장소는 "탈정체화된 상호 이질적인 복수적 주체들의 만남을 통해 새로운 사건을 만들어 내는 정치적 움직임 위에 구축된다." 김현, 〈통치의 공간에서 정치의 장소로 – 아파트 공동체 또는 마을 만들기의 가능조건에 대한 이론적 탐색〉,《철학연구》121, 2018, 157~158쪽.

시키는 수많은 이동 및 통신기술" 덕분에 가능하다.[99] 특히 팬데믹으로 인하여 이러한 인식이 갑작스럽게 보편화되었다. 이제 강의, 회의, 업무, 일상생활의 모든 영역에서 비대면 접촉이 기본값이 되었다. 이는 지멜이 목도한 대도시의 삶이 지니는 신경과민과 둔감함과는 또 다른 방식으로 인간 사이의 교유와 접촉을 피상적으로 만들어 장기적으로 윤리의 붕괴를 가져올 것인가, 아니면 새로운 형태의 윤리를 요구하고 가능하게 할 것인가?

이제까지 우리는 고도 모빌리티 시대 '장소의 운명'에 대해 고찰하였다. 특히 장소감과 이에 기반한 장소윤리를 화두로 하여 후기 근대의 유동적 세계에서 전통적 의미의 '진정한 장소'는 여전히 가능한가라는 물음에서 논의를 시작하였다. 우리는 현상학 및 인본주의 지리학의 사유를 검토하면서 장소는 (여전히) 인간의 조건으로 중요하지만 고도 모빌리티 시대에 적합하게 재개념화되어야 할 필요성을 발견하였다.

인간은 여전히 체화된 존재로서 환경에 착근되고 장소화된 존재이므로 장소감은 인간의 상호주관적인 윤리적 삶, 즉 장소윤리에 여전히 중요하다. 그러나 다른 한편 이 시대의 장소감은 전통적 의미의 장소감으로 환원할 수 없는 특징들, 고도 모빌리티 시대의 유동적 삶의 형식에서 기인하는 특징들을 지닌다.

따라서 우리는 도린 매시의 지구적 장소감이라는 유망한 개념을

---

99 존 어리, 《모빌리티》, 91~92쪽. 텔레비전을 비롯한 전자 미디어가 사회관계에 있어서 물리적 현존의 중요성을 감소시킴으로써 장소감을 변화시켜 온 방식에 대한 풍부하고 세밀한 분석은 다음을 참조하라. 조슈아 메이로위츠, 《장소감의 상실 1-전자 미디어가 사회적 행동에 미치는 영향》, 김병선 옮김, 커뮤니케이션북스, 2018.

고찰했다. 이 개념은 모빌리티 시대에도 인간의 조건으로서 장소감의 중요성에 주목하면서도 지구화 시대의 새로운 장소감을 잘 보여 주기 때문이다. 지구적 장소감에 기반한 새로운 장소윤리를 지구적 장소윤리라고 명명한다면, 향후 이러한 지구적 장소윤리가 가능할 조건들을 더 면밀하게 탐색해야 할 것이다.

물론 진보적 정치의 형태로 제안된 매시의 지구적 장소감 개념을 지구적 장소윤리로 재구성하기 위해서는 정치와 윤리의 차이를 고려한 세밀한 논의가 필요할 것이다. 이 점에 대해 말파스는 매시의 논의가 지구적 장소감에 기초한 장소윤리에 초점을 맞추기보다는 진보적 정치 내에서 작동하도록 장소를 재구성하는 데 기여한다고 정당하게 지적하고 있다.[100] 그럼에도 불구하고, 우리는 말파스의 비판적 언급과는 달리 지구적 장소감 개념이 단지 "장소의 수사학"에 불과한 것이 아니라 충분히 지구적 장소윤리를 정초할 잠재성을 지닌다고 생각한다. 이를 위해 향후 필요한 것은 정치적 프로젝트로서의 지구적 장소감을 윤리적 재정향으로서의 지구적 장소윤리로 이론화하는 작업일 것이다.

이처럼 타자와의 책임 있는 윤리적 관계를 위해 어떻게 장소를 구성해야 하는가를 고찰하는 것은 부분적으로는 장소윤리의 결여로 야기된 현재의 윤리적 동요를 염려하는 사람들의 미래 과제일 것이다. 이제 고도 모빌리티 시대에 지구적 장소윤리의 가능성을 '취약성 vulnerability' 개념으로 조명하면서 향후 연구의 한 가지 방향을 전망하

---

100   Jeff Malpas, "Is There an Ethics of Place?," pp. 21-22.

고자 한다.

말파스에 따르면, 우리가 장소를 가진다는 것은 바로 우리의 경험 능력의 조건인 동시에 필멸성과 유한성의 근원이다. 우리가 환경과 분리될 수 없다는 것이야말로 허약하고 유한한 존재로서 우리 실존을 증거한다.[101] 이것은 "삶의 피할 수 없는 특성이자 인간 경험의 근본 구조"인 "존재론적 취약성ontological vulnerability", 즉 "피할 수 없는 수용성, 개방성, 그리고 감응을 주고받는 능력"이다.[102]

다른 한편, 유동적이고 불안한 액체 현대, 혹은 고도 모빌리티 시대에는 사회적 세계에서 일어나는 다양한 "상황적 취약성들situational vulnerabilities", 즉 "인종 · 계급 · 젠더 · 섹슈얼리티 · 장애 · 국적 등"의 사회적 차이들로 흔히 일어나는 "심리적/감정적 · 신체적 · 경제적 · 정치적 · 법적 취약성들"이 더욱 두드러지게 나타난다.[103]

이처럼 인간의 본질적 조건으로서의 장소가 드러내는 존재론적 취약성, 그리고 고도 모빌리티 시대의 무장소성 혹은 비장소의 확대로 더욱 심각해지는 상황적 취약성들은 바로 이러한 취약성에 기반하여 공동체를 세울 가능성[104]을 다시 상상하게 한다. 주디스 버틀러Judith Butler에 따르면 취약성, 특히 폭력의 가능성에 노출되어 있음은 우리 몸의 사회적 취약성이 우리를 정치적으로 구성한다는 의미이다. 따라서 "상실과 취약성은 우리가 사회적으로 구성된 몸들이라는 사실에

---

101 제프 말파스, 《장소와 경험 – 철학적 지형학》, 248~249쪽.

102 Erinn Gilson, *The Ethics of Vulnerability: a Feminist Analysis of Social Life and Practice*, Routledge, 2014, p. 37.

103 Erinn Gilson, *The Ethics of Vulnerability*, p. 37.

104 주디스 버틀러, 《위태로운 삶》, 48쪽.

서 유래"한다.[105] 우리가 겪는 폭력에서 타인을 보호한다는 원칙은 바로 "인간 공통의 취약성에 대한 이해"로부터 나오며, 이는 "서로의 물리적 삶에 대한 집단적 책임감으로 되돌아가는 것"이기 때문이다.[106] 그리고 이것은 "무연無緣한 개인들이 서로의 배제 경험을 이야기하며 고통에 대한 공통감각을 기르는 공적 서사의 장소를 생의 영역 곳곳에 배치하는 실천"[107]에 다름 아닐 것이다. 고도 모빌리티 시대의 주체들은 익명적이며 복수적이지만, "각자, 그리고 함께할 수 있는 삶의 의제들을 중심으로" 이런 주체들이 일시적으로 결집하고 해체하기를 반복하는 것이야말로 새로운 장소윤리에 기초한 유동적 공동체를 상상하는 데 있어 중요한 것이다.[108]

---

105 주디스 버틀러, 《위태로운 삶》, 47쪽.
106 주디스 버틀러, 《위태로운 삶》, 60~61쪽.
107 한길석, 〈떠도는 자들을 위한 장소〉, 《모빌리티 존재에서 가치로》, 앨피, 2021, 126쪽.
108 김현, 〈통치의 공간에서 정치의 장소로〉, 172쪽. 한편 최근 사회운동에서 활발해지고 있는 이른바 친화성 정치affinity politics는 이러한 진보적 장소감이 유동적 공동체를 생성할 하나의 가능성을 보여 준다. 장소의 현상학에 기초한 "개방적 장소감open sense of place"이 "인간 및 비인간 타자들과의 조우", "경이와 연민", 그리고 "상호 조력의 실천"을 통해 이루어지는 친화성 정치와 맺는 관계에 대해서는 다음을 참조하라. Soren C. Larsen, Jay T. Johnson, "Toward an Open Sense of Place: Phenomenology, Affinity, and the Question of Being," *Annals of the Association of American Geographers* 102(3), 2012, p. 633.

참고문헌

게오르그 짐멜, 〈대도시와 정신적 삶〉, 《짐멜의 모더니티 읽기》, 김덕영 · 윤미애 옮김, 새물결, 2005, 35~53쪽.

김상호, 〈미디어와 공간, 그리고 장소의 문제〉, 《모빌리티 시대 기술과 인간의 공진화》, 앨피, 2020, 205~242쪽.

데이비드 시먼, 《삶은 장소에서 일어난다: 현상학, 생활세계, 장소 만들기》, 최일만 옮김, 앨피, 2020.

도린 매시, 《공간, 장소, 젠더》, 정현주 옮김, 서울대학교출판문화원, 2015.

_____, 《공간을 위하여》, 박경환 · 이영민 · 이용균 옮김, 심산, 2016.

로버트 D. 퍼트넘, 《나 홀로 볼링 - 사회적 커뮤니티의 붕괴와 소생》, 정승현 옮김, 페이퍼로드, 2016.

마르크 오제, 《비장소 - 초근대성의 인류학 입문》, 이윤영 · 이상길 옮김, 아카넷, 2017.

마르틴 하이데거, 《언어로의 도상에서》, 신상희 옮김, 나남출판, 2012.

_____, 〈건축함 거주함 사유함〉, 《강연과 논문》, 이기상 · 신상희 · 박찬국 옮김, 이학사, 2015, 183~209쪽.

미미 셸러, 《모빌리티 정의》, 최영석 옮김, 앨피, 2019.

미셸 푸코, 《헤테로토피아》, 이상길 옮김, 문학과 지성사, 2016.

에드워드 렐프, 《장소와 장소상실》, 김덕현 · 김현주 · 심승희 옮김, 논형, 2005.

에드워드 케이시, 《장소의 운명》, 박성관 옮김, 에코리브르, 2016.

오토 프리드리히 볼노, 《인간과 공간》, 이기숙 옮김, 에코리브르, 2011.

요시하라 나오키, 《모빌리티와 장소 - 글로벌화와 도시공간의 전환》, 이상봉 · 신나경 옮김, 심산, 2010.

이상길, 〈옮긴이 해제 - 따로 또 같이, 비장소에서 살아가기〉, 마르크 오제, 《비장소 - 초근대성의 인류학 입문》, 이윤영 · 이상길 옮김, 아카넷, 2017, 172~208쪽.

이상봉, 〈모빌리티의 공간정치학: 장소의 재인식과 사회관계의 재구성〉, 《모빌리티 사유의 전개》, 앨피, 2019, 31~71쪽.

이-푸 투안, 《공간과 장소》, 구동회 · 심승희 옮김, 대윤, 1999.

_____, 《토포필리아: 환경, 지각, 태도, 가치의 연구》, 이옥진 옮김, 에코리브르,

2011.

제프 말파스, 《장소와 경험 - 철학적 지형학》, 김지혜 옮김, 에코리브르, 2014.

조슈아 메이로위츠, 《장소감의 상실 1 - 전자 미디어가 사회적 행동에 미치는 영향》, 김병선 옮김, 커뮤니케이션북스, 2018.

존 어리, 《모빌리티》, 김태희 옮김, 앨피, 2022.

주디스 버틀러, 《위태로운 삶 - 애도의 힘과 폭력》, 윤조원 옮김, 필로소픽, 2018.

지그문트 바우만, 《액체 현대》, 이일수 옮김, 필로소픽, 2022.

토머스 네일, 《존재와 운동》, 최일만 옮김, 앨피, 2021.

팀 크레스웰, 《장소》, 심승희 옮김, 시그마프레스, 2012.

_____, 《온 더 무브 - 모빌리티의 사회사》, 최영석 옮김, 앨피, 2021.

피터 애디, 《모빌리티 이론》, 최일만 옮김, 앨피, 2019.

하가르 코테프, 《이동과 자유 - 자유주의적 통치와 모빌리티의 계보학》, 장용준 옮김, 앨피, 2022.

하르트무트 로자, 《소외와 가속》, 김태희 옮김, 앨피, 2020.

한길석, 〈떠도는 자들을 위한 장소〉, 《모빌리티 존재에서 가치로》, 앨피, 2021, 123~146쪽.

한나 아렌트, 《전체주의의 기원 2》, 이진우 · 박미애 옮김, 한길사, 2006.

김성환, 〈공간에서 다시 장소로: 근현대 공간론의 한 가지 흐름〉, 《철학탐구》 56, 2019, 29~54쪽.

김현, 〈통치의 공간에서 정치의 장소로: 아파트 공동체 또는 마을 만들기의 가능조건에 대한 이론적 탐색〉, 《철학연구》 121, 2018, 149~178쪽.

양경언, 〈신동엽 시에 나타난 장소의 윤리 연구〉, 《문학과 환경》 21(3), 2022, 115~146쪽.

양창아, 〈한나 아렌트의 장소론: 공적 영역과 평의회 체제에 대한 사유의 재해석〉, 《코기토》 76, 2014, 198~237쪽.

이진형, 〈새 모빌리티 패러다임과 모빌리티 텍스트 연구 방법의 모색〉, 《대중서사연구》 24(4), 2018, 377~402쪽.

전동진, 〈존재의 과정적 성격〉, 《대동철학》 1, 1998, 327~341쪽.

황진태, 〈장소성을 둘러싼 본질주의와 반본질주의적 이분법을 넘어서기: 하비와 매시의 논쟁을 중심으로〉, 《지리교육논집》 55, 2011, 55~66쪽.

Edward S. Casey, *Getting Back into Place: Toward a Renewed Understanding of the Place-World*, Indiana University Press, 1993.

_____, "J. E. Malpas's Place and Experience," *Philosophy and Geography* 4-2, 2001, pp. 225-230.

Erinn Gilson, *The Ethics of Vulnerability: a Feminist Analysis of Social Life and Practice*, Routledge, 2014.

Inseop Shin, Jinhyoung Lee, "Introduction: The Humanities in the Age of High Mobility," *Mobility Humanities* 1-1, 2022, pp. 1-5.

James Buchanan, "The Proximate and the Distant: Place and Response-Ability," *Philosophies of Place: An Intercultural Conversation*. Eds. Peter D. Hershock and Roger T. Ames. Honolulu: U of Hawaii P, 2019, pp. 88-103.

Jeff Malpas, *Place and Experience*, Cambridge University Press, 1999.

_____, "Is There an Ethics of Place?," *Localities* 2, 2012, pp. 7-31.

John A. Agnew, "Place and Politics: The Geographical Mediation of State and Society," *Progress in Human Geography* 27-5, 1987, pp. 605-614.

Liisa Malkki, "National Geographic: The Rooting of Peoples and the Territorialization of National Identity among Scholars and Refugees," *Cultural Anthropology* 7-1, 1992, pp. 24-44.

Mick Smith, *An Ethics of Place: Radical Ecology, Postmodernity, and Social Theory*, State University of New York Press, 2001.

Mimi Sheller, John Urry, "The New Mobilities Paradigm," *Environment and planning A* 38-2, 2006, pp. 207-226.

Simone Weil, *The Need for Roots*. Routledge, 1952.

Soren C. Larsen, Jay T. Johnson, "Toward an Open Sense of Place: Phenomenology, Affinity, and the Question of Being," *Annals of the Association of American Geographers* 102-3, 2012, pp. 632-646.

Susanne Langer, *Feeling and Form*, Routledge and Kegan Paul, 1953.

Zygmunt Bauman, *Postmodern Ethics*, Routledge, 1993.

모빌리티와 문학윤리비평의 관점에서 본 '명소'
: 《동해도 오십삼차東海道五十三次》의 명소를 중심으로

| 이현영 · 우연희 |

이 글은 《Interdisciplinary Studies of Literature》 제6권 3호(2022.09)에 게재된 원고를 번역, 수정하여 재수록한 것이다.

우키요에浮世繪는 에도 시대에 유행했던 육필화와 목판화 양식을 가리키는 말이다. 원래 '우키요'란 "덧없는 세상, 무상한 세상"이란 의미지만, 근세 초기부터는 당세풍의 향락적이고 호색적인 세계를 지칭하는 말로 변화한다. 초기 육필화로 시작한 우키요에의 소재는 당대 유명한 가부키 배우歌舞伎役者를 비롯해 유녀·스모 선수·도시 풍속·동해도東海道나 후지산富士山 같은 명소의 풍경 등 매우 다양하다. 대표적인 화가인 우타가와 히로시게歌川廣重(1797~1858)는 일본 우키요에의 거장으로 알려져 있다. 히로시게의 우키요에 시리즈인 《동해도 오십삼차東海道五十三次》(1834)는 그에게 명성을 안겨 주었을 뿐만 아니라, 당시 일반 대중들 사이에서 동해도 여행 붐을 불러일으키기도 하였다.《동해도 오십삼차》우키요에 시리즈는 정치적 수도인 에도와 일본의 각 지역을 연결하는 5개의 도로五街道 중 하나인 동해도를 따라 설치된 53개의 숙역宿驛과 출발지, 종착지를 포함한 55개의 풍경화로 구성되어 있다.

"동해도는 히로시게가 평생 마주한 주제로, 엄청난 양의 작품을 탄생시켰다. 현재 관련 시리즈는 20권 이상 남아 있다. ⋯ 같은 역참 마을을 묘사한 동일 작가의 작품임에도 불구하고, 각 시리즈는 완전히 다른 관점·주제·구성·스타일 및 표현 방식을 가지고 있다."[1] 흥미롭게도 그중 첫 번째 작품인 호에이도판保永堂版《동해도 오십삼차》가 30대의 히로시게를 스타덤에 오르게 했지만, 이후에도 히로시게는 여러 각도에서 '동해도'라는 주제를 탐구하는 데 일생을 바쳤다. 20권

---

1 Maeda, Shiori, *UTAGAWA Hiroshige's Fifty-Three Stage on The Tokaido*, Five Editions, Compiled by Miki, Kato-Starr and Starr Tyler. Tokyo: Abe Publishing, 2017, p. 349.

이상의 《동해도 오십삼차》가 출판되면서 '동해도'는 문자 그대로 유명한 장소인 '명소'로서 형성되고 재구성되었다. 이 글의 목적은 《동해도 오십삼차》가 명소로서의 '동해도'에 어떤 영향을 미쳤는지에 대해 모빌리티와 문학윤리학의 관점에서 답하는 데 있다. 여기에는 《동해도 오십삼차》, 우키요에, 명소, 모빌리티, 문학윤리학과 같은 몇 가지 키워드가 포함된다. 우선 이 물음에 답하기 위해 각 키워드가 서로 어떻게 연동되어 있는지 살펴보고자 한다.

명소에 작용하는 세 가지 엔진

명소라는 용어는 《와카대사전和歌大辞典》에 다음과 같이 정의되어 있다.

> 명소名所는 원래 가가쿠歌学 용어로, 상대시대부터 독특한 방식으로 와카和歌로 낭송된 장소를 가리킨다. … 따라서 시적 전통에 기반한 명소라고 하는 장소에 독특한 인상이 부여된다. 이렇게 계승된 이미지는 와카의 여운을 중층적으로 만들고 심화시키는 역할을 한다.[2]

명소는 원래 특정 문학, 문화, 역사 또는 정치적으로 유명한 장소를 가리킨다. 문자 그대로 이름이 널리 알려진 장소를 의미하는 명소는 문학, 역사적 사건, 전설, 민속, 유적지 또는 존재하지 않는 장소와도 연결될 수 있다. 이러한 장소는 인간 사회에 대한 다양한 문학적 언급

---

2   犬養廉 他編, 《和歌大事典》, 明治書院, 1986, p. 960.

을 통해 이름이 붙여진다.

명소는 본질적으로 어떤 장소에 붙는 명성의 한 유형이다. 명소로 간주될 때 그 장소는 유명인과 마찬가지로 일반 사람들의 관심을 끈다. 유명인은 사람을 지칭하는 반면, 명소는 장소를 지칭한다. 유명인이 인간과 인간의 관계를 반영한다면, 명소는 인간과 자연의 관계를 반영한다. 그럼에도 불구하고 명소와 유명인 모두 특정한 명성과 밀접한 관련이 있다. 따라서 자연적으로, 문화적으로, 정치적으로 명소가 어떻게 탄생하게 되는지 유명인에 관한 연구를 통해 살펴볼 수 있다.

유명인이란 널리 알려진 사람이다. 이들은 대중매체의 이미지 메이킹에 의해 생산되는 상품이자 결과물이다. 청중audience들로 하여금 그들의 개인적인 삶뿐만 아니라 공적 생활까지 관심을 갖게 하여 소비가 이루어지도록 특별하고 화려한 방식의 기획과 홍보를 통해 많은 청중들이 그들을 소비하도록 한다.[3]

위 정의에 따르면, 이른바 유명인은 단순히 살아 있는 사람이 아니라 스타, 많은 청중, 대중매체와 관련된 사회적 결과물이다. 이 세 요소는 서로 밀접하게 연결되어 있으며, 스타를 만드는 과정은 이러한 다수의 청중 · 대중매체와 분리될 수 없다. 스타는 대중매체에 의해 생산되고 유통되며, 많은 청중에 의해 소비되는 상품으로 볼 수 있다. 자본주의는 이러한 유명인 매커니즘을 움직이는 근본적인 힘으로 작

---

3 Nayar, Pramod K., *Seeing Stars: Spectacle, Society and Celebrity Culture*, Delhi: SAGE Publications India Pvt. Ltd., 2009, p. 7.

용한다.

유명인과 마찬가지로 명소는 자연적으로 존재하는 물리적인 장소가 아니라 인간과 결코 분리할 수 없는 인위적인 결과물이다. 이름이 널리 알려진 곳이나 유명한 장소를 뜻하는 명소는 대부분 고대로부터 그 아름다움을 인정받은 명승지나 문화경관을 가리킨다. 이러한 장소에 대한 인식은 결코 자발적으로 일어나는 것이 아니며, 오히려 인간 사회의 의도적인 행동의 결과이다.

유명인 연구의 관점에서 볼 때, 명소는 장소·미디어(매체)·인간(청중)의 세 가지 엔진에 의해 움직이는 생태계이다. 세 개의 엔진은 유기적으로 연결되어 있는데, 미디어는 이동하는 인간들 사이에서 움직이지 않는 장소를 홍보하는 열쇠일 뿐 아니라, 인간 문명에서 윤리적 선택을 가르치는 도구이기도 하다. 세 엔진이 명소 뒤에서 유기적으로 작동하는 방식은 문학윤리학비평과 모빌리티인문학 렌즈를 통해 확인할 수 있다. 즉, 모빌리티는 세 엔진의 작동 효율성을 명확히 할 수 있고, 문학윤리학은 세 엔진이 구동하는 본질적인 동력을 설명할 수 있다.

모빌리티 관점에서의 명소

사람과 사물은 공간과 독립적으로 작동하지 않는다. 공간은 단순히 어떤 일이 일어나는 용기가 아니다. 오히려 공간은 사람과 사물을 둘러싸고 사회적 관계를 적극적으로 형성하며 미묘하게 진화하는 맥락과 관습의 층이다.[4]

---

4 Kitchin, Rob and Martin Dodge., *Code/Space: Software and Everyday Life*, Cambridge, Mass:

모빌리티인문학의 관점에서 보면 장소는 이동할 수 없는 반면, 상대적으로 인간은 이동한다. 이동하는 인간은 이동하지 않는 장소와 분리되어 존재할 수 없다. 장소나 공간은 인간에 의해 수동적으로 거주당할 뿐 아니라 인간을 불러들여 이주하게 한다. 어떤 장소가 수많은 사람들을 끌어들여 드나들게 할때, 이 장소는 움직이지 않는 상수에서 움직이는 변수, 즉 명소로 바뀐다. 이러한 명소의 매력은 문학적 맥락, 문화적 전통, 사회적 관습의 층위를 통해 인간의 윤리적 선택을 기반으로 구축된다.

소수의 인간만이 명소에 직접 거주할 수 있고 그곳과 연결되어 있다. 그렇다면 그 외의 사람들은 움직이지 않는 명소와 어떻게 상호작용할 수 있을까? 이럴 때 미디어가 역할을 한다. 미디어는 인간과 명소 사이의 상호작용을 촉진하는 열쇠 역할을 한다. 미디어는 이동할 수 없는 장소를 유통시킬 뿐만 아니라 이동하는 인간들에게 다가가는 역할을 한다. 미디어가 발달할수록 장소는 더 많은 청중과 연결될 수 있고 명소 생태계는 더 빨리 운영될 수도 있다. 이로 인해 장소는 더 유명한 명소로 성장할 수도 있게 된다. 그 대가로 명소가 더 명성을 얻을수록 미디어는 더 빠르게 퍼져 나갈 수 있고, 청중들은 더 쉽게 연결될 수 있다. 이러한 방식으로 미디어는 명소 생태계 내의 역동적인 모빌리티와 직접적으로 연결된다. 모빌리티는 세 엔진이 얼마나 빠르고 효율적으로 작동할 수 있는지를 결정한다.

매스커뮤니케이션에서 미디어는 정보를 기록하거나 전송하는 다

MIT Press, 2011, p. 13.

양한 수단을 가리킨다. 정보는 전송 및 해석을 위해 인쇄 매체와 같은 전통적인 매체 또는 인터넷과 같은 새로운 매체 등 다양한 미디어 장르로 변환될 수 있다. 정보는 단어·기호·영상·이미지·소리 등 다양한 형태로 존재하는데, 각각의 매체에 고유한 형태의 정보가 첨부된다. 오늘날에는 블랙박스 미디어 기계 안에서 정보가 실시간으로 진화하고 있다. 이제 인류는 매스미디어를 통해서 연중무휴 무수한 정보를 생산, 처리, 재처리, 소비, 재소비, 공유, 전송하고 있다. 이러한 정보가 예술적인 방식으로 형성될 때 예술작품이 탄생한다. 또 정보가 문학적인 방식으로 생산될 때 문학은 생명력을 얻는다. 정보가 텍스트의 형태로 출력되면 텍스트가 존재하게 된다. 이러한 의미에서 문학윤리학비평의 텍스트는 미디어의 한 장르로 볼 수 있으며, 문학은 정보의 한 형태로 볼 수 있다.

문학윤리학 측면에서의 명소

니에 전자오聂珍钊에 따르면 텍스트의 개념은 다음과 같다.

본질적으로 텍스트는 의미 있는 문자나 기호를 저장하는 매체를 의미한다. 텍스트 매체는 의미가 담긴 문자나 기호를 저장할 수 있는 모든 도구이다. 일반적으로 텍스트는 뇌 텍스트, 문자 텍스트, 전자(디지털) 텍스트의 세 가지 기본 형식을 갖는다.[5]

---

5 Nie Zhenzhao, *Introduction to Ethical Literary Criticism*, Beijing: Peking UP, 2014, p. 270. 이하 이 글의 모든 번역은 필자에 의함.

텍스트는 문자나 기호로 정보를 전달하는 매체 유형을 의미한다. 텍스트는 미디어 범주에 따라 뇌 텍스트, 문자 텍스트, 전자(디지털) 텍스트의 세 가지 기본 형식으로 나눌 수 있다. 뇌는 문자나 기호를 저장하는 특별한 매체로 취급된다. 뇌 텍스트가 인간의 뇌 안에 있는 반면 문자 텍스트와 전자 텍스트는 인간의 뇌 밖에 존재한다. 뇌 텍스트가 생물학적으로 살아 있는 텍스트를 전달하는 기본적인 매체라면, 문자 및 전자 텍스트는 뇌 텍스트를 출력하는 상대적으로 진보된 매체이다.

핵심 질문으로 돌아가서,《동해도 오십삼차》는 명소로서의 동해도에 어떠한 영향을 미치는가?《동해도 오십삼차》는 일본의 우키요에 장인인 우타가와 히로시게가 동해도 55곳의 대표적인 숙소와 주변 풍경을 그린 판화 작품으로, 시각적 매체에 해당한다. 문학은 주로 구두 언어verbal language로 생산되지만, 구두 언어에 국한되지는 않는다. 인간은 구두 언어 이외의 다양한 텍스트의 영향을 받아 윤리적인 선택을 하는 법을 배운다. 우키요에와 같은 시각적 언어는 구두 언어에 비해 덜 추상적이지만 오히려 더 미묘한 성격을 가진다. 그렇기에 시각적 언어는 구두 언어와 동일한 방식으로 뇌 텍스트를 추출하고 음성으로도 표현될 수 있다. 그렇다면 문학이 구두 매체가 아닌 시각적 매체로 생산될 때, 시각적 문학은 윤리적 선택에 어떤 역할을 하고, 우키요에와 같은 시각적 매체는 명소 생태계에 어떻게 기여하는가?

문학윤리학비평의 관점에서 우키요에는 문자 텍스트written text로 간주될 수 있다. 니에 전자오에 따르면, "문자 텍스트는 쓸 수 있는 모든 자료를 매개체로 사용한다. 일반적인 종이 이외에도 슬레이트, 도자기, 금속과 같이 기호를 쓰거나 인쇄하거나 새길 수 있는 모든 물리적 재료는 텍스트의 매개체가 될 수 있다."[6] 우키요에는 본래 종이에 그려지고 목판을 통해 인쇄된 다채로운 기호의 정교한 조합이다. 기본적으로 우키요에는 다른 형태의 시각예술과 마찬가지로 뇌 텍스트에 저장된 시각적 기호를 추출하고 정제한다. 이런 의미에서 우키요에는 문자 대신 기호를, 구두 언어 대신 시각적 언어를 특징으로 하는 일종의 문자 텍스트 역할을 한다.

문학윤리학비평을 바탕으로 명소는 문명화된 인간에 의한 윤리적 선택의 산물로서 인간과 자연 사이의 윤리적 질서를 나타내는 것으로 볼 수 있다. 윤리적 선택은 문학윤리학비평의 기본 이론으로 작용한다. 인류는 생물학적 선택을 통해 생물학적 인간이 되고 윤리적 선택을 거쳐 도덕적 인간이 된다. 진화가 생물학적 선택을 거치는 방식이라면 교육과 학습은 윤리적 선택의 방식이다. 교육과 학습을 달성하기 위해 문학은 인간이 윤리적인 선택을 하도록 이끄는 교육 도구로 기능한다. 마찬가지로 명소에 관한 문학작품은 인간과 자연 사이의 윤리적 질서를 청중들에게 가르치는 역할을 한다.

문학윤리학의 관점에서 인류는 윤리적 선택에 이바지하기 위해 우키요에와 같은 시각적 문학을 창조한다. 윤리적 선택은 인간이 문학 활동을 하는 궁극적인 목적으로 작용한다. "문학윤리학비평은 문학의 기원과 관련하여 문학이 윤리를 표현하려는 인류의 요구에서 비롯되었다는 점을 강조한다. 그러므로 문학은 윤리의 산물로 여겨진다. 문학윤리학비평은 문학비평의 윤리적 책임을 주장하고, 문학의 교육 기

---

6 Nie Zhenzhao, *Introduction to Ethical Literary Criticism*, p. 271.

능을 강조하며, 문학의 고유한 가치에 역점을 둔다."[7] 문학은 인간과 자아, 인간과 인간, 인간과 사회, 인간과 자연 사이의 윤리적 관계를 드러내기 위해 생산된다. 문학작품에서 특정 장소를 낭송하거나 묘사하거나 반복적으로 언급하면 그곳은 그러한 문학적 언급으로 인해 유명한 명소가 된다. 그러므로 명소는 윤리적 선택을 달성하기 위한 인간의 문학적 활동의 부산물이다. 따라서 윤리적 선택은 명소 생태계를 움직이는 본질적인 힘으로 작용한다.

명소 생태계에서 미디어는 인간과 공간 사이의 네트워킹 시스템 이상의 역할을 하며, 인간과 자연 사이의 윤리적 질서를 정의하는 문학적 도구 역할을 한다. 인류는 인간 사회에서 자기 이익에 가장 적합한 윤리적 질서를 대중화하기 위해 미디어를 다양화해 왔다. 우키요에와 같은 시각적 매체가 명소 생태계에 포함될 때 인간과 자연 공간은 직관적이고 효과적인 방식으로 상호작용할 수 있다. 윤리적 교육과 학습은 실제로 구어적 매체보다 훨씬 더 눈에 보이지 않고 미묘한 방식으로 이루어진다.

명소 뒤의 메커니즘

장소가 명소가 되는 데 있어 핵심은 다수의 사람들이 알아보는 것이다. 문자나 전자 텍스트와 같은 문자 텍스트가 등장하기 전에 인류는 물리적, 공간적인 방식으로 자연과 상호작용해 왔다. 원시사회의

---

7   Nie Zhenzhao, "Ethical Literary Criticism: Its Fundaments and Terms," *Foreign Literature Studies* 1, 2010, p. 14.

인간은 생물학적 선택에서 살아남기 위해 자연 공간에 물리적으로 살고 변형시킴으로써 자연과 유대를 맺었다. 원시사회의 인간들은 그들이 직접 가 보지 않은 장소와는 유대감을 형성할 수 없었다. 따라서 그들의 공간 인식은 뇌 텍스트에 기록된 물리적 경험으로 엄격하게 제한된다. 니에 전자오가 지적했듯이, "뇌 텍스트는 인간의 뇌에 저장되고 담겨진 텍스트"[8]이다. 선사시대에는 뇌 텍스트 운반자 외에는 누구도 텍스트를 "다운로드"할 수 없어서 구두로만 다른 사람에게 정보를 전달하였다. 따라서 뇌 텍스트의 전송은 뇌 텍스트 전달자와 수신자가 동일한 시공간적 차원, 즉 현실에서 서로 대면한 상태에서 공존하는 조건에서만 발생한다. 더욱이 "나중에 기록된 텍스트에 의해 저장된 소수의 뇌 텍스트를 제외하고 대다수의 문학 뇌 텍스트는 뇌 텍스트 전달자의 죽음과 함께 영원히 망각 속에 묻혀 버렸다."[9] 즉, 뇌 텍스트는 인간 문명에서 독립적으로 널리 전달될 수 없었다. 결과적으로 많은 사람들에게 장소를 알리는 데 뇌 텍스트에만 의존하는 것은 불가능하다. 뇌 텍스트만 사용할 수 있는 선사시대 문명은 명소의 형성을 경험할 수 없었던 것이다.

이후 판도를 바꾸는 문자 텍스트와 전자 텍스트가 등장한다. 둘 다 뇌에 저장되는 초보적인 텍스트에서 진보된 것이다. 미디어 속성에 따르면 뇌 텍스트는 전달자의 사망과 함께 끝날 수 있는 반면, 문자 및 전자 텍스트는 물질 미디어와 함께 영원히 저장될 수 있다. 뇌 텍스트는 직접 정보를 봉인하는 반면, 문자 텍스트와 전자 텍스트는 공

---

8 Nie Zhenzhao, *Introduction to Ethical Literary Criticism*, p. 270.
9 Nie Zhenzhao, *Introduction to Ethical Literary Criticism*, p. 270.

개적으로 정보를 드러낸다. 뇌 텍스트는 정보를 사유화하고 보류하는 반면, 문자 및 전자 텍스트는 정보를 공표하고 전달한다. 움직이지 않는 장소는 문자와 전자 텍스트와 같은 매체를 통해 시간과 공간을 뛰어넘어 많은 사람과 연결될 수 있으며 시간이 지남에 따라 명소로 성장할 수 있다. 문자 및 전자 텍스트는 명소 출현을 위한 전제 조건 중 하나로 볼 수 있다.

그럼에도 불구하고 한 장소가 어떻게 명소가 되는지는 인간이 어떻게 받아들이고 인식하느냐에 달려 있다. 그러한 인지를 만드는 것은 암기 과정과 유사하다. 새로운 것을 암기한다는 것은 새로운 정보를 뇌 텍스트에 입력하는 것, 즉 사람이 가지고 있는 원래의 뇌 텍스트를 바꾸는 것이다. 뇌 텍스트는 "인간의 뇌에 저장된 메모리로 정의된다. 뇌 텍스트는 독특한 생물학적 형태로서 세상에 대한 인간의 지각과 인식을 담고 있다."[10] 기본적으로 뇌 텍스트는 기억의 형태로 존재한다. 외부 세계의 새로운 정보에 노출됨에 따라 인간의 뇌는 정보의 일부만 선별적으로 걸러 내고 간추려 받아들임으로써 생물학적, 윤리적 요구를 충족하는 기억으로 저장한다. 따라서 정보가 들어오고 나갈 때의 뇌 텍스트는 정적인 것이 아니라 동적인 기억(메모리) 데이터베이스가 된다. 뇌 텍스트로 암호화된 기억은 같은 방식으로 새로운 변화에 열려 있다. 새로운 장소를 기억하는 것은 기억 데이터베이스를 업데이트하는 것이다.

뇌 텍스트는 텍스트 전달자를 제외한 다른 인간에게는 보이지 않

---

10 Nie Zhenzhao, "Ethical Literary Criticism: A Basic Theory." *Forum for World Literature Studies* 13(2), 2021, p. 194.

고 이해할 수 없는 살아 있는 기억이기 때문에 인간은 뇌 기억을 해독하고 공유하기 위해 문자 및 전자 텍스트를 생성한다. 이러한 방식으로 인간은 문자 및 전자 텍스트를 통해 "집단적 또는 문화적 기억"을 업데이트하기 위해 개인의 기억을 위탁한다. "지난 10년 동안 '문화적 기억'은 사회가 다양한 매체를 사용하여 과거를 기억하는 복잡한 방식을 설명하는 유용하면서도 포괄적 용어로 등장했다. … 여러 세대에 걸쳐 공유되는 '문화적 기억'은 다양한 매체를 사용하는 공공의 기억 행위의 산물이다."[11] 이런 의미에서 문자와 전자 텍스트는 집단적 또는 문화적 기억을 형성하고 공유하는 매체 역할을 한다.

명소는 여러 수준의 문학적 언급을 포함한다. 관련된 문학작품들은 한 장소의 과거를 기억하기 위한 공적인 노력으로 취급될 수 있다. 명소에 대한 문학적 언급은 장소에 대한 문화적 기억을 형성하기 위해 문자 텍스트와 전자 매체에 의존한다. 일단 한 장소에 대한 문화적 기억이 생기면 대다수의 사람들은 시간과 공간을 초월하여 한 장소를 식별할 수 있다. 그곳은 이후 유명한 장소, 즉 명소로 변한다. 이런 의미에서 명소는 프랑스 역사학자 피에르 노라Pierre Nora가 대중화한 개념인 '기억의 장소Lieu de mémoire'로 볼 수 있다. 기억의 장소는 "공동체의 기념 유산의 상징적인 요소가 된 물질적·비물질적인 중요한 실체를 의미한다. 기억의 장소는 문화가 스스로 결정되는 장소이며, 기록보관소, 박물관, 기념관과 같은 장소, 기념의식으로서의 개념이나

---

11 Erll, Astrid and Ann Rigney, "Literature and the Production of Cultural Memory," *European Journal of English Studies* 10(2), 2006, p. 111.

관례, 엠블럼 또는 매뉴얼과 같은 물건, 그리고 상징을 포함한다."[12] 명소에 관한 문학작품은 장소의 과거를 회생하고 기록하고 구체화함으로써 장소의 문화적 기억을 만들어 낸다.

《동해도 오십삼차》의 명소

아스트리드 얼Astrid Erll과 앤 리니Ann Rigney에 따르면 문학은 문화적 기억의 생산에서 세 가지 역할을 한다. "기억의 매개체로서의 문학, 기억의 대상으로서의 문학, 문화적 기억의 생산을 관찰하는 매개체로서의 문학"[13]이 그것이다. 기억의 매개체로서의 "문학은 과거를 회상함으로써 집단기억을 생산하는 데 도움이 된다." 기억의 대상으로서의 "문학은 오래된 텍스트에 새로운 문화적 생명을 부여하는 상호텍스트적 관계의 형태로 '그 자신의 기억'을 확립한다." 문화적 기억의 생산을 관찰하는 매개체로서 "기억의 행위를 상상해서 표현함으로써 문학은 기억을 관찰 가능하게 만든다."[14] 마찬가지로 명소를 소재로 한 문학작품들은 한 장소의 과거를 회상하고, 옛 문헌에 묻혀 있던 기존의 문화적 기억을 재구성하고, 문화적 기억을 형상화함으로써 한 장소에 대한 다양한 문화적 기억을 생성한다.

시각문학으로서 《동해도 오십삼차》는 동해도에 대한 대중적인 문화적 기억을 기록, 변형, 구체화, 심지어 창조함으로써 독창적으로 동

---

12 Whitehead, Anne, *Memory*, London / New York: Routledge, 2009, p. 161.

13 Erll, Astrid and Ann Rigney, "Literature and the Production of Cultural Memory," p. 112.

14 Erll, Astrid and Ann Rigney, "Literature and the Production of Cultural Memory," pp. 112~113.

해도의 다양한 문화적 기억을 생산한다.

에도 시대(1615~1868)에는 인쇄 매체가 널리 발달하여 장소에 대한 문화적 기억 생성에 선도적인 역할을 하였다. 에도 시대 초기 교토에서는 상업적인 서적을 출판하는 업자들이 등장하는데, 이러한 인쇄 매체의 상업화는 문자 텍스트 번성의 발판이 되었다. 문자 텍스트가 번창함에 따라 자연을 소재로 한 문학작품이 생겨났는데, 이는 명소 출현을 전제로 한 것이다. 예를 들면 "특히 짓펜샤 잇쿠十返舍一九의 코믹소설 《동해도 도보여행東海道中膝栗毛》의 폭발적인 인기는 동해도에 대한 인기로 이어졌다."[15] 1802년에 출판된 《동해도 도보여행》은 히로시게 시대의 베스트셀러가 되었다. 이 코믹소설은 에도를 출발해서 동해도를 따라 이세伊勢 순례를 위해 여행하는 두 명의 인물에 관한 이야기이다. 여행기는 실제로 동해도에 대한 대중적인 문화적 기억을 만들어 낸다. 그 유머러스한 어조는 동해도 주변의 장소를 기억하도록 인간의 뇌를 더욱 자극한다. 또한, 히로시게 시대의 많은 사람들에게 동해도에 대한 대중적인 기억을 만들어 심어 주는 데 성공했다.

영리하게도 히로시게는 《동해도 도보여행》에서 일부 문화적 기억을 빌려 동해도의 집단적 기억을 재구성한다. 즉, 《동해도 도보여행》의 몇몇 시나리오는 《동해도 오십삼차》에서 시각화된다. "주인공인 야지로베弥次郎兵衛와 기타하치北八는 에도 사람들에게 매우 친숙했다. 히로시게의 우키요에 판화에는 야지로베와 기타하치와 같은 남자들이 자주 등장한다."[16] 두 등장인물은 야지弥次와 기타北라고 불렸다. 실

---

15   Maeda, Shiori, *UTAGAWA Hiroshige's Fifty-Three Stage on The Tokaido*, p. 6.

16   Maeda, Shiori, *UTAGAWA Hiroshige's Fifty-Three Stage on The Tokaido*, p. 130.

제로 이 베스트셀러는 그들의 유쾌한 여정을 글로만 설명하는 것이 아니라, 그들이 어떻게 생겼는지 삽화로 생생하게 묘사한다. 이 소설이 유행하면서 야지와 기타는 누구나 아는 이름이 되었을 뿐만 아니라 그들을 그린 삽화(〈그림 1〉)가 에도 사람들 사이에서 빠르게 퍼져 나갔다.

〈그림 1〉 야지로와 기타하치
《동해도 도보여행》

히로시게는 두 명의 유명한 얼굴을 효과적으로 모방하고 소설에 묘사되지 않은 몇 가지 매혹적인 플롯을 시각화한다. 이미 대중적인 집단적 기억을 베스트셀러에서 차용함으로써《동해도 오십삼차》의 시리즈 작품을 대중이 더 쉽게 인식할 수 있게 한다.

예를 들어 소설 속 야지와 기타는 마리코鞠子에서 명물 도로로지루とろろ汁를 맛보지 못한다. 갈은 참마즙에 간을 한 도로로지루는 400년 된 유명한 찻집 초지야丁子屋에서 제공되는 요리다. 1596년에 창업한 초지야는 명물 도로로지루와 더불어 수많은 일본 설화, 하이쿠俳句, 우키요에, 그리고 문장에 기록되어 있다. 그런 의미에서 도로로지루와 초지야는 마리코라는 장소의 문화적 기억의 장소이다. 야지와 기타는 소설 속에서 도로로지루를 먹을 수 없었지만, 히로시게는 다소 상이한 장면을 만들어 내며 이 결핍을 만회한다. 즉, 호에이도판과 교쇼판行書版에 등장하는 야지와 기타는 마리코의 초지야에서 명물 도로로지루를 즐기고 있다. 그럼에도 불구하고 독자(관람자, viewer)들은 도로로지루, 초지야, 그리고 두 등장인물의 공유된 문화적 기억을 통해 마리코라는 장소를 인식할 수 있다. 게다가 야지와 기타는《동해도 오십

〈그림 2〉 가나가와주쿠(호에이도판)   〈그림 3〉 마리코주쿠(호에이도판)   〈그림 4〉 고유슈쿠(호에이도판)

삼차》의 다른 장소에서도 유쾌한 모습으로 등장한다. 호에이도판에
서 독자들은 야지와 기타가 가나가와주쿠神奈川宿(〈그림 2〉), 유이슈쿠由
比宿, 마리코주쿠鞠子宿(〈그림 3〉), 고유슈쿠御油宿(〈그림 4〉)를 여행하는 것
을 볼 수 있다. 야지와 기타는 다른 판본에서는 후타가와주쿠二川宿,
구와나주쿠桑名宿, 욧카이치주쿠四日市宿에도 등장한다. 이러한 흥미로
운 시나리오는 대중적인 집단기억을 각색하여 동해도의 새로운 문화
적 기억을 만들어 내고, 이 문화적 기억은 명소로서 동해도에 대한 문
학적 언급을 새롭게 추가한다.

　다음으로 역사적 암시는 독자로 하여금 이전에 동해도 주변 지역
에서 일어났던 역사적 사건을 회상하도록 한다. 호에이도판에서 오이
소주쿠大磯宿(〈그림 5〉)의 판화에는 도라의 눈물虎ガ淚을 상징하는 도라가
아메虎ヶ雨가 그려져 있다. 도라는 부친의 복수에 성공하고 자살한 소
가노주로스케나리曾我十郎祐成(1172~1193)의 연인이다. 도라는 5월 28일
에 주로의 죽음을 듣고 애통해하며 슬피 울었는데, 사람들은 바로 그
날 내리는 비를 도라의 눈물이라고 부르곤 했다. 이러한 역사적 이미
지는 독자들로 하여금 뇌 텍스트에 코드화되어 저장되어 있던 오래
된 사랑 이야기를 떠올리게 한다. 도라의 눈물을 배경으로 그려진 판

화에서는 짚으로 만든 비옷을 입
은 여행자들이 비를 긋기 위해 해
안 마을로 발걸음을 재촉한다. 이
러한 방식으로 히로시게는 새로운
변수, 즉 새롭게 도착한 여행자에
게 오이소주쿠라는 장소에 깃들어
있던 문학적 언급을 추가한다. 이

〈그림 5〉 오이소주쿠 (호에이도판)

처럼 우키요에는 새로운 문학적 언급을 생성하고, 오이소주쿠라는 장
소에 대한 집단적 기억을 명소로 재구성한 것이다.

또한 일본 고전문학이 시각화되어 동해도의 새로운 문화적 기억으
로 시각화되고 그 형태가 변형되는 모습을 찾아볼 수 있다. 예를 들어
히로시게는 호에이도판, 교쇼판, 레이쇼판隷書版, 다테에판立絵版에 유
명한 '밤에 우는 돌夜泣き石'을 그려 넣어 닛사카日坂를 생생하게 묘사
한다. 이 돌에 관한 전설은 일본의 화가 도리야마 세키엔鳥山石燕(1712~
1788)이 1781년에 출판한《금석백귀습유今昔百鬼拾遺》로부터 유래된 것
으로, 세키엔의 다른 작품들과 함께 일본의 요괴 이미지에 큰 영향을
주었다. 산적에게 살해당한 임산부의 영혼이 깃들어 매일 밤 운다는
'밤에 우는 돌'은 일본의 돌에 관한 전설의 중요한 상징으로 다양한
전설과 얽혀 지역에 따라 달리 나타난다. 그중에서도 닛사카의 사요
노나카야마小夜の中山에 있는 밤에 우는 돌은 가장 널리 알려져 닛사카
의 문화적 기억을 구현하는 역할을 했다.

호에이도판(〈그림 6〉), 교쇼판(〈그림 7〉), 레이쇼판(〈그림 8〉)에서 히로시
게는 밤에 우는 돌을 전면 중앙에 배치하여 독자들의 관심을 이 돌로
향하게 한다. 돌 상단에는 전설에 묘사된 것처럼 "나무아미타불南無阿

〈그림 6〉 닛사카(호에이도판)   〈그림 7〉 닛사카(교쇼판)   〈그림 8〉 닛사카(레이쇼판)

弥陀仏"이라는 글자가 새겨져 있다. 극락왕생을 기원하는 돌에 쓰인 문장은 살해당한 여성의 이야기를 상징적으로 보여 준다. 서로 판본은 다르지만 동일한 문화적 기억의 장소에 등장한 이 전설적인 돌은 특히 호에이도판과 교쇼판에서 지나가는 여행자들의 눈길을 사로잡는다. 대조적으로 "레이쇼판에서는 흥미롭게도 중앙에 있는 돌을 전면에 배치해 묘사하고 있지만, 일부 여행자들은 돌을 쳐다보지도 않고 지나치게 했다."[17] 지나가던 여행자들이 이 돌에 대해 어떻게 반응하느냐는 실제로 돌에 내재된 문화적 기억에 독자들이 어떻게 반응하는지를 반영한다. 공유된 문화적 기억을 바탕으로 이러한 반응 장면은 독자의 시선과 감정을 쉽게 사로잡을 수 있다. 자연경관이 다른 곳과 그다지 다를 것이 없어 보여도 독자는 이곳을 쉽게 알아볼 수 있다. 사람들이 돌과 상호작용하는 장면은 명소로서 닛사카에 대한 새로운 문화적 기억을 생성한다.

　이러한 집단적 기억은 《동해도 오십삼차》 곳곳에 흩어져 있다. 이미 많은 사람들이 공유하는 이러한 기억은 대중의 기억에 깊이 뿌리

17　Maeda, Shiori, *UTAGAWA Hiroshige's Fifty-Three Stage on The Tokaido*, p. 160.

를 두고 있다. 영리하게도 히로시게는 대중적 기억을 단순히 시각화하는 것이 아니라 변형하거나 심지어 전복시켜 《동해도 오십삼차》를 통해 동해도의 새로운 문화적 기억을 만들어 낸다. 재구성된 기억은 부분적으로 코드화되어 독자들의 뇌에 저장된다. 독자는 이러한 작품에 노출될 때 이전에 뇌 기억에 저장되어 있던 오래된 문화적 기억들을 되살린다. 이 소환 과정은 뇌 인식과 반응을 가속화한다. 인간의 뇌는 기존의 기억 데이터베이스를 사용하여 새로운 정보를 이해한다. 뇌 데이터베이스에 저장된 내용과 관련이 있는 경우 새로운 정보를 쉽게 해독, 식별, 암호화하거나 뇌 기억에 저장할 수 있다. 더 중요한 것은 히로시게가 정교한 구성을 통해 기존의 문화적 기억을 재구성한다는 것이다. 예를 들어, 호에이도판은 원근법을 사용하여 현실감을 배가시킨다.

이 작품들은 역참 마을과 그 주변의 생생한 장면을 묘사하기 위해 원근법을 사용하여 깊이를 강조한다. 건물과 사람을 크게 담아내기 위해 시점을 낮게 설정해 현실감을 더했다. 독자는 마치 여행하는 듯한 착각을 불러일으키는 이미지 속으로 빠져들게 된다. 원근법을 이용하여 공간을 표현하면 시선이 풍경으로 향하는 고정된 시점이 생긴다. 묘사된 풍경은 마치 독자가 작가와 같은 자리에 서서 시각적인 세계를 경험하는 것처럼 보인다.[18]

기교적인 구성은 독자에게 그림이 그려진 장소를 더 가깝게 느끼도록 만든다. 그러므로 독자는 마치 지금 현장을 여행하는 듯한 시점

---

18   Maeda, Shiori, *UTAGAWA Hiroshige's Fifty-Three Stage on The Tokaido*, p. 349.

에 놓이게 된다. 원근법은 계획적으로 도로로지루, 초지야, 도라가아메, 밤에 우는 돌과 같은 대중적인 문화적 기억의 장소가 확대되도록 독자를 안내한다. 독자는 작품을 통해 모든 각도에서 동해도의 대중적인 문화적 기억을 대면하게 된다. 즉, 기발한 변형으로 인해 동해도에 대한 기존의 문학적 기억은 단순히 기록되고 회상되는 것이 아니라, 새로워지거나 심지어 전복되기도 한다.

　마지막으로 히로시게는 자신의 이름이나 출판사의 이름을 작품에 장난스럽게 그려 넣어 동해도에 새로운 문화적 기억을 만들어 낸다. 작가 본인의 이름 '히로시게広重' 중 히로広의 가타카나인 '히로ヒロ', 출판사 이름인 호에이도의 한자 '保永堂', 《동해도 오십삼차》를 간행한 출판사 주인의 성 '竹之内' 또는 '竹内' 등이 《동해도 오십삼차》의 여러 작품에 독창적인 형태로 나타난다. 예를 들어, '히로ヒロ'는 호에이도판에서 하라주쿠原宿(〈그림 9〉)를 지나는 여성의 짐을 나르는 짐꾼의 옷 패턴으로 그려져 있으며, 또한 나루미鳴海에서 아리마쓰 시보리有松絞り 상점의 문양紋様으로도 디자인되었다. 나루미주쿠鳴海宿(〈그림 10〉)는 아리마쓰 시보리라고 불리는 홀치기염색 천으로 유명하다. "히로시게는 나루미를 묘사하는 모든 판화에 아리마쓰 시보리 상점을 모티브로 사용"[19]했으며, 나아가 '竹之内'라는 성을 따서 아리마쓰 시보리 상점의 이름에 '竹内'를 붙이기도 하였다. 이 아리마쓰 시보리 상점의 현관 노렌暖簾에는 '히로ヒロ'와 '竹内'가 선명하게 찍혀 있다. 이와 유사하게 호에이도판의 고유슈쿠(〈그림11〉)에 있는 여관 내부 간판

19　Maeda, Shiori, *UTAGAWA Hiroshige's Fifty-Three Stage on The Tokaido*, p. 251.

〈그림 9〉 **하라주쿠**(호에이도판)　　〈그림 10〉 **나루미주쿠**(호에이도판)　　〈그림 11〉 **고유슈쿠**(호에이도판)

에는 히로시게의 호号인 이치류사이一立齋라는 글자가, 여관의 벽 장식에는 '竹之内板'이라는 글자가 큼직하게 찍혀 있다. 히로시게는 호에이도, 즉 竹之内(출판사 사장의 성을 딴 가게명)라는 출판사에서 많은 걸작을 만들어 냈는데, 이와 같은 기발한 구상으로 동해도의 독창적인 문화적 기억을 이끌어 냈다.

본질적으로 《동해도 오십삼차》는 동해도의 문화적 기억을 회상하고, 재구성하고, 구체화하고, 생성하는 텍스트이다. 이러한 문자 텍스트는 주로 히로시게의 뇌 텍스트에서 옮겨진 것이다. 본질적으로 뇌 텍스트는 뇌 기억의 형태로 존재한다. 뇌 텍스트만 있으면 뇌 기억은 뇌에 갇혀 뇌의 죽음과 함께 사라진다. 하지만 인간 문명에서 개인의 기억을 다운로드하고, 기록하고, 구체화하고, 공유하기 위해서 문자 및 전자 텍스트가 발명된다. 그리하여 문자 및 전자 텍스트를 통해 개인의 기억은 많은 사람들에게 노출되고, 수신되고, 식별되고, 기억되고, 공유되고, 재구성되고, 그리고 소비될 수 있다. 따라서 개인의 기억은 시간과 공간을 넘어 전승될 수 있는 문화적 기억이 된다. 많은 사람들이 한 장소에 대한 집단적 또는 문화적 기억을 공유할 때 이 장소는 명소로 널리 인식될 수 있다. 한 장소에 대한 문화적 기억을 확장시키는 방법은 미디어(매체)에 달려 있다. 문학윤리학의 관점에서 문자 텍스트와 전자 텍스트는 뇌 텍스트를 제공하는 위탁 미디어다. 따라서 《동해도 오십삼차》는 문자 텍스트로서 동해도의 문화적 기억의 새로운 층을 훌륭하게 성장시켜 명소라는 이름으로 대중에게 더욱 널리 알리는 데 성공했다고 볼 수 있다.

명소는 유명인 연구, 모빌리티인문학, 문학윤리학비평, 문화적 기억 연구를 포함하는 학제간 접근이 필요한 흥미로운 연구 주제이다. 유명인 연구 측면에서 명소는 장소에 붙은 명성의 한 종류로 볼 수 있다. 유명인이 사람을 지칭한다면 명소는 장소를 가리킨다. 유명인과 마찬가지로 명소는 인간이 만들고, 인식하고, 공유하고, 소비하는 인위적인 결과물이다. 특정 장소, 인간(청중audiences), 그리고 미디어는 명소 생태계를 움직이게 하는 세 가지 엔진이다. 이 세 가지 엔진으로 구동되는 명소는 모빌리티 관점에서 이동 공간으로 취급될 수 있다. 인간이 움직일 수 있는 변수라면, 장소는 본질적으로 부동의 상수이다. 이동하는 인간은 탈것을 이용하여 움직이지 않는 장소에 물리적으로 도달하고 움직이지 않는 장소와 정신적으로 상호작용할 수 있는 미디어를 발명했다. 인간이 탈것과 미디어를 통해 장소를 끊임없이 드나들면서 이곳은 상대적으로 움직이지 않는 상수에서 이동하는 변수, 즉 명소로 변화한다. 장소는 청중과 이어지기 위해서 여전히 문학의 매개체인 미디어에 의존하게 된다. 미디어가 발전할수록 인간과 장소는 더 효율적으로 상호작용할 수 있고, 장소는 더 빨리 명소로 성장할 수 있다. 미디어에 실린 문학은 장소와 많은 청중 사이에서 정신적 유대감을 형성하는 기능을 한다. 문학작품의 전파력이 높을수록 장소는 더 많은 청중과 유대감을 가질 수 있고, 어떤 장소를 논하는 문학작품이 많을수록 그 장소는 더 많은 명성을 얻을 수 있다. 많은 사람들이 한 장소를 인식할 수 있을 때 비로소 그 장소는 명소가 된다. 따라서 모빌리티는 세 엔진이 서로 얼마나 효율적으로 상호작용하는지 결정한다.

모빌리티가 세 엔진의 운영 효율성을 지배한다면, 문학윤리학은 세 엔진을 추진하는 본질적인 힘으로 작용한다. 문학윤리학적 측면에서 명소는 능동적 선택과 수동적 선택을 거치는 문명인들에 의해 윤리적으로 선택된 공간으로 볼 수 있다. 명소를 적극적으로 선택하는 사람들은 주로 작가, 시인, 소설가, 화가 또는 기타 영향력이 있는 사람들과 같은 문학 창작자이다. 선택 없이 공간을 명소로 받아들일 수밖에 없는 이들은 청중이 된다. 문학은 윤리적 선택의 교육 도구로서 많은 사람들이 한 장소를 윤리적인 명소로 선택하도록 안내한다.《동해도 오십삼차》와 같은 문학작품은 뇌 텍스트에서 비롯된 문자 및 전자 텍스트의 형태로 존재한다. 뇌 텍스트는 정의상 뇌에 저장된 살아 있는 기억이다. 인간은 인간 문명에서 개별적인 뇌 기억을 내려 받아 기록, 전달, 확산, 공유 및 소비하기 위해 문자 및 전자 텍스트를 발명했다. 이것은 궁극적으로는 많은 사람들의 문화적 기억을 만들고 새롭게 하기 위한 도구이다. 이러한 방식으로 개인의 기억은 수많은 타인의 집단기억에, 즉 한 사람이 수많은 다른 사람들에게 영향을 미칠 수 있다. 문자 및 전자 텍스트와 같은 미디어를 통해 인류 문명은 장소에 대한 문화적 기억을 높일 수 있다. 여러 문학작품이 한 장소를 각기 다른 방식으로 기억하게 되면 대다수가 이곳을 기억할 가능성이 높아지고, 이러한 한 장소에 대한 집단적인 기억이 명소를 만드는 것이다.

의심할 여지없이《동해도 오십삼차》는 동해도의 문화적 기억을 시

공간을 넘나들며 성공적으로 시각화하고, 재구성하고, 생성하고, 대중화하는 영향력 있는 문자 텍스트로 작용한다. 이 우키요에 시리즈의 지속적인 성공은 동해도의 다양한 문화적 기억을 대대로 수많은 뇌에 끊임없이 씨를 뿌리고 자라게 했다. 점점 더 많은 사람이 이러한 문화적 기억과 상호작용함에 따라 동해도는 계속해서 새로운 층의 기억이 추가되고, 명소로서 진화하고 있다. 명소 뒤에 숨겨진 메커니즘을 이해하기 위해 앞으로 《동해도 오십삼차》 이외의 작품에서도 더 많은 사례 조사와 검토가 필요할 것으로 생각된다.

참고문헌

Erll, Astrid and Ann Rigney, "Literature and the Production of Cultural Memory," *European Journal of English Studies* 10(2), 2006, pp. 111-115.

Kitchin, Rob and Martin Dodge, *Code/Space: Software and Everyday Life*, Cambridge, Mass: MIT Press, 2011.

Maeda, Shiori, *UTAGAWA Hiroshige's Fifty-Three Stage on The Tokaido*, Five Editions. Compiled by Miki, Kato-Starr and Starr Tyler, Tokyo: Abe Publishing, 2017.

Nayar, Pramod K., *Seeing Stars: Spectacle, Society and Celebrity Culture*, Delhi: SAGE Publications India Pvt. Ltd., 2009.

Nie Zhenzhao, "Ethical Literary Criticism: Its Fundaments and Terms," *Foreign Literature Studies* 1, 2010, pp. 12-22.

_____, "Ethical Literary Criticism: A Basic Theory," *Forum for World Literature Studies* 13(2), 2021, pp. 189-207.

_____, *Introduction to Ethical Literary Criticism*, Beijing: Peking UP, 2014.

Whitehead, Anne., *Memory*. London / New York: Routledge, 2009.

犬養廉 他編,《和歌大事典》, 明治書院, 1986.

十返舎 一九,《新編日本古典文学全集81 – 東海道中膝栗毛》, 小学館, 2004.

택시 서사의 윤리적 구조

: 양석일梁石日의 《택시광조곡タクシー狂躁曲》을 중심으로

| 양명심 |

이 글은 《Interdisciplinary Studies of Literature》 제6권 4호(2022.12)에 게재된 원고를 번역, 수정하여 재수록한 것이다.

택시 드라이버, 양석일

이 글은 '택시'라는 이동 수단을 중심으로 서사가 확장되는 자이니치在日 작가 양석일(1936~)[1]의 작품《택시광조곡》(1987)을 대상으로 하여, 자이니치 문학 텍스트의 윤리적 의미를 녜 진자오Niè zhēnzhāo의 문학윤리학비평 이론에 기대어 고찰해 보고자 한다.

'자이니치'는 '일본에 있는 외국인'을 뜻하는 말이지만 일본에서는 조선인을 가리키는 차별적인 의미로 통용되고 있다. 식민지 시기에 일본으로 건너가 조선이 해방을 맞이한 이후에도 자발적 혹은 비자발적으로 돌아오지 못하고 일본에 남게 된 자이니치는 일본 사회에서 온전한 사회의 구성원으로 인정받지 못한 채, 자신의 민족적 · 개인적 정체성에 대해 끊임없이 의문을 던지며 살아왔다. 한국과 일본의 불운한 역사를 배경으로 시작된 그들의 굴절된 삶을 서사화한 자이니치 문학을 분석하는 데 있어, 문학과 사회의 관계를 근본적으로 재성찰하는 데 주목하며 윤리의 관점에서 문학을 분석하고자 시도하는 중국의 문학이론가 녜진자오의 문학윤리학비평 이론은 유용한 분석 방법이라고 볼 수 있다.

1981년 처음 발표된 작품 〈광조곡〉은 그 후 1987년 수정된 제목

---

1 양석일의 양친은 제주도 출신으로 일본 오사카로 건너가 정착하였고, 양석일은 1936년 일본 내 최대, 최고最古의 자이니치 집단거주지인 오사카 이카이노에서 태어났다. 양석일은 26세 때 인쇄 회사를 차렸다가 막대한 빚을 떠안고 사업에 실패했고, 29세 때 오사카를 떠나 일본 각지를 돌아다니며 방랑 생활에 들어갔다. 그 후 1970년 34세 때 도쿄에서 택시 운전 일을 시작했고, 이때 기록해 두었던 내용을 바탕으로 쓴《택시광조곡》이 인기를 얻으면서 본격적인 작가의 길에 들어섰다. 박일 외,《재일코리안사전》, 선인, 2012, 250쪽 참조.

《택시광조곡》으로 문고본이 간행되었다. 이 소설이 1993년 최양일 감독에 의해 〈달은 어디에 떠 있나月はどっちに出ている〉라는 제목으로 영화화되면서 양석일은 일본 문단에서 주목을 받게 된다. 10여 년간 택시 운전을 했던 작가의 체험을 바탕으로 쓰여진 《택시광조곡》은 1970년대 고도성장기의 일본 사회를 배경으로 하고 있으면서, 한편으로 그 이면에 존재하는 마이너리티들의 빈곤하고 척박했던 삶과 일본 사회의 차별의 민낯을 꾸밈없이 담아내고 있다.

1970년대 일본은 고도의 경제성장을 이루면서 기술과 산업 분야에서 눈부신 발전을 이루었고, 이는 일본 사회에 심대한 변화를 이끌었다. 그러나 한편으로 여러 가지 모순에 직면해 있었는데, 강한 국가 경제와 비교해 상대적으로 빈약한 국민 생활, 발전한 국가 경제에 비해 상대적으로 뒤떨어진 다른 부분들과의 괴리, 서양에 대한 무조건적인 동경과 일본에 대한 독특한 애정과 집착이 그것이다.[2] 특히 1970년대에는 마이너리티 문제가 전후戰後 일본의 사회문제로 대두되면서 인종, 계급, 젠더에 대한 차별의식이 더욱더 가시화되었다. 일본인은 스스로를 순수하고 독특한 존재로 생각했고, 다른 민족보다 우월한 민족으로 여겼다. 그러다 보니 일본 정부는 외국인에 대해 매우 배타적인 정책을 취하면서 외국인의 유입을 가능한 한 억제하고자 했다. 일반 국민들 역시 외국인에 대해 배타적인 생각을 가지고 있었기 때문에, 그 피해는 순수한 일본 민족에 속하지 못하는 외국인들이 감당해야만 했다.[3]

---

2   김영명, 《일본의 빈곤》, 미래사, 1994, 6쪽.
3   김영명, 《일본의 빈곤》, 39쪽.

《택시광조곡》은 〈미주〉, 〈신주쿠에서〉, 〈공동생활〉, 〈제사〉, 〈운하〉, 〈크레이지 호스Ⅰ〉, 〈크레이지 호스Ⅱ〉의 일곱 개의 단편으로 구성되어 있다. 개별 작품이 내용과 구성에서 독립적인 듯하지만, 주인공의 삶과 역경이 시리즈처럼 이어지면서 결국 하나의 세계를 구축하고 있는 것으로 보인다.⁴ 택시 운전사인 '나'는 작가 양석일의 분신이면서 서술자이고, 각 작품에 등장하는 여러 주인공 중 한 명으로서 다중적 시점을 가진 관찰자 역할을 수행하고 있다.

이 작품은 크게 두 개의 서사로 나눌 수 있다. 하나는 택시 운전사 '나'를 중심으로 한 택시 운전사의 서사이고, 또 하나는 '나'의 이동 루트 속에 등장하는 택시 회사 간부 · 택시 승객 · 일본인 동료 · 같은 자이니치 친구와의 에피소드로 구성된 주변 인물 서사다.

네진자오는 문학윤리학비평의 목적은 "윤리적 해석을 통해 문학에 객관적으로 존재하는 윤리적 가치를 발견하는 것이며, 문학작품이 묘사하고 있는 생활과 사실의 진상을 밝히는 것"이라고 설명하였다.⁵ 문학윤리학비평에 의하면, 인류의 윤리의식은 이성이 성숙함에 따라 생겨나게 되었고, 사람을 동물과 구별해 주는 본질적 특징이 바로 사람이 이성을 가지고 있다는 사실이며, 이성의 핵심은 바로 윤리의식이다.⁶

네진자오의 비평 용어 중 가장 많이 사용되는 것은 '윤리적 구조 ethical structure'로, 이는 텍스트 속에서 인물의 사상과 활동을 맥락으로

---

4 イヨンスク, 〈虚無から夢へ-《狂躁曲》をめぐって〉(特集 梁石日), 《ユリイカ》 32(15), 2000, pp. 86-93.

5 Nie Zhenzhao, "Ethical Literary Criticism: Basic Theory and Terminology," *International Journal of Diaspora & Cultural Criticism* 5(1), 2015, p. 79.

6 Nie Zhenzhao, "Ethical Literary Criticism: Basic Theory and Terminology," pp. 70-71.

하여 구성되는 텍스트의 구조를 의미한다. 윤리적 구조를 형성하는 기본적인 두 축으로 윤리선ethical line과 윤리 매듭ethical Knot이 있는데, 윤리선은 윤리 매듭들을 관통해서 만들어지는 하나 또는 여러 개의 윤리적 구조를 가리키고, 윤리 매듭은 윤리선에 의해 관통되거나 연결됨으로써 문학 텍스트의 구조를 완성하는 윤리적 모순과 충돌을 의미한다.[7]

《택시광조곡》의 각 작품은 여러 개의 윤리 매듭으로 구조화되어 있다. 이 글에서는 우선 '나'를 중심으로 한 택시와 택시 운전사·승객이라는 기계와 인간의 구조적인 기능, 인물들 간의 관계와 행위의 복합적인 구성을 통해 '택시'라는 이동 수단이 갖는 의미를 살펴볼 것이다. 그리고 녜진자오의 문학윤리학비평 이론을 중심으로 '나'의 주변 인물 서사를 통해 드러나는 차별 행위와 차별에 저항하는 주인공들의 왜곡된 행동이 윤리 매듭으로 어떻게 구조화되어 있는지 분석함으로써 문학 텍스트 속 등장인물들의 행동이 갖는 윤리적 의미를 고찰해 보고자 한다. 문학윤리학의 관점에서 양석일 문학이 내포하는 윤리적 선택과 그 가치를 조명해 보는 것은, 빈곤과 차별 속에서 일본에서 살아가는 조선인의 생활사나 조선인으로서의 민족적 또는 자기 정체성이라는 한정된 주제에 주목해 왔던 기존의 자이니치 문학 분석의 틀을 넘어 좀 더 보편적이고 포괄적인 관점에서 자이니치 문학을 바라볼 수 있게 해 줄 것이다.

---

7 이진형, 〈대중서사와 문학의 '윤리적 전회' – 녜진자오의 문학윤리학비평을 중심으로〉, 《대중서사 연구》 22(2), 2016, 343~344쪽.

택시, 택시 운전사, 승객의 관계를 통해서 본 택시 서사

'택시'라는 이동 수단을 제목 전면에 등장시키고 있는 것에서도 알 수 있듯, 이 소설은 단순히 자이니치 작가의 작품이 아닌 '택시 운전사' 작가의 이야기이다.

사회적 지위가 낮고 금융업자들마저 경원시하는 택시 기사를 오래 계속하려고 생각하는 사람은 아무도 없을 것이다. 모두가 임시 방편으로 생각하고 있다. 기회만 있으면 전직하기를 바라고 있다. 그러나 1년이 2년, 3년이 5년, 하는 식으로 세월이 흘러 전직할 기회는 멀어져만 간다. 일반 회사에서는 연공서열식으로 급료가 가산되어 나름대로 생활 안정이 보장되나 택시 기사는 그 반대다. 젊을 때는 체력을 밑천으로 벌 수가 있으나 해가 갈수록 부양가족이 느는 한편 체력은 쇠퇴하여 가동률이 저하되고 수입은 찌지리 궁상 맞는 생활을 면치 못할 정도다. 게다가 매일매일 죽음과 등을 맞대고 있는데도 무엇 하나 보장된 것이 없다. 물론 나도 임시 방편으로 택시 기사가 되었다. 그러나 이 나라에서는 무엇 하나 보장되어 있지 않은 재일조선인인 나로서 택시 기사는 제격인지도 모른다. 《미주》, 16쪽[8]

《택시광조곡》에 실린 7개의 단편 중에서도 첫 작품 〈미주迷走〉는 자이니치 택시운전사 '나'의 하룻밤 이동 루트를 통해, 1분 1초를 다투

---

8 텍스트는 양식일의 《택시광조곡タクシ-狂躁曲》, ちくま文庫, 1987을 참고로 하되, 인용은 《달은 어디에 떠 있나(택시광조곡)》, 인간과예술사, 1994에 의함.

며 정해진 노동의 기준량을 달성해야만 하는 열악한 노동조건의 택시 운전사들의 일상과 부조리한 택시 회사의 실상을 그리고 있다. 가족의 생계를 위해 잠시도 허세를 부릴 수 없는 나카니시中西가 제일 먼저 일어나 '나'를 태우고, 낡은 목조건물과 다다미 넉 장 반[9] 크기의 방에서 석유난로를 켜 놓은 채 자고 있는 우치다内田를 태우러 가는 장면으로 소설은 시작된다. 출근길을 묘사하는 부분에서 "빨간 벤츠 스포츠카를 탄 여자가 불필요하게 클랙슨을 울려 대는"(《미주》, 9쪽) 상황과 대조적으로, 나카니시가 지각을 면하기 위해 교통 정체를 피하려다가 교통법규 위반 딱지까지 떼이는 최악의 출근길을 맞는 상황이 소설 도입부에 제시되면서 택시 기사의 신분과 궁핍한 환경을 짐작하게 해 준다.

당시 일본 사회의 고도 경제성장의 여파는 자이니치에게도 미쳤지만 생활수준 향상과 관련이 있는 대학교육 진학률을 보면 경제적 격차가 명확히 눈에 띈다. 고도 경제성장기 생활 개선의 실상은 일본인과 자이니치 사이에 상당한 차이가 있었다. 자이니치의 생활수준과 관련된 이러한 동향은 뿌리 깊은 민족차별과 관련이 있었다. 행정기관뿐만 아니라 민간기업 등에서도 일본인이 아닌 사람을 채용하는 일은 거의 없었고, 자이니치가 안정적인 직업에 종사하기는 더욱더 어려웠다.[10]

---

9 다다미를 단위로 하는 일본의 전통 방 크기 기준. 대략 2.73m×2.73m. https://namu.wiki/w/%EB%8B%A4%EB%8B%A4%EB%AF%B8%20%EB%84%89%20%EC%9E%A5%20%EB%B0%98 (검색일 2022년 12월 17일).

10 도노무라 마사루, 《재일조선인 사회의 역사학적 연구》, 신유원·김인덕 옮김, 논형, 2010, 496~499쪽.

존 어리John Urry는 《모빌리티》에서 모빌리티 패러다임은 "다양한 종류의 사람, 생각, 정보, 사물의 이동을 수반하고 유발하는 또는 감소시키는 광범위한 경제적·사회적·정치적 실천, 하부구조, 이데올로기로서 '사회세계'를 이론화한다"고 설명한다.[11]

역사적으로 보행·기차·자동차·비행기·통신의 순으로 발달한 모빌리티 시스템은 인간과 비인간의 혼종 시스템[12]으로 설명되는데, 어리는 다른 어떤 모빌리티 시스템보다도 자동차 모빌리티 시스템에 더 많은 흥미를 가지고 연구해 왔다. 어리는 자동차-운전자를 기계-인간의 혼종 결합체로 보고, 자동차는 운전자의 육체와 감정과 결합되어 있으며 그 정체성과 주체성을 변화시킨다고 설명하였다.[13]

어리에 의하면 자동차 시스템은 자동차-운전자로 하여금 사회생활을 스스로 시간표화하도록 함으로써 공공 시간표를 초월하는 방식을 제공했다. 그리고 그것은 철도 객차와 기차역을 넘어서 그 밖의 다양한 공간을 출현시키고 재생산했다.[14] '택시'는 철도나 기차와 같은 대중교통 수단의 하나이면서 이러한 자동차 시스템의 기능을 함께 가지고 있다는 점에서 다른 대중교통 수단과는 구별된다. 또한 택시는 자동차 시스템의 기능을 공유하면서도 거기에는 자동차와 운전자뿐 아니라 승객까지 더해져 다양한 인물들 간의 윤리적 관계 맺기가 이루어진다는 특징이 있다.

---

11 존 어리, 《모빌리티》, 강현수·이희상 옮김, 아카넷, 2014, 50쪽.
12 존 어리, 《모빌리티》, 605쪽.
13 이희상, 《존 어리, 모빌리티》, 커뮤니케이션북스, 2016, 28쪽.
14 존 어리, 《모빌리티》, 209쪽.

나는 앞으로도 거리를 집시처럼 흘러 다닐 것이다. 나의 행선지는 승객에 달려 있다. 손님이 명령하는 대로 어디까지라도 간다. 배가 고파지면 메밀국수를 먹고 자고 싶으면 길가에 차를 세우고 잔다. 택시 기사에게는 설도 추석도 없다. 어제와 오늘의 자오선이 있을 뿐이다. 육체와 정신의 끝없는 상극이 있을 뿐이다. 헤드라이트가 비추는 저편으로 딱 벌린 지옥의 입구가 보인다. 생과 사가 등을 맞댄 천저점을 돌진해 간다. 나는 이 4년 동안에 지구와 달 간의 거리를 왕복했다. 시간의 가속도를 타고 나는 다른 인간의 두 배의 속도로 시간을 보내고 있다. 하루의 노동이 끝나고 나면 이틀이 지나 있기 때문이다. 《크레이지호스2》, 207쪽)

인용문에서는 택시 기사의 열악한 노동환경과 함께 택시와 택시 운전사, 승객 간의 관계와 그 구조적 특징이 잘 묘사되어 있다. 택시는 버스나 기차가 정해진 공공 시간표에 따라 움직이는 것과는 다르게 개인의 시간에 맞춰 유연하게 이동할 수 있다는 구조적인 특징이 있다. 승객의 입장에서 택시는 시간과 공간을 자유롭게 설정할 수 있는 장점이 있다. 목적지를 자유롭게 결정할 수 있으며, 중간에 노선을 변경할 수도 있다. 또한 택시 운전사에게 택시는 생계를 위한 도구이면서, 필요하면 어디든 차를 이용하여 이동할 수 있고, 차를 세우고 휴식을 취할 수도 있는 개인적인 안식처가 되기도 한다. 그러나 현실에서 택시 기사는 "과로와 못 견디게 오는 졸음과 싸우면서 육체를 속여 가며 일해야"(20쪽) 하는 조건에 놓여 있다. 이렇게 가동 시간과 주행 거리와 수입이 비례하는 택시 기사는 쉬고 있을 때에도 머릿속에서 하루의 노동량과 시간을 생각하며 미터 지수를 끊임없이 계산해야만 한다.

뿐만 아니라 택시 운전사는 승객들과 감정적·정서적으로 교류할 수밖에 없는데, 그 순간 택시라는 모바일 공간은 사회적 교류의 장이 되며, 택시는 운전사와 승객의 사회적 교류가 발생하는 공간을 제공한다. 정서적·감정의 소비 장소로 기능하는 택시 안에서 운전사는 승객들과 친밀한 사회관계를 맺을 수도 있고, 반대로 갈등을 유발하고 충돌할 수도 있다.

작품 〈미로〉에는 크리스마스 이브 하룻밤의 이동 루트 속에 '나'와 다양한 승객 사이에 벌어진 에피소드가 그려지고 있다. 늦은 밤 술에 취한 네 명의 남자 승객들은 기분 좋은 상사의 거만한 태도에 아첨을 하다가 부장이 내리자 남은 세 사람이 일제히 부장의 우유부단함을 공격하고, 마지막으로 남은 한 사람이 느닷없이 뒷자리에서 몸을 내밀고 운전사인 '나'에게 협박조로 여자를 소개하라고 소리친다. 운전사 '나'의 운전면허증에 관심을 보이는 승객도 있다. 조수석에 앉은 승객은 '나'의 운전면허증에 기재된 '양'이라는 이름에 흥미를 보이며 "드문 이름이군요. 뭐라고 읽습니까? 중국인인가요?"라고 엉뚱한 질문을 한다. "한국인입니다"라고 대답하자 범죄자의 전과라도 캐듯 겸연쩍은 표정이 되어 갑자기 입을 다물어 긴장감을 증폭시킨다. 여기서 더 나아가 자이니치라는 신분이 택시 승객들의 비윤리적 행동의 근거로 작용하여, 운전사가 조선인임을 이용해 요금을 내지 않고 달아나는 승객도 있다. 택시 요금을 내지 않고 도망치려 한 술 취한 승객은 경찰서에 가서 결정적인 순간에 마지막 카드라도 내밀 듯 "조센징이에요. 이놈은"이라고 폭로한다. 이처럼 정서적 감정의 소비 장소 역할을 하는 택시 안에서 술 취한 승객은 운전사를 상대로 신세타령을 늘어놓기도 하고, 동료들끼리 또 다른 동료를 욕하기도 한다. 그리고 승객은 택시 기사의 사적인 것에 대해 궁금해 하기도 하며, 택시라는 이동 공간 안에서 복잡한 윤리적 구조를 생성한다.

이처럼 택시 안에서 만들어지는 감정의 교류는 모바일한 기계적 장치로 구성된 택시 내부에 앉은 운전자로 하여금 때로는 안전함, 안락함, 자유로움을 느끼게도 하고 반대로 억압과 구속 등과 같은 불편한 감정을 느끼게 할 수 있다는 것을 보여 준다.[15] 중요한 것은 택시 운전사는 택시 안에서도 밖에서도 주체가 될 수 없다는 것이다. 택시를 운전하는 것은 운전사인데 목적지는 뒤에 앉는 승객이 결정하기 때문이다.

이러한 마이너리티로서의 상징적 의미를 갖는 택시와 택시 운전사가 달리는 곳은 아이러니하게도 일본 도심의 심장부이자 주류 인물들이 집결하는 도쿄의 도심이라는 것이 작품 속에서 강조된다.《택시 광조곡》은 도쿄 시내의 이중적인 낮과 밤의 풍경, 가지각색의 성격을 가진 승객과 운전사의 갈등과 충돌을 통해 일본, 일본 사회의 현실을 보여 주면서 자이니치 택시 운전사라는 인종과 계급의 중층적 차별의 실상을 그려 내고 있다.

작가의 실체험 속에서 조형된 택시 운전사라는 직업은 인간이 기계 이하의 부속물처럼 다뤄지는 택시 운전사의 현실을 보여 주면서 이동하는 존재로서의 자이니치를 잘 형상화하고 있다. 또한 택시 운전사는 도심 여기저기를 누비며 차별하는 행위의 주체인 주류의 일본 사회를 체험할 수 있는 직업이라는 상징적 의미를 담고 있다. 이

---

15 이희상,《존 어리, 모빌리티》, 27쪽.

작품은 택시 운전사의 시점을 통해 택시가 누비는 도쿄 시내의 낮과 밤의 풍경, 백미러를 통해 보여지는 택시라는 공간에서 구체화되는 승객들의 모습과 행위를 통해서 기계와 인간의 복잡한 관계, 인간의 윤리적인 가치와 규범, 본성과 욕망을 상징적으로 보여 줌으로써 독자들로 하여금 윤리성이 시대와 사회의 배경에 존재함을 일깨워 주고 윤리적 가치에 대해 성찰하게 해 준다.

이념의 소거, 자이니치 서사의 윤리적 구조

《택시광조곡》에는 택시운전사 '나'를 중심으로 다양한 모습의 승객들, 회사 동료, 회사의 간부, 고향 친구 등 갈등 구조를 형성하는 여러 인물들이 등장한다.

이유 없는 해고를 통보하는 택시 회사의 간부, 외국인등록증을 소지하고 있지 않다는 이유로 범죄자 취급을 하는 경찰관, 택시 운전사가 조선인이라는 것을 교묘하게 이용하려는 술 취한 승객, '나'가 조선인임을 알게 되었을 때 이를 은폐하도록 권유하면서 순식간에 도발적인 태도로 변해 가는 일본인 호소카와細川의 태도 등, 7편의 단편에는 윤리적 가치 충돌을 야기하는 복잡한 갈등 구조가 형성되어 있다. 그리고 갈등을 해소해 가는 과정에서 일본 사회의 폭력에 '저항'하는 주인공들의 윤리적 선택의 문제를 보여 주고 있다.

《택시광조곡》의 두 번째 작품 〈신주쿠에서〉는 제주도 출신으로 금융업 일을 하고 있는 주인공 '나'의 친구 한성형漢成亭과의 에피소드를 그리고 있다. 두 사람은 술을 마시다가 우익 학생과 술집에서 싸움이 붙어 경찰서로 연행되는데 조사 과정 중에 외국인등록증을 휴대하고 있지 않았다는 이유로 범죄자 취급을 받는다, 자이니치 자체가 범죄의 대상으로 간주되는 현실에 분노한 한성형은 경찰서에서 바지에 똥을 싸서 자신의 온몸과 경찰들의 책상에 바르는 기이한 행동을 하기 시작한다.

〈공동생활〉에서는 택시 회사에서 해고당한 주인공이 일본인 친구 호소카와의 집에서 함께 동거하면서 벌어지는 일을 그리고 있다. '나'는 호소카와의 소개로 이력서를 들고 호소카와가 다니는 택시 회사에 면접을 보러 간다. 그 자리에서 처음으로 호소카와는 '나'(야나 씨)가 조선인임을 알게 된다. '나'는 호소카와에게 "야나 씨는 좋지만 조센징은 싫다"(77쪽)는 말을 듣는다. 조선인은 교활하고 불결하고 교양이 없다는 호소카와의 말을 통해 일본인들에게 뿌리박힌 조선인에 대한 차별의식을 확인한다.

〈운하〉는 '나'가 오사카를 떠난 지 10년 만에 사촌 형의 전보를 받고 고향 오사카의 이카이노를 방문하는 이야기이다. 술에 취해 운하로 뛰어든 영심英心의 돌출 행동과 괴물과도 같은 폭력적인 아버지에 대한 주인공의 기억과 회상을 중심으로 전개되고 있다.

〈크레이지호스 I〉에서 '나'는 택시 일에 염증을 느껴 월수입 20만 엔이 보장된다는 장거리 대형 수송 운전사로 전직을 하지만 현실과는 거리가 먼 것을 깨닫고 다시 변두리의 작은 택시 회사를 소개받아 이직한다. 그곳에서 택시 운전일을 하고 있던 초등학교 동급생 이토 이사무伊藤勇와 재회한다. 이사무는 심약하고 무기력한 인간이 되어 있었고 결국 정신병원에 가고 만다.

〈크레이지 호스 II〉에서는 도박에 빠진 동료 기사들과 회사 경영에 무관심한 임원들로 구성된 '나'가 다니던 택시 회사가 결국 도산을 하게 된다. 며칠 쉬고 나온 '나'는 방화로 보이는 화재를 목격하고 "내 처리는 내가 할 테니까"(206쪽)라고 말하던 정비소 노인을 생각하며 분신자살일지도 모른다고 생각한다. 그러나 그 옆으로 정비소 노인이 불길을 피해 달아나는 모습을 보는 것으로 소설은 마무리된다.

《택시광조곡》에 수록된 각각의 단편은 여러 개의 윤리 매듭으로 구성되어 있다. 그리고 등장인물들 간의 갈등 구조를 해체시켜 가는 과정에서 이들은 윤리적 선택을 스스로에게 강요하게 된다. 네진자오는 다윈의 진화론에 기초해서 인간을 윤리 선택에 의해 형성된 존재로 정의하였다. 네진자오는 스핑크스 인자는 인간성 인자와 동물성 인자의 두 부분으로 구성되어 있다고 보고, 일반적으로 인간성 요인이 동물적 요인보다 우수하기 때문에 전자가 후자를 통제할 수 있고, 이것이 왜 인간이 윤리적 의식을 가진 사람이 될 수 있는지를 설명해 준다고 덧붙인다.[16]

경찰서에서 바지에 똥을 싸서 경찰관의 책상에 바르는 행동, 현실에 좌절하여 운하에 뛰어들어 구조대원들을 조롱하다 끝내는 체포되는 친구 영심의 돌발적 행동은, 도덕적 속박에서 벗어나고자 하는 비윤리적 의지의 표출이라고 볼 수 있다. 경찰의 입장에서 보면 자이니치는 규칙을 지키지 않고 사회의 질서를 어지럽히는 일탈자이며, 한성형과 유영심의 일탈 행위는 문제의 본질에 접근하지 않고 자이니치를 무조건적으로 범죄자 취급하는 경찰의 부당한 행동에 맞선 저항의 표시이자 일탈 행위를 통한 자기 존재 확인의 한 형태라고도 볼

---

16 Nie Zhenzhao, "Towards an Ethical Literary Criticism," *academia* 50(1), 2015, p. 96.

수 있다.

네진자오의 이론에 근거해서 살펴보면, 도덕적 가치 규범을 인종적 요소로 판단하는 일본인들의 가치 기준과 이에 저항하는 한성형과 유영심의 기괴한 행동은 비윤리성의 표상(수성인자)들을 통해서 윤리성(인성인자)을 자각하고, 이성의지를 통한 윤리적 선택의 중요성을 잘 드러내고 있다. 인간에게 내재된 인성인자와 수성인자와의 갈등 속에서, 자이니치 작가 양석일은 수성인자를 드러냄으로써 갈등의 극복 과정을 그리고 있는 것이다.

또한 작품 〈운하〉에서는 '나'의 내면에서 해결되지 않은 동물화된 신체를 상징하는 '아버지'의 존재를 둘러싼 윤리적 갈등이 이카이노에서의 기억을 통해 서술되고 있다.

> 나는 몇 시간이나 직립 부동의 자세를 취하고 있었다. 그것은 밀실 속에서 길고 고통스러운 고문에 견디면서 절망적인 죽음을 기다리는 수인과 비슷했다. 등을 이쪽으로 보이고 상반신은 알몸으로 자고 있는 아버지가 왠지 정체를 알 수 없는 괴물 같았다. 저 단단한 근육에 박힌, 이빨과 사슬과 날붙이와 갈고리 등의 생생한 상처. 어깨에서부터 꼬리뼈에 걸쳐 그어진 뱀의 문신 같은 칼자국. 《운하》, 137쪽

아버지에 대한 묘사에서 알 수 있듯이, 내면 깊숙이 자리 잡은 아버지에 대한 원망과 증오의 감정은 "한국 사람은 세계에서도 혈연을 제일 존중하는 민족이래. 부모를 공경하고 형제를 사랑하고 이웃 사람에 대한 예절을 존중하는 것이 한국인의 윤리 도덕"《운하》, 117쪽)이라는 이야기를 들으며 자라난 '나'에게 윤리적 혼란을 가져다주는 핵심적

인 갈등 요소가 된다. '나'는 자이니치 가정 내에서 가정의 질서를 파괴하고 가족 붕괴의 원흉이 된 '아버지'를 부정하고자 하는 수성인자를 끊임없이 소환하며 스스로에게 윤리적 선택을 강요하게 된다. 아버지의 존재를 부정하고자 하는 '나'의 비이성의지는 아버지로서, 남편으로서 가족윤리를 저버린 어린 시절 기억 속 아버지의 폭력적 행위에 대한 저항의 표출이었다.

1970년대라는 격동의 시기에 자이니치는 사회에 종속된 삶을 살아갈 수밖에 없었다. 납득할 수 없는 차별의 현실은 주인공으로 하여금 인간이 내재한 수성인자를 끊임없이 소환하고 있다. 수성인자의 소환을 통해서 고도성장기 일본의 또 다른 한 면을 비추고 있는 암울함을 표현하는 동시에, 수성인자에 대한 자각을 통해 인성인자의 새로운 자각을 일깨우려는 작가 양석일의 설정인 것이다.

양석일의 《택시광조곡》은 비윤리성의 표상(수성인자)들을 통해서 윤리성(인성인자)을 자각하고, 제국의 폭력과 일본 사회의 차별이라는 비윤리성으로부터 탈출하려는 저항을 실천함으로써 이성의지를 통한 윤리적 선택의 중요성을 잘 드러낸다.

백미러를 통해 바라보는 일본 사회, 그리고 윤리적 가치

지금까지 양석일의 작품 《택시광조곡》을 중심으로 '택시'라는 이동 수단과 자이니치라는 존재가 갖는 상징성, 그리고 서사 안에서 윤리 매듭들의 관계가 공시적으로 일본 내에서 자이니치 사회를 형성하고 있는 양상을 문학윤리학비평 이론에 근거해서 살펴보았다.

택시 운전사는 여러 방향의 시선을 동시에 의식해야 한다. 앞을 응시하면서 동시에 백미러에 비치는 뒤에서 오는 차량과 승객의 모습까지 주시해야 한다. 하야시 코지林浩治는 양석일 문학은 "일본 사회의 뒷모습을 항상 밑바닥에서 올려다보며 데코레이션으로 장식한 현대 일본의 허식을 한 꺼풀씩 벗겨 내듯 묘사하고 있다"고 평가하였다.[17] 하야시의 평가에서도 알 수 있듯이, 택시 운전사의 다중적인 시선을 체험해 왔던 양석일은 백미러를 통해 택시가 누비는 도쿄 시내의 한낮 관청가의 모습, 가면의 얼굴이 들끓고 있는 밤의 풍경, 가지각색의 승객들의 모습과 행위를 들여다보며 1970년대 고도 경제성장기 일본의 외적인 모습과 백미러를 통해 보여지는 그 이면의 일본 · 일본인과의 간극을 사실적으로 그려 냈다.

《택시광조곡》은 '이동하는 존재로서의 자이니치'가 '택시'라는 공간 안에서 구체화되는 양상을 잘 묘사하고 있다. 도덕적 가치 규범을 인종적 요소로 판단하는 일본인들의 부조리한 가치 기준을 통해서 인간의 본성과 욕망이 윤리적 가치, 규범과 충돌하고 이를 해체해 가는 복합적인 관계를 보여 줌으로써 자이니치의 윤리적 세계를 그리고 있다.

등장인물들은 자이니치라는 마이너리티가 겪는 인종적 차별과 갈등, 가치관의 대립으로 인해 타자와 또는 자기와의 윤리적 갈등과 선택의 과정을 끊임없이 경험하게 되고, 주인공이 직면한 자이니치라는 현실은 주인공 안에 잠재되어 있는 수성인자를 끊임없이 자극한다.

문학윤리학비평의 목적은 단지 윤리적 입장에서 문학에 대해 좋다

---

17   林浩治,《在日朝鮮人日本語文學論》, 新幹社, 1981, p. 180.

혹은 나쁘다라는 단순한 가치 판단을 내리는 것이 아니라, 윤리적 해석을 통해 문학에 객관적으로 존재하는 윤리적 가치를 발견하는 것이며, 문학작품이 묘사하고 있는 생활과 사실의 진상을 밝히는 것이다.[18]

주인공들의 윤리적 선택을 통해 자이니치가 어떻게 가치화되는지를 보여 주는 동시에 비윤리적 행위를 통해서 비합리적인 일본 사회의 시스템을 비판적으로 표현해 내고, 수성인자에 대한 자각을 통해 인성인자의 중요성과 그 윤리적 가치를 강조하려는 작가의 의도라고 할 수 있다.

양석일은 자이니치 사회의 추한 모습까지도 사실적으로 그려 내면서 민족이나 정치, 사상에 얽매였던 1세대 작품에는 자이니치의 세계가 제대로 그려져 있지 않다고 비판해 왔다. 따라서 그는 작품에서 의리, 인정, 민족, 도덕과 같은 이념화될 만한 요소들을 삭제하고 민족이나 이념의 틀 속에서 다룰 수 없는 폭력 세계의 적나라한 인간 본성을 긴장감 넘치는 특유의 필체로 그려 내고 있다는 평가를 받고 있다.[19] 자이니치 1세대들은 물리적인 이동을 통해 일본을 삶의 터전으로 해서 살아가면서도 정신적으로는 자신이 태어난 곳, 고국과 고향에 대해 집착하고 그 장소성을 잃지 않으려고 스스로 노력해 왔다. 그들은 유동적인 삶 자체를 긴 악몽으로 여기고, 결국은 공간적으로, 시간적으로 고향으로의 회귀를 꿈꿔 왔다. 그러나 양석일의 작품에 등장하는 주인공은 새로운 세계를 향해, 정확하게는 새로운 돈벌이를 찾아 태어난 고향을 떠났고, 이후 떠나온 고향이나 가족(아버지)에 대

---

18 Nie Zhenzhao, "Ethical Literary Criticism: Basic Theory and Terminology," p. 79.
19 양석일 외, 《재일동포작가 단편선》, 이한창 옮김, 소화, 1996, 210쪽.

한 향수나 애착의 감정은 작품 속에서 찾아볼 수 없다. 양석일 문학이 기존의 자이니치 텍스트에서 보여 주었던 민족과 국가, 고향에 대한 애착의 감정에 균열을 일으키며 자이니치 서사의 변형을 시도하고 있는 것으로 보여지는 것도 바로 이러한 지점이다.

참고문헌

김영명, 《일본의 빈곤》, 미래사, 1994.

도노무라 마사루, 《재일조선인 사회의 역사학적 연구》, 신유원 · 김인덕 옮김, 논형, 2010.

박일 외, 《재일코리안사전》, 정희선 · 김인덕 · 신유원 옮김, 선인, 2012.

양석일, 《달은 어디에 떠 있나(택시광조곡)》, 백태희 옮김, 인간과예술사, 1994.

양석일 외, 《재일동포작가 단편선》, 이한창 옮김, 소화, 1996.

이희상, 《존 어리, 모빌리티》, 커뮤니케이션북스, 2016.

존 어리, 《모빌리티》, 강현수 · 이희상 옮김, 아카넷, 2014.

林浩治, 《在日朝鮮人日本語文學論》, 新幹社, 1981.

이진형, 〈대중서사와 문학의 '윤리적 전회' – 네진자오의 문학윤리학비평을 중심으로〉, 《대중서사 연구》 22(2), 2016.

Nie Zhenzhao. "Ethical Literary Criticism: Basic Theory and Terminology," *International Journal of Diaspora & Cultural Criticism* 5(1), 2015.

Nie Zhenzhao. "Towards an Ethical Literary Criticism," *academia* 50(1), 2015.

イヨンスク, 〈虚無から夢へ－《狂躁曲》をめぐって〉(特集 梁石日), 《ユリイカ》 32(15), 2000.

3부

역사적 (임)모빌리티의 문화와 정치

일제강점기 한센 정책과 미디어의 대중 관리 전략

| 서기재 |

이 글은 《의사학》 26(3), 2017에 수록된 〈한센병을 둘러싼 제국의학의 근대사〉를 수정 보완한 것이다.

이 글은 일제의 한센 사업에 대한 연구가 소록도갱생원 내 착취의 역사 중심이었던 한계[1]를 극복하여, 일본의 제국의학 실천 방향 속에서 '구라의 아버지救癩の父'로 불리던 미쓰다 겐스케光田健輔의 한센 사업의 특성을 살펴보며, 식민지의학이 미디어를 매개로 '국민'이라고 부르던 사람들(당시, 자신을 '일본 신민'이라고 여기던 조선인과 일본인)을 포섭해 가는 양상에 대해 고찰한다. 이를 위해 다키오 에이지滝尾英一 의《식민지하 조선 한센병 자료집성》에 수록된 한센인 관련 신문 기사, 소록도 방문 개인 기록물, 그리고 당시 조선에서 간행된 대중문화 잡지를 분석 대상으로 삼아 '총독부-환자-민간 대중'을 잇는 한센 사업의 실체를 파악한다.

미쓰다 겐스케의 한센 사업과 한센인

근대 이전 일본에서 한센병은 '유전병'으로 취급되어 환자의 가족

---

[1] 기존 한센병 관련 연구는 의학적 연구, 역사 사회학적 연구, 사회복지적 연구, 인권 중심적 연구로 나뉜다. 즉, 한센병에 대한 의학적 정보 전달, 그리고 질병 관리 대책에 관한 의학적 연구나 통계, 한센병 관리의 역사, 한센인의 권리 보장과 복지 환경, 한센인의 삶의 과정 및 심리적 갈등을 자전이나 문학으로 표출한 저작물 또는 구술 관련 연구가 있다. 이 중 일제강점기 관련 연구로는 김성리(2013), 김기주(2011), 김미정(2012), 일제강점하강제동원피해진상규명위원회(2006), 정근식(1996, 1997a · b, 2002, 2005), 한순미(2010), 국가인권위원회(2005), 국립소록도병원(2005), 국사편찬위원회(2004, 2005), 대한나학회(2004), 마쓰다 도시히코(2014) 등의 논문이 있는데, 그 내용은 소록도자혜의원 설립의 역사, 소록도 한센인의 강제노역에 관한 조사 및 한센인 인권 침해에 관한 연구, 한센인이 과거를 회상한 구술에 관한 연구, 식민지기 의사로 활동했던 인물 연구 등이다. 일본에서의 식민지 관련 한센병 연구는, 후지노 유타카藤野豊가《생명의 근대사 いのちの近代史》(2001),《전쟁과 한센병戰爭とハンセン病》(2010)에서 일본과 식민지의 감염병 환자 말살 행태 및 전쟁 중 한센인의 격리 문제 등을 다루고 있다.

및 친척 등과 결혼을 기피할 정도였다. 근대 시기에 접어들어서는 콜레라 등 '급성감염증' 정책에 중심을 두고 있어서 한센병은 적극적 관리 대상이 아니었다. 그러나 1899년 막부 시기 시행되던 '거류지제도居留地制度'가 폐지되고 '내지잡거內地雜居'²가 실현되어 서양인이 일본 내에서 자유롭게 거주·이동할 수 있게 되면서 상황이 달라졌다. 이 시기 일본을 방문한 서양 선교사들은 일본에 한센인이 많은 것에 놀라 1880~90년대에 한센인 병원 등을 세웠다.³ 이에 따라 일본 정부도 '일본에 의한 한센인 정책' 마련을 시급한 과제로 삼았다. 한센인 정책의 출발은 당시 제정된 「북해도구토인舊土人보호법」(1899), 「정신병자감호법精神病者監護法」(1900), 「창기단속규칙娼妓取締規則」(1900)과 같이 서양인에게 보이고 싶지 않은 '문명국'의 수치를 가리는 방편으로 마련되었다.⁴

1899년 제13회 제국의회帝國議會에서 네모토 쇼根本正 등 3인의 의원이 〈나환자 및 거지 단속에 관한 질문〉을 제출했다. 여기에서 한센인은 '일본 제국의 위광威光을 훼손하는 중대한 문제'로 제기되었다.⁵ 1902년 제16회 제국의회에서 사이토 히사오斎藤壽雄는 〈나환자 단속에 관한 건의안〉에서 외국인이 일본에 와서 가장 두려워하는 것은 거리의 한센인이라고 보고했다. 그리고 1906년 제22회 제국의회에서 야마네 마사쓰구山根正次는 의회 입법안으로 「나예방법」을 제출하고,

2 '내지해방內地開放'이라고도 부른다. 외국인에 대한 거주·여행·외출의 제한을 폐지하고 일본 국내에서 자유롭게 여행·거주·영업을 허가하는 제도이다.

3 藤野豊,《ハンセン病と戰後民主主義》, 岩波書店, 2006, p. 2.

4 藤野豊,《反省なき國家》, かもがわ出版, 2008, p. 155.

5 藤野豊,《戰爭とハンセン病》, 吉川弘文館, 2010, p. 9.

1907년 23회 제국의회에서 〈나예방에 관한 건〉이 성립되었다.[6]

일본의 한센 사업은 피차별부락被差別部落 조사에서 출발한다.[7] 1912년 9월부터 젠쇼병원全生病院에서 한센인에게 종교적 교리를 전하던 승려 혼다 에코本多慧孝가 1913년 3~5월 병원장과 함께 전국 한센병 요양소와 한센인 다발 지역을 시찰하고 그중 피차별부락이 한센병 발생의 근원지라고 지적했다. 그리고 우생 사상에 근거한 '민족 정화'라는 국가적 목표 하에 〈근본적 나예방요항根本的癩豫防要項〉(1920)이 발표되면서 기존의 방랑하던 한센인 격리에서 모든 환자를 격리하는 정책으로 전환되었다. 1930년 12월에는 일본 내무성 위생국에서 《나병 근절책癩の根絶策》을 발간하는데, 이후 이에 근거하여 일본과 식민지의 한센 정책이 시행된다. 1931년 일본에서 '나예방협회'가 설립된 것에 이어, 1932년 12월에는 이마이다 기요노리今井田清德 · 이케다 기요시池田清 · 니시키 산케이西亀三圭 · 나가바야시 시게키長林茂樹가 설립위원 대표로서 재단법인 설립 허가를 총독부에 출원하여 '조선나예방협회朝鮮癩予防協會'가 설립되었다.

일본의 한센인 정책은 '문명국가 건설'의 과잉으로 드러난다. 일본은 1897년 제1차 '국제나회의國際癩會議'(베를린) 참가 이후[8] 국제적 지위 확보를 위한 문명국으로서의 위상 수립이라는 취지를 내세워 한

---

6 이 법률에 근거하여 일본에서는 5개의 구역(東京府, 青森県, 大阪府, 香川県, 熊本県)으로 나누어 각각 한센인 격리수용소가 설치되었고, 1909년부터 격리가 개시되었다(藤野豊, 《戰爭とハンセン病》, pp. 10-12).

7 藤野豊, 《ハンセン病と戰後民主主義》, p. 160.

8 베를린에서 열린 한센병에 관한 제1회 국제회의(1897)에서 이 병이 감염증이라고 보고되어 예방에는 환자 격리가 유효하다는 내용이 이후 한센인 관련 법률에 크게 영향을 끼쳤다(藤野豊, 《ハンセン病と戰後民主主義》, p. 2).

센인 단속과 격리의 제도화를 추진했다. 그러나 실상 제2차 베르겐 회의에서는 '환자 승낙에 의한 격리'가 제기되었고, 1923년 제3차 스트라스부르 회의에서는 '집 근처에서 인도적으로 격리', 카이로에서 열린 제4차 회의 때는 '합리적 퇴소 보증' 논의가 이루어졌다.[9] 그럼에도 불구하고 일본에서는 이 부분이 무시되고 절대격리가 실시되었다.

일본이 국제적 조류에서 일탈하여 절대격리를 고수했던 이유는, '국제나회의'(제3차)에서 일본(식민지 포함) 한센인이 10만 명이 넘는다고 보고되었기 때문이다.[10] 이 회의에 참가했던 미쓰다 겐스케는 '야만적이고 미개한 원주민에게 만연한 나병'이 '순결한 혈통인 일본인'에게 많다고 보고된 사실은 다른 서양 국가에 대해 '굴욕적'이라고 개탄하며 한센인 절대격리를 주장했다.[11]

미쓰다는 일본에서 '구라의 아버지'로 칭송되던 일본 한센 정책의 핵심적 존재이다. 그는 군의가 되고 싶었으나 시력 문제로 꿈이 좌절

---

9   柳橋演男 · 鶴崎澄則,《國際らい會議録》, 長壽會, 1957, p. 79, p. 193.

10   이 보고는 니시카와 요시카타西川義方가 1940년 초가을 조선을 여행하면서 조선의 위생, 의식주, 역사, 조선 각지의 경관을 감상한 내용을 '조선여행의 비망기朝鮮行の備忘記'로 작성한 것이다. 이것을 다시 니시카와가 9월《조선소록도갱생원을 통해 본 조선 구라사업朝鮮小鹿島更生園を通して観たる朝鮮救癩事業)이라는 제목으로 개인 출판하였다. 인용은 이 개인 출판 자료에서 하였다. 이 자료에서는 니시가와가 참가한 '제3회 국제나회의'에서 각국의 한센인 통계를, 지나(1,000,000명), 일본(102,586명), 인도(102,513명), 브라질(15,000명), 인도지나(15,000명) 프랑스령기니아(8,687명), 이집트(6,513명), 콜롬비아(6,568명) 마다가스카르(6,372명)라는 표를 제시하고 있다(西川義方,《朝鮮小鹿島更生園を通して観たる朝鮮救癩事業》, 個人出版, 1940(9), p. 1).

11   光田健輔,〈癩豫防撲滅の話〉,《社會事業》10(4), 1926, pp. 41-42. 그 외 하야시 후미오 林文雄도 절대격리를 주장한 인물인데, 그는 국제연맹의 의뢰를 받아 세계한센병정책 시찰(1933년 1월~1934년 1월)을 마친 후 시찰 보고를 통해 필리핀 요양소의 완치 한센인 퇴소와 미국 요양소의 골프, 댄스, 음주 등을 강하게 비판하며 단종과 강제노동의 정당성을 주장하기도 했다(藤野豊,《近現代日本ハンセン病問題資料集成》, 不二出版, 2004, p. 137, p. 144, p. 168).

되면서 병리학자의 길을 지망하게 되었다. 한센병과의 인연은 도쿄대학 의학부에 기부되는 한센인 시신 해부에 적극적으로 참가함으로써 시작되었다.[12] 1915년 젠쇼병원 원장으로 취임한 미쓰다는 일본의 피차별부락의 소재지를 파악하고 철저한 조사를 실시한다. 그리고 같은 해 한센인 단종수술을 처음 실시한다. 단종수술을 일본에서는 '와제쿠토미ワゼクトミー' 혹은 '우생수술'이라고 명명했다.[13] 미쓰다는 이 수술을 1924년 일본 피부과학회에서의 〈간단한 유정관절제술單なる輸精管切除術〉《皮膚科及泌尿器科雜誌》 25권 6호)이라는 보고에서, "유정관 하부 절제, 즉 국소마취 후 음낭 후면 피부를 불과 1cm 정도만 열어서 유정관을 노출시켜 그 일부를 절제하는 … 나 근절의 백미白眉"[14]라고 언급한다. 그 외에도 한센인은 같은 병을 가진 아이를 낳을 가능성이 크다는 점, 한센병에 걸린 모체가 임신·분만을 하면 한센병에 대한 저항력을 잃게 된다는 점, 남자아이의 고환은 한센병 병균이 번식하기 쉬운 온상이라는 점을 주장하며 한센병 근절에 대해 강조했다. 그리고 미쓰다는 한센인 '징계권'의 필요성도 주장했는데, 그의 의견에 따라 〈나예방에 관한 건〉 개정안에 수용소장의 〈징계검속권懲戒檢束權〉(1916)이 명기되었다.

미쓰다는 1930년 오카야마岡山현에 처음 개설된 국립 격리시설 나가시마애생원長島愛生園의 초대 원장이 되었다. 한센병 관리의 '국가대표'가 된 그는 '국가의 체면'을 지키기 위해 온갖 노력을 기울였다. 그

---

12   武田徹,《〈隔離〉という病い》, 講談社, 1997, p. 33.
13   滝尾英二,《朝鮮ハンセン病史—日本植民地下の小鹿島》, 未來社, 2001, p. 176.
14   光田健輔,《癩に関する論文 第三輯》, 長壽會, 1950, p. 12.

는 국민들이 스스로 한센병에 대처하게 되기를 바랐고, 이를 위해 식민지를 포함한 전 국민 동원을 모색했다.[15] 그가 주력을 기울인 것은, 일반 대중의 공간에서 환자를 퇴출하고 환자들만의 공간을 구성함으로써, 한센 사업이 환자와 비환자 모두를 위한 '공공의 선善'이라고 '전시display'하는 것이었다. 이를 위해 미쓰다는 두 가지 측면에서 활동하였는데, 그 한 가지가 한센병을 '감염병'으로 대중에게 각인시키는 언론 활동 즉 '공포의 선전'[16]이었고, 나머지는 갱생원에 견학자를 적극적으로 초청하는 것이었다.[17]

미쓰다를 주축으로 한 한센 사업의 결과, 1933년부터 일본 황태후 생일인 6월 25일이 '나 예방 데이'로 정해졌다. 그리고 '국민 계몽'이라는 명목으로 각지에서 강연회나 영화 상영 등의 행사가 늘어났다.[18] 또한 '무나현운동無癩県運動'을 실시하여, 일본 전국에서 경쟁적 형태로 자택에서 요양하는 환자를 찾아내 격리시설로 보냈다.[19] 그래서 1940년에는 당초 목표였던 1만 명 격리가 달성되었고, 1941년에는

---

15 예를 들어 경성·인천에 한센인이 돌아다니는 것에 대해, "국제도시인 경성, 인천과 같은 도시는 한센병 환자 수용에 어려움이 매우 많다. 특히 경성부와 같이 조선의 정치·경제·문화의 중심지로 일본이나 해외에서의 왕래가 빈번한 도시는 조선의 다른 도시와는 다르다. 경성부 내에 있는 나환자의 배회는 단순히 건강상의 문제뿐만 아니라 조선 통치의 체면에도 관계되는 것이므로 앞으로 이러한 특수 사정을 고려하여 총독부에서 해마다 4~50명 정도 할당 수용을 할 수 있도록 조치한다(滝尾英二,《植民地下朝鮮におけるハンセン病資料集成(第5卷)》, 不二出版, 2002b, p. 307)"며 '제국의 체면'을 손상시키는 중요한 문제로 여겼다.

16 武田徹,《〈隔離〉という病い》, p. 34.

17 우치다内田는, "미쓰다는 손님을 유치하는 데에 열심이었고, 그 덕에 직원들은 매주 일요일도 출근해야만 했다"며 미쓰다의 계속된 일반인의 갱생원 초대에 직원들이 힘들어했던 일화를 소개한다(内田守,《光田健輔》, 吉川弘文館, 1971, p. 110).

18 武田徹,《〈隔離〉という病い》, p. 42.

19 藤野豊,《ハンセン病と戦後民主主義》, pp. 8-9.

일본의 공립 격리시설이 모두 국립으로 이관되어 국민들을 동원하는 형태로 한센인 관리 정책이 시행되었다. 미쓰다는 1941년 나가시마 애생원 잡지 《애생愛生》에서 "천황의 명령을 받들어 생명을 바치는 군인과 같은 마음으로 후방의 국민들도 자신들의 공간에서 한센인을 퇴출"[20]해야 한다며, 한센인 관련 질병 정책이 황국신민에게 목숨을 걸 정도로 중요하다는 것을 강조한다. 이러한 제국의학에 대한 자부심은 일제를 지탱하는 버팀목 중 하나였다. 그리고 패전 이후에도 이러한 제국의학에 대한 자부심은 '일본제일日本一'이라는 개념으로 변형되어 '자랑스러운 일본' 대중을 구축하는 것으로 여전히 그 맥을 이어 간다.

패전 후 1949년 3월 6일, 나가시마애생원에서의 〈나병 관리 강습회〉 보고[21]에서 미쓰다는 과거 일제강점기 한센병 격리수용소 운영[22]에 대한 의견을 제출한다. 여기에서 미쓰다는 당시 소록도갱생원 사업을 '조선 통치의 본질을 표상하는 선정善政', '조선 통치에서 자랑할 만한 업적'으로 소개한다. 그리고 미쓰다는 한센인을 매개로 일본 국민의 한국에 대한 민족차별 감정을 선동하기도 했다. 그는 한국전쟁으로 인해 일본이 완벽하게 만들어 놓은 소록도갱생원에 혼란이 일어났고, 그 결과 한국 한센인이 일본으로 밀입국한다고 언급했다.[23]

---

20 光田健輔, 〈新體制下に於ける無癩県運動〉, 《愛生》, 長島愛生園, 1942, pp. 1-2.

21 光田健輔, 《癩に関する論文 第三輯》, p. 102.

22 1916년 소록도자혜의원(1934년부터 소록도갱생원), 타이완에서는 1930년 낙생원楽生園, 위탁통치령이었던 '남양군도南洋群島'에 소규모의 한센병 요양소, 괴뢰국가인 만주국에도 1939년 국립한센병요양소 동강원同康園을 개원했다.

23 藤野豊, 《反省なき國家》, p. 165.

이와 같은 소록도갱생원을 매개로한 식민 통치 합리화는 1967년 편찬된 하기와라 히코조萩原彦三의《조선의 구라 사업과 소록도갱생원》[24] 등 다양한 자료에서 마찬가지로 드러난다.

한센인을 바라보는 '눈'의 형성과 변용

미쓰다의 제국의학 실현 방법, 즉 절대격리를 위한 언론 활동과 견학자 초청과 같은 대중 포섭은, 식민지의학을 담당하던 인물들에 의해 조선에서도 비슷한 형태로 드러났다. 조선에서 한센병 대책에 관여한 초기 인물은 야마네 마사쓰구이다. 야마네는 일제강점기 조선 한센인 격리를 위한 시책 추진과 시설 마련을 도모했다. 그리하여 1916년 2월 24일 소록도자혜의원(후에 소록도갱생원)이 창설되고 초대 원장으로 아리카와 도오루蟻川亨가 임명된 후 조선 각 도의 한센인 수용이 시작되었다. 하가 에이지로芳賀栄次郎(1864~1953)는 1935년 〈조선 시책 25주년 감회〉에서 갱생원 설립 초기를 회상하며, "원래 조선에서 나환자 수용시설은 서양인의 손에 의해 두세 곳 설치되어 있었는데 … 매우 유감스러운 점이 많아서 총독부에서는 소규모라도 완

---

24 이 책은 일제강점기 소록도 갱생원의 설비 및 운영에 직접 관여했던 3인이 집필한 내용이 수록되어 있다. 이들은 당시 전라남도 위생과장이었던 요시오카 테이조吉岡貞蔵와 전라남도 재무부장이었던 사이토 이와조齋藤巖蔵, 그리고 갱생원 서무과장이었던 요시자키 다쓰미吉崎達美이다(萩原彦三,《朝鮮に救癩事業と小鹿島更生園》, 財團法人友邦協會, 1967, pp. 1-50). 이 외 조선 한센병사에 대한 관련 자료는 일본의 재단법인인 우방협회友邦協會에 의해, 1950년경 조선 통치의 자료 조사, 수집, 보전의 목적으로 수집이 시작되었다. 이 협회의 자료는 현재 5,700점에 이른다(學習院大學東洋文化硏究所,《友邦協會・中央日韓協會文庫資料目錄》, 學習院, 1985, pp. 1-302).

전한 요양소를 설치하고 싶었다"[25]고 언급한다. 이러한 의식 하에 소록도갱생원은 서양에 의한 갱생원에 비해 일본 식민지의학의 우수함을 자랑하는 도구로 마련되었다. 일본은 청일·러일전쟁 승리 후 대만, 사할린 남부, 조선, 만주를 그 세력권에 편입하여 아시아 유일의 '제국'의 길을 걸으며 세계 열강의 일각을 차지해 가고 있던 상황에서, 근대의학 분야에서 일본이 상당히 뒤쳐진다는 의식이 있었다. 따라서 한센 정책에 있어서도, 쉽게 도달하기 어려운 의학적 성과보다는 한센인 관리 시스템과 대중의 호응에 기대어 결과물을 완성해 가려고 했다. 이를 위해 미디어는 중요한 역할을 담당했다. 근대 이전부터 존재하던 대중의 한센인에 대한 막연한 두려움은 언론 기사를 통해 객관화·구체화되어 갔다. 한센인은 '불온'한 존재로, '부랑'하며, '부민의 곤란'[26]을 유발하므로 정부 당국의 조처가 필요한 대상으로 소개되었다. 다음은 당시 신문에 게재된 한센인 관련 기사 제목의 일부이다.[27]

일본어 신문

〈나병에 걸린 자기 아이에게 인육이 약이라고 듣고 – 거지 소년을 죽인 엄마 마침내 사형〉(《朝鮮朝日》, 1925년 10월 22일자)

---

25 滝尾英二, 《朝鮮ハンセン病史―日本植民地下の小鹿島》, p. 48.
26 〈나환자가 물품을 강요 – 부민이 곤란해 하다〉(《朝鮮朝日》, 1928년 6월 12일자), 〈행려行旅 병사자의 증가〉(《朝鮮通信》, 1928년 8월 28일자), 〈방치된 나환자가 불온의 형세〉(《朝鮮朝日》, 1928년 10월 18일자)(滝尾英二, 《植民地下朝鮮におけるハンセン病資料集成(第4巻)》, p. 73, p. 83, p. 85.)
27 이는 다키오 에이지의 《식민지하 조선의 한센병 자료집성》의 제4권과 5권에 나와 있는 890건의 신문 기사(한글, 일본어)를 확인한 것 중 일부를 제시한 것이다.

〈어린아이를 죽여 생간을 꺼낸 나환자〉(《朝鮮通信》, 1927년 3월 18일자)

〈살아 있는 사람에게 떨어지는 피를 빨아먹는 흉폭무자비한 살인귀〉(《朝鮮朝日》, 1928년 3월 30일자)

〈생간을 빼내는 나환자 일당〉(《京城日報》, 1928년 6월 10일자)

〈소녀 살인사건의 유력한 용의자 – 레프라 환자 2명을 각지에 지명수배 조사 중〉(《朝鮮朝日》, 1932년 5월 11일자)

〈지극히 괴기한 나환자의 범행 – 소녀 살인사건〉(《朝鮮朝日》, 1932년 5월 15일자)[28]

한국어 신문

《동아일보》〈癩病者의 橫行 어린 아해를 잡고 무슨 욕을 뵈이어〉(1920년 8월 6일자), 〈迷信은 亡國의 禍源: 문둥이는 음경을 먹어도 결단코 병은 낫지 안는다 타파하라 속히 미신을!〉(1920월 8월 13일자), 〈十二歲小兒를 割腹後摘肝〉(1927년 3월 15일자), 〈靑春少婦食人鬼 七歲女兒를 壓殺烹食 惡鬼도 戰慄할 迷信慘劇〉(1928년 5월 15일자), 〈癩病患者가 殺兒未遂 병 고친다는 미신을 밋고〉(1929년 5월 27일자)

《조선일보》〈무덤을 파헷치고 어린애 송장을 먹어〉(1930년 9월 7일자), 〈문둥병자가 五歲兒를 죽여 경주에서 일어난 대소동 可驚할 迷信의弊害〉(1931년 9월 1일자)[29]

이러한 기사는 한센인의 미신적 광기를 비난하며 결국 범죄를 낳

---

28 滝尾英二, 《植民地下朝鮮におけるハンセン病資料集成(第4卷)》, 不二出版, 2002a, p. 31, p. 45, p. 66, p. 73, p. 204, p. 205.

29 滝尾英二, 《植民地下朝鮮におけるハンセン病資料集成(第4卷)》, p. 3, p. 4, p. 45, p. 70, p. 88, p. 136, p. 150.

는다는 내용으로 이어진다. 그리고 미신적 치료법을 맹신한 범죄뿐 아니라 생계형 범죄나 성범죄도 저지른다는 기사도 확인할 수 있다.[30] 이처럼 한센인이 비환자인 대중의 공간에 존재함으로써 일어나는 폐해에 대해 알리며 그렇기 때문에 격리가 필수적이라는 분위기를 이끌어 낸다. 신문 기사 중 주제적으로 가장 많은 부분을 차지하는 한센인의 미신적 행동[31]은 비환자가 상상하기 어려울 정도로 엽기적이라는 것이 강조되어 있다. 잡지 《朝鮮》에서는 각 관내에서 행해지는 한센인의 풍습과 미신 요법에 대해 〈표 1〉과 같이 소개한다.[32]

결국 이런 행동을 할 수밖에 없을 정도로 치료가 어렵다는 것을 강조하고 감염의 위험성이 높다는 분위기를 조장하는 것이다. 이와 같은 미디어를 통한 한센인 혐오 담론 유포는 비환자인 대중이 자신들의 생활권에서 한센인을 추방해 주기를 바라고, 이들의 격리를 적극적으로 총독부에 요청하는 분위기[33]를 형성한다.

---

30 〈나환자가 늘어나서 부녀자를 희롱한다 – 감염병 환자 단속만으로는 철저하지 못함〉 《朝鮮朝日》, 1927년 10월 11일자), 〈감자 도둑으로 천형병자 소란〉《京城日報》, 1928년 4월 18일자), 〈나환자 30명이 범선을 덮침 – 감자를 뺏으려고 승선원과 격투를 벌이다〉《朝鮮朝日》, 1928년 4월 18일자)(滝尾英二, 《植民地下朝鮮におけるハンセン病資料集成(第4卷)》, p. 63, p. 67, p. 67).

31 〈미신으로 생간을 꺼내다 – 위험을 무릅쓴 조선 소녀〉《朝鮮朝日》, 1924년 10월 9일자), 〈생간을 얻기 위해 소녀 유괴 – 나병을 치료한다는 미신에서〉《朝鮮朝日》, 1925년 8월 9일자), 〈시신을 발굴하여 인육으로 술을 담그다 – 천형병자의 미신〉《京城日報》, 1928년 4월 17일자)(滝尾英二, 《植民地下朝鮮におけるハンセン病資料集成(第4卷)》, p. 26; p. 30; p. 66); 〈레프라 환자 죽은 사람의 고기를 먹는 미신〉《京城日報》, 1935년 3월 5일자)(滝尾英二, 《植民地下朝鮮におけるハンセン病資料集成(第5卷)》, p. 156)

32 〈표 1〉은 잡지 《朝鮮》의 1929년 7월(p. 114), 8월(pp. 119-120), 9월(p. 121)을 참고하여 필자가 작성함.

33 〈나병 환자의 단속 진정〉《朝鮮朝日》, 1927년 8월 31일자), 〈환자 일소―掃를 지사에게 진정〉《朝鮮朝日》, 1927년 8월 31일자), 〈천형병의 전멸을 꾀하라〉《朝鮮通信》, 1929년

〈표 1〉 위생에 관한 풍습 및 미신 요법

전라남도	· 맑은 물을 산신에게 바치고 기도를 드린 후 병자에게 마시게 하면 완치된다. · 누에의 요충을 술에 넣어 복용하면 효과가 있다. · 인육을 먹으면 낫는다. · 매미의 번데기가 서식하는 집의 부근의 흙을 파서 이것을 물에 끓여 먹으면 완치된다. · 많은 사람들이 음료수로 마시는 물에 몰래 목욕을 하면 완치된다.
경상남도	· 인육을 먹으면 완치된다. · 아이의 간을 먹으면 완치된다. · 우역牛疫으로 죽은 소의 고기와 간을 먹으면 완치된다. · 〈今朝登山 淫東海 有一王 三頭六尾 九目九首 朝食惡鬼三千 暮食惡鬼三萬 其の食尚不足故今餐沙速去千里〉라고 적힌 부적을 환자 방 문 기둥에 붙인다. · 복숭아나무 가지로 때리면 완치된다. · 고양이 내장을 먹으면 완치된다. · 오동나무의 새순을 먹으면 완치된다. · 유아의 음경을 먹으면 완치된다. · 썩은 뱀을 먹으면 완치된다. · 뱀을 설탕에 재워 그 즙을 마시면 완치된다. · 나환자의 시체를 화장하여 그 뼈 분말을 뭉쳐 구슬 형태로 만들어 새나 짐승에게 먹이면 자손에게 유전되지 않는다.
강원도	· 고양이의 태반 혹은 남자의 음경을 먹으면 완치된다. · 뱀이 개구리를 먹으려고 할 때 이 두 동물을 잡아 술을 담아 마시면 완치된다. · 아이의 생간을 먹으면 완치된다. · 인육을 먹으면 완치된다.

조사: 도경찰부위생과道警察府衛生課

근래 남조선 일대를 중심으로 나병 환자가 횡행하는 날이 많아지고, 지방 주민의 위생상 경제상의 위협이 적지 않다. … 과반수의 부산부의 상인 측 대표가 상업회의소를 방문하여 그 정리 정책의 수립을 요구하고, 나아가 그 문제를 부산만 단독으로 해결하고 실시해서는 철저하게 정리할 수 없으니, 경남·경북·전라 3도가 연합회의를 하지 않으면 안

6월 29일자)(滝尾英二,《植民地下朝鮮におけるハンセン病資料集成(第4卷)》, p. 61, p. 61, p. 90)에서 보이는 것 같은 '단속', '일소', '전멸'이라는 단어는 이들의 존재 자체가 해로운 곤충과 같이 여겨졌다는 것을 시사한다.

된다는 것을 당국에 요청했다.[34]

이상은 조선 대중의 한센인 격리에 대한 절실한 요구와 대책의 필요성을 강조하는 기사이다. 이러한 흐름은 우생학에 대한 긍정과도 맞물려 있다. 1932년 12월 10일자《京城日報》의〈인구문제와 우생학〉에서는 인구의 질적인 문제에 대해 강조하며 "적극적 방침을 세워 이 중요한 현안을 만족스럽게 해결하기 위해 관官과 민民 할 것 없이 노력을 기울여야 한다"[35]고 언급한다. 이는 '열등한 인간 소탕'에 민간의 참여가 절실함을 호소하는 내용이다.[36]

이처럼 한센인들에 대한 이미지는 일본어와 한국어 신문 등을 통해 다양한 측면에서 열등한 존재로 고착되어 갔다. 그러나 비슷한 내용을 실으면서도, 한국어 신문 기사의 요점은 〈표 2〉와 같이 한센인에 대한 '조사', '색출(문제제기를 통한)', '격리'였다.

일본어 신문은 이에 더하여 식민지의학의 위엄(진보해 가는 의료시설, 갱생원의 체계적인 시스템, 조선인들의 황국신민으로서의 행복감, 나예방협회의 활동과 성과)에 대한 기사를 많이 실었다. 그 내용을 살펴보면, 우선 소록도갱생원 설립 이후 환자 증가 양상과 그에 따른 긍정적인 효과가 꾸준히 언급된다.

---

34 〈나환자 정리의 필요〉(《朝鮮通信》, 1930년 7월 30일자)(滝尾英二,《植民地下朝鮮における ハンセン病資料集成(第4卷)》, p. 135).

35 滝尾英二,《植民地下朝鮮におけるハンセン病資料集成(第4卷)》, p. 256.

36 이러한 분위기는 당시 우생 사상의 대중 확산 분위기와도 맞물려 있다. 조선에서는 1933년 '조선우생협회'가 결성되고 잡지《우생》이 발행된다. 이 잡지에 관하여는 신영전《의사학》15(2)의《우생優生》에 나타난 1930년대 우리나라 우생운동의 특징〉(2006: 133-155)에 자세하다.

<표 2> 한국어 신문에 보이는 한센인 관련 기사

조사	《동아일보》〈不遇의 癩病患者 全南에 三千五百餘 도위생과에서 조사한 결과 昨年보다 五百名激增〉(1923년 2월 18일자), 〈救濟策이 全然업는 二萬餘名의 癩病患者〉(1927년 6월 25일자)	《조선일보》〈全朝鮮의 모히患者二萬 점점 증가하는 중이다 全南黃海가 首位〉(1930년 2월 18일자), 〈버림을 바든 朝鮮의 癩病患者 모던 京城에도〉(1931년 10월 26일자)	《중앙일보》〈鹹南의 癩病患者 今年 들어서 急增〉(1931년 8월 2일자)[37]	《동아일보》〈不遇의 癩病患者 全南에 三千五百餘 도위생과에서 조사한 결과〉(1933년 2월 18일자)[38]
색출 (문제제기를 통한)	《동아일보》〈大田에 癩病者 민간의 대소동〉(1922년 8월 10일자), 〈癩病者와 모히中毒者에 對하야 無誠意한 當局의 態度〉(1923년 7월 26일자), 〈문둥이 五百名이 촌락을 습격하려다가 경찰과 충돌되여 소동 住民의 病者忌避가 原因〉(1923년 6월 11일자), 〈癩病患者跋扈로 馬山府民의 恐慌〉(1927년 6월 14일자), 〈癩病者橫行으로 麗水市民不安〉(1931년 4월 21일자), 〈馬山府內에 癩病患者急增 시민보건상 중대문제〉(1931년 5월 14일자)[39]	《조선일보》〈今年에는 解決해야 될 우리 地方重大懸案 癩病者의 메카 大邱의 苦悶〉(1933년 1월 5일자), 〈癩患者의 威脅〉(1934년 9월 2일자)	《동아일보》〈癩病患者가 作隊해 求乞, 민심은 극도로 불안 중〉(1933년 3월 31일자), 〈統營各地에 癩病者橫行 주민보건상 중대문제 當局의 處斷을 慇望〉(1933년 9월 8일자), 〈一時根絶의 癩患者 又復大邱로集中 부민의 생활에 막대한 위협〉(1936년 6월 13일자), 〈衛生朝鮮의 大癌腫 肺結核, 癩病의 威脅〉(1937년 9월 8일자), 〈麗水에도 문둥이! 떼를 지어서 시내 횡행〉(1937년 10월 27일자), 〈府民保健의 癌腫인 癩病院移轉要望〉(1939년 3월 24일자), 〈百餘名癩病者 順天市街에 橫行! 一般住民은 恐怖中〉(1938년 5월 28일자), 〈馬山에 癩病者橫行 民衆保健에 赤信號〉(1938년 5월 28일자), 〈癩病患者出沒 떼를 지어 다니며 구걸을 한다 樊樹住民은 恐怖中〉(1938년 8월 11일자), 〈癩病患者가 橫行 關係當局에 根本退治策要望 市民保健에 一大威脅〉(1939년 3월 31일자), 〈문둥이 너무 만하 慶州市民極度로 不安〉(1939년 6월 16일자)[40]
격리	《조선일보》〈금후의 소록도는 나병환자의 낙원〉(1933년 9월 1일자), 〈慶南癩患者의 第二次輸送〉(1934년 9월 6일자)	《동아일보》〈나병자 잇든 巢窟을 燒却, 60명을 소록도로 보내고〉(1933년 10월 6일자), 〈街上彷徨의 癩患者 千六百名 또 收容, 今年十月에 또 새로 실어가 新天地의 小鹿島로〉(1934년 10월 6일자), 〈小鹿島의 別天地로 千餘癩患者輸送〉(1934년 8월 18일자), 〈小鹿島更生園擴張 街頭癩患者一掃〉(1935년 2월 26일자), 〈市民은 安心하라 市中橫行의 癩病者 不日小鹿島로 輸送〉(1936년 6월 13일자)[41]		

37 滝尾英二, 《植民地下朝鮮におけるハンセン病資料集成(第4卷)》, p. 14, p. 58, p. 104, p. 172.

38 滝尾英二, 《植民地下朝鮮におけるハンセン病資料集成(第5卷)》, p. 9.

39 滝尾英二, 《植民地下朝鮮におけるハンセン病資料集成(第4卷)》, p. 10, p. 15, p. 25, p. 57, p. 145, p. 146.

40 滝尾英二, 《植民地下朝鮮におけるハンセン病資料集成(第5卷)》, p. 1, p. 108, p. 11, p. 62, p. 202, p. 227, p. 232, p. 263, p. 272, p. 273, p. 279, p. 298, p. 304.

〈나병 요양소의 확장과 증설〉(《朝鮮朝日》, 1925년 4월 24일자)

〈소록도 의원 병사 증축〉(《朝鮮朝日》, 1927년 6월 4일자)

〈천형병원을 확장하여 500명 더 수용〉(《京城日報》, 1928년 5월 13일자)

〈나환자 수집狩集, 소록도에 보내다〉(《朝鮮朝日》, 1928년 6월 3일자)

〈소록도의 나병원 수용력이 증가하여 4개 도의 환자를 이동〉(《朝鮮朝日》, 1928년 9월 3일자)

〈중증 나환자 요양소에 보내다〉(《朝鮮朝日》, 1929년 10월 25일자)

〈나환자 수용소 확장〉(《朝鮮朝日》, 1930년 6월 20일자)[42]

〈넓어져 가는 소록도갱생원 대 번창〉(《京城日報》, 1935년 4월 10일자)[43]

'확장', '증설', '증가', '대번창' 등의 제목이 기사의 특징을 말해 준다. 신문 기사는 소록도갱생원이 얼마나 많은 환자를 수용해 가고 있는지, 앞으로도 수용할 수 있는지 꾸준히 보도했다. 그리고 확장의 개념에는 단순한 시설 확장에서 그치지 않고 의학적 진보에 관한 내용도 곁들인다. 연구를 위해 한센인 시신을 대학에 기증하기도 하고, 새로운 치료법 발견을 선전하기도 했다.[44]

---

41 滝尾英二, 《植民地下朝鮮におけるハンセン病資料集成(第5巻)》, p. 58, p. 110, p. 80, p. 89, p. 104, p. 155, p. 207.

42 滝尾英二, 《植民地下朝鮮におけるハンセン病資料集成(第4巻)》, p. 26, p. 56, p. 69, p. 72, p. 82, p. 93, p. 132.

43 滝尾英二, 《植民地下朝鮮におけるハンセン病資料集成(第5巻)》, p. 160.

44 〈나병 환자의 연구 재료로 시신을 제공〉(《朝鮮朝日》, 1926년 10월 14일자)(滝尾英二, 《植民地下朝鮮におけるハンセン病資料集成(第4巻)》, p. 41), 〈시가성대총장 레프라 근절 계획〉(《朝鮮朝日》, 1931년 3월 19일자)(滝尾英二, 《植民地下朝鮮におけるハンセン病資料集成(第4巻)》, p. 141) 〈신물질의 발견 레프라는 고쳐진다〉(《京城日報》, 1933년 7월 20일자), 〈레프라를 근본적으로 연구하다 – 경성 의전이 각 부문으로 나뉘어 각계 획

그리고 소록도갱생원 한센인의 생활에 대한 기사에서는 그들의 '감정'이 다루어진다는 특징이 보인다. 앞서 여러 기사에서도 확인했듯이 한센인은 비인간적 존재로 취급되었다. 이들의 색출 및 격리 과정에서 사용되는 '수집狩集'이나 '수립狩立',[45] 즉 '사냥하여 모은다'(혹은 내쫓는다)는 표현은 한센인에 대한 태도(비인격적 혹은 동물적 존재)를 단적으로 드러낸다. 그러나 갱생원 내 한센인은 감정을 표현하는 '인간'으로 소개된다. 예를 들어 1938년 9월 15일자《京城日報》의 〈감격하는 환자, 미나미 총독 소록도를 시찰〉이라는 제목의 기사는,

> 총독은 원장의 안내로 5,000명의 환자를 수용하는 동양 제일의 나수용소와 형무소 시설을 자세하게 시찰하셨다. 특히 중앙 운동장에 모여 있던 남녀 3,770명의 환자를 향해, 총독은 자애로운 아버지와 같은 모습으로 훈화를 들려주셨다. 일동은 훈화를 들으며 일본 국민으로서의 영광에 감격의 눈물을 흘리고, 진심에서 우러나오는 황국신민서사를 제창했다.[46]

라고 소개하여 한센인의 눈물, 진심 등을 언급한다. 그리고 소록도갱생원에는 오락기관, 악단, 극장 등의 문화 공간이 설치되어 있어 환자가 '유희적 감정'을 드러낼 수 있다는 것을 알리기도 한다.[47] 또한 환

기적인 시도)(《京城日報》, 1935년 3월 15일자)(滝尾英二, 《植民地下朝鮮におけるハンセン病資料集成(第5卷)》, p. 53, p. 160).

45 〈나환자 수집(狩集) 소록도에 보내다〉(《朝鮮朝日》, 1928년 6월 3일자), 〈대구 나환자 일제 내몰다(狩立)〉(《朝鮮朝日》, 1928년 6월 19일자)(滝尾英二, 《植民地下朝鮮におけるハンセン病資料集成(第5卷)》, p. 72, p. 77).

46 滝尾英二, 《植民地下朝鮮におけるハンセン病資料集成(第5卷)》, p. 282.

47 〈전남 소록도 나요양소에 오락기관 설치〉(《朝鮮朝日》, 1927년 8월 27일자), 〈나요양소

자들은 자신들의 삶이 안정되어 "감사하는 마음으로 매우 명랑하게 갱생 생활을 영위해 가고 있는 현재 상황"[48]이라는 기사도 확인할 수 있다.

새로운 환자를 환영하는 한편 그들은 천형병天刑病을 극복하고자 노력하고 있고, 건강한 사람은 전답에서 혹은 토목 건축을 도우며 얼마 안 되지만 임금 받는 것을 좋아하여 열심히 일을 하고, 2천 명의 대가족이 어떤 불만도 표하지 않으며 낙원의 실현에 힘쓰고 아무런 사고도 없이 지내고 있다.[49]

이상과 같이 환자의 '감격', '감사', '명랑', '좋아함', '불만 없음' 등, 감정을 가진 존재로 표현하는 것을 확인할 수 있다. 한센인도 생산 활동을 통해 자신의 삶의 터전을 가꾸며 만족하며 지낸다는[50] 등의 기

연극장 보조 신청〉(《朝鮮朝日》, 1930년 5월 29일자)(滝尾英二, 《植民地下朝鮮における
ハンセン病資料集成(第4卷)》, p. 60, p. 132), 〈소록도 소식: 환자는 음악을 좋아해, 활기
차게 갱생에 노력하다〉(《京城日報》, 1934년 12월 4일자), 〈소록도는 이상원理想園 모두
자급자족, 음악대도 생겼어요〉(《京城日報》, 1935년 3월 3일자)(滝尾英二, 《植民地下朝
鮮におけるハンセン病資料集成(第5卷)》, p. 131, p. 157).

48 그들은 소록도를 자신들을 위해서 전부 개방해 준 것에 감사하여 매우 명랑한 기분으
로 갱생 생활을 영위하고 있고, 현재 당국에서는 여러 가지 위안 방면으로 계획도 세우
고 있다(〈천형자에게 천혜의 소록도, 당국에 감사하여 명랑하게 빛의 길로〉)(《京城日
報》, 1933년 10월 8일자), 〈천형자에게는 천혜의 소록도〉(《京城日報》, 1933년 10월 8일
자)(滝尾英二, 《植民地下朝鮮におけるハンセン病資料集成(第5卷)》, p. 81).

49 《京城日報》, 1934년 12월 4일자(滝尾英二, 《植民地下朝鮮におけるハンセン病資料集成
(第5卷)》, p. 131).

50 〈김과 벽돌을 소록도에서 생산〉(《朝鮮朝日》, 1935년 2월 26일자), 〈소록도 낙원에서 옷
감도 짠다〉(《朝鮮朝日》, 1935년 2월 26일자)(滝尾英二, 《植民地下朝鮮におけるハンセ
ン病資料集成(第5卷)》, p. 147, p. 157)에서 보이는 것처럼 소록도에서는 자급자족을 목

사는 갱생원 내 한센인을 평범한 인간으로 취급하는 것처럼 보인다. 그리고 소록도갱생원을 소개하는 신문 기사 제목에는 '별천지', '천국', '낙원', '천혜'라는 단어가 종종 보인다.[51] 즉, 갱생원 안과 밖의 한센인에 대한 취급이 다르다는 것이다. 한센인이 갱생원 내에서 인간답게 살고 있다는 묘사는, 한때 자신의 가족 혹은 이웃이기도 했던 존재들을 비인간 취급하여 자신의 공간에서 무자비하게 몰아낸 대중에게 윤리적 합리화와 안도감을 제공하고, 일본 제국 건설이 궁극적으로 '천황의 자애'를 통해 이루어진다는 것으로 치환된다.

근대 의학 문화의 전시장 소록도갱생원

앞에서 살펴본 바와 같이 소록갱생원은 한센인에게 새로운 인간적 삶을 보장하는 이상적인 공간으로 전시되었다. 1932년 '조선나예방협회' 설립 후 각종 미디어에는 소록도갱생원을 더 적극적으로 소개했다. '나협회' 소개, 설립위원 소개, 기부자, 기부 요청에 관한 기사가 압도적으로 많아진다. 그리고 일본 각계 인사들의 소록도갱생원 방문이 늘어났다. 〈표 3〉은 일본의 정치 · 의료계 인사들과 기자들의 소록

표로 전답을 가꾸며, 직물도 생산하고, 김과 벽돌도 생산하고 있다고 소개한다.

51 〈천형자에게는 천혜의 소록도〉(《京城日報》, 1933년 10월 8일자), 〈김과 벽돌을 소록도에서 생산 – 4천여 명 대세대의 낙원에 경제탄력을 가져 오다〉(《朝鮮朝日》, 1935년 2월 26일자), 〈소록도 낙원에서 옷감도 짠다〉(《朝鮮朝日》, 1935년 3월 6일자), 〈소록도는 낙원 환자의 천국〉(《朝鮮每日》, 1940년 4월 13일자)(滝尾英二, 《植民地下朝鮮におけるハンセン病資料集成(第5巻)》, p. 81, p. 147, p. 157, p. 324) 이는 조선 내 기독교(서양의 상징으로서) 관련 갱생원을 의식한 단어라고도 볼 수 있다. 기독교의 이상향으로서 '천국'의 이미지를 소록도갱생원이라는 공간에 투사하여 그 성격을 표현하고자 했던 것으로 보인다.

도갱생원 방문기이다.[52]

소록도 방문기는 일본의 조선 한센 정책 현황과 한센인 수용의 추이, 소록도 내의 시설 시찰에 대한 감상으로 이루어져 있고, 여행기인만큼 소록도까지 가는 경로가 자세하게 기술되어 있다.

〈표 3〉 잡지 및 개인 기록물을 통해 본 일본인의 소록도 방문기

게재 연월	제목	게재지	저자
1933년 5월	소록도에서	《日本MTL》	MY生
1933년 7월	미쓰다 원장 조선 여행 일정	사적기록물	宮川量
1933년 7월	조선의 나 견문기	사적기록물	宮川量
1934년 8월	소록도의 확장	《日本MTL》	斎藤安雄
1934년 10월	조선 소록도자혜의원	《日本MTL》	三井輝一
1934년 11월	소록도갱생원 소식	《日本MTL》	저자 표기 없음
1935년 7월	완성되어 가는 소록도갱생원을 보다	《日本MTL》	저자 표기 없음
1935년 9월	소록도갱생원 현황	사적기록물	三井輝一(談) 宮川量(記錄)
1935년 10월	내선신흥 제2국립요양소의 개원을 축하하다	《愛生》	光田健輔
1935년 11월	조선 소록도갱생원 낙성	《日本MTL》	今井田政徳
1935년 11월	조선 소록도갱생원 낙성식을 참관한 기록	《愛生》	田尻敢
1935년 12월	조선 소록도갱생원 낙성식	《警察彙報》	저자 표기 없음
1935년 12월	조선 나요양소 인상	《日本MTL》	田尻敢
1936년 1월	소록도 견문기	《愛生》	高野六郎
1936년 3월	나요양소 현황과 확장	《日本MTL》	霜崎清
1936년 7월	소록도갱생원 방문 기록	사적기록물	宮川量
1936년 10월	조선 나요양소 소록도갱생원 방문 기록	《日本MTL》	川染義信
1937년 10·11월	조선의 나를 통해 일본을 돌아보다 –소록도이야기(1)(2)	《日本MTL》	下村海南

---

52 〈표 3〉은 滝尾英二, 《植民地下朝鮮におけるハンセン病資料集成(第6巻)》, 2002c, pp. 1-429의 내용을 확인하고 필자가 작성하였다.

1938년 3월	감격적인 등대 건설	《日本MTL》	저자 표기 없음
1939년 8월	소록도갱생원을 방문하다	《日本MTL》	白戸八郎
1940년 5·6월	나요양소 소록도(1)(2)	《文獻報國》	フツバ (山本春喜 번역)
1940년 8월	소록도갱생원장 수오원장의 동상이 서다!	《日本MTL》	저자 표기 없음
1940년 9월	조선 소록도갱생원을 통해 본 조선의 구라 사업	사적기록물	西川義方
1940년 10월	견디기 어려운 통한사(痛恨史)	《愛生》	光田健輔
1940년 10월	소록도갱생원 참관	《愛生》	光田健輔
1940년 12월	조선을 여행하고	《日本MTL》	遊佐敏彦
1942년 1월	후생성(厚生省)의 탄생을 계기로	《朝鮮》	石田千太郎
1942년 1월	내지에 나 절대격리의 모범을 보여야	《愛生》	光田健輔
1942년 5월	특집 소록도갱생원(서문)	《文化朝鮮》	저자 표기 없음
1942년 5월	수오 마사스에 원장에 대해 이야기하다	《文化朝鮮》	梶一
1942년 5월	갱생원 진료기	《文化朝鮮》	小鹿島更生園
1942년 5월	갱생원의 생태	《文化朝鮮》	中川浩三
1942년 5월	소록도갱생원 방문기	《文化朝鮮》	相馬美知
1942년 5월	갱생원 현지 좌담회 – 갱생원 클럽에 대하여	《文化朝鮮》	横川基외 6인
1943년 4월	소록도갱생원 근황	《愛生》	西亀三圭

　　전라남도 벌교역에서 남쪽으로 약 10리 정도 떨어진 지역에 녹동이라
는 어촌이 있다. 여기에서 발동기선으로 10분 정도 가면 소록도에 도착한
다. … 수년 전 조선의 나癩는 외국인 선교사에 의해 관리되었고 정부가
운영하는 소록도요양소는 거의 유명무실 그 자체였지만, 조선 관민官民의
나에 대한 이해를 통해 조선나예방협회가 창립되었다. 동시에 120만 엔의
헌금이 생겼고, 이 금액의 대부분을 소록도갱생원의 설비를 갖추는 데에
사용하여, 크리온섬[53]에 이은 세계 두 번째 수용력을 지닌 4천 명 환자 수

---

53 Culion, 마닐라 남서 32km, 팔라완주 북부에 위치한 섬으로, 1906년 미국 통치 하에 한
. 센인 격리 요양을 목적으로 한 시설이 설치되었다.

용 계획을 세우고 … 이처럼 조선의 계획에 자극을 받아 일본이 나병으로부터 하루빨리 구원받기를 바라는 마음이 강하게 들었다.[54]

관민 협력에 의해 조선 한센 정책이 성공한 것처럼 일본의 한센 사업도 잘 이루어지길 바라는 마음을 담고 있다. 그리고 다른 여행자는 이전부터 소문으로만 듣던 갱생원을 꼭 방문해 보고 싶었다는 감상을 전하며, 일본에서 부산을 거쳐 소록도로 가는 경로를 자세히 소개한다.

갱생원은 조선총독부 직할의 요양소이다. 이 시설은 조선에서뿐 아니라 세계에서도 보기 드문 대규모 시설이어서 언젠가는 꼭 방문해 보고 싶었다. … 부산에서 경성으로 가는 기차를 타고, 삼랑진三浪津이라는 곳에서 갈아타 경상남도 진주라는 곳까지 갔다. 거기에서 버스를 타고 조선의 산간을 돌아 순천에 이르는데, 여기에는 약 4시간 정도 소요된다. 순천에서 다시 기차를 타고 벌교역에 내려서 자동차로 한 시간 정도 더 가면 반도의 남단 녹동이라는 마을에 이른다. 거기에서 병원의 작은 증기선을 타면 소록도에 도착한다. … 이 섬은 이상적인 건강지健康地로, 땅이 비옥하고 해산물이 풍부하여 부식물의 자급이 가능하다는 것은 실로 이 섬이 가진 큰 특권이라고 할 수 있다.[55]

이와 함께 갱생원 내의 시설을 구체적으로 소개한다. 또 다른 방문

54　田尻敢,〈朝鮮癩療養所の印象〉,《日本MTL》, Nippon mission to lepers, 1935, pp. 2-3.
55　白戸八郎,〈小鹿島更生園を訪ふ〉,《日本MTL》, Nippon mission to lepers, 1939, p. 7.

기에서는, 소록도를 일본인에게 친숙한 곳으로 소개하기 위해 "최승희가 태어난 곳이자 손 선수를 낳은 고향으로 친숙한 조선!!"[56]이라는 표현을 글머리에 사용하여 세계적 명성을 떨친 인물들이 태어난 고장으로 '조선'을 환기시킨다. 실제 최승희와 손기정은 소록도와 전혀 무관함에도 불구하고, 세계적으로 이름을 알린 존재들과 동일한 선상에 소록도갱생원을 위치 지어 일본인들의 관심을 모으고자 했다. 또한 조선나예방협회 설립 직후부터 소록도를 방문했던 미쓰다 겐스케도(〈표 3〉의 〈미쓰다원장 조선여행일정〉, 1933년 7월 참고) 1940년 소록도 갱생원 시찰 후 다음과 같은 감상을 전한다.

풍년춤豊年踊 대열이 뿌우뿌우 하는 소리를 내고, 북을 두드리며 200명 정도 입장했다. 빨강 · 초록 · 노란색 천 조각으로 장식한 의상을 입고 깃털로 만든 모자를 쓴 머리를 빙글빙글 돌리면서 손을 흔들고, 발로는 춤을 추며 흥겨운 몸짓으로 대열을 만들면서 돈다. 일본의 본오도리盆踊り와 비슷하다. … 그러는 중 세찬 비가 내리기 시작했다. 대열은 아랑곳하지 않고 춤을 췄다. 내가 감동했던 것은 운동장 트랙에 백의를 입고 무릎을 꿇고 앉아 있던 수천 명의 군집의 모습이었다. 춤이 끝날 때까지 하얀 벽처럼 트랙에 조용히 앉은 채 아무도 일어서려고 하지 않는다. 그들은 숨을 죽이고 관람하고 있었다. 비는 점점 더 세차게 내렸다. 행사 중지 명령이 내려졌다. 군집은 그제야 가지고 있던 우산을 꺼내어

---

56 川染義信, 〈朝鮮癩療養所 小鹿島更生園を訪ふ記〉, 《日本MTL》, Nippon mission to lepers, 1936, p. 3.

쓰고 각 부락으로 흩어졌다. 일본에서는 볼 수 없는 광경이었다.[57]

질서정연한 조선인들의 태도에 미쓰다는 '일본에서는 볼 수 없는 광경'이라고 감탄한다. 이와 같이 일본인 방문자들은 조선인의 '협력적 태도'에 상당히 주목하고 있었던 것을 알 수 있는데, 다른 방문 기록에서도 소록도 방문 후 특히 강조하는 것은 조선의 한센 정책이 '관과 민이 협력'하고 있다는 점이었다. 이들의 글에는 '관민일체官民一體'라는 단어가 빈번하게 등장한다. 국가의 한센 정책에 대한 조선인의 적극적 '참여'에 기술의 초점을 두어, 아직 참여하지 않은 조선의 대중을 고무시키고, 이를 모델로 삼아 열도 일본의 대중의 참여를 이끌어 내고자 했던 것이다.

당시 일본 '나예방협회'는 자금 출원 문제에 대해 상당히 고심하고 있었는데, 그 자금을 민간에서 충당하려고 계획하고 있었다. 《일본엠티엘日本MTL》에는, "한센병 근절을 추진하기 위해서는 자금이 가장 문제인데, 관민이 서로 협력하고 나예방협회가 전국적인 조직을 정비하여 열심을 내면 어려울 것도 없다"[58]고 언급하고 있다. 즉, 민간의 협조를 통한 자금 조달로 이상적인 한센인 정책을 실현할 수 있다는 것이다. 각계의 일본인들은 '관민일체'의 이상적인 사례인 소록도갱생

---

57   光田健輔, 〈小鹿島更生園參觀〉, 《愛生》, 長島愛生園, 1940(10), pp. 5-6.
58   《日本MTL》60호(1936)의 1쪽을 참고하였다. 《日本MTL》은 가가와 도요히코賀川豊彦를 중심으로 1925년 6월에 발간된 NIPPON MISSION TO LEPERS의 기관지(월간)이다. '무나현운동'적극적 지원, '천황의 은혜'에 대한 한센인의 감사, 조선 한센인의 소록도갱생원 수용을 찬미하는 글 등을 다수 실었다. 1942년 회의 명칭을 단풍나무 십자회楓十字會로, 기관지도 《단풍나무 그늘楓の蔭》로 개칭했다(滝尾英二, 《植民地下朝鮮におけるハンセン病資料集成(第6卷)》, p. 5).

원에 주목하지 않을 수 없었다. 다카노 로쿠로高野六郎는,

> 현재 조선 소록도의 시설은 일본의 나가시마長島보다 몇 배는 더 낫다.
> … 조선나예방협회가 조직되어 관민이 협력하여 약 150만 엔의 자금을
> 모아 소록도 전부를 매수하여 환자 4천 명 수용 계획을 수립했다. … 기
> 부금이 예상 외로 많이 모여서, 당초 계획이 확대되어 올 가을에 이미
> 4천 명 수용의 나도癩島가 완성되고, 11월 21일에 낙성식을 거행하게 되
> 었다. … 소록도 부근의 부락을 대상으로 학교나 병원을 제공하기도 하
> 는데, 이것도 일본에서 볼 수 없는 광경으로 역시 감탄을 자아낸다.[59]

소록도갱생원이 '관민일체'로 자금 조달 문제를 극복해 갈 뿐만 아
니라 더 나아가 주변 마을과 병원 및 학교 시설을 공유할 정도로 영향
력을 확대해 가고 있다는 점에서 일본의 귀감이 된다는 것이다. 시모
무라 가이난下村海南도 한센인 정책에 대한 조선 대중의 높은 참여율을
칭찬하며, 이에 반해 일본 대중의 한센인에 대한 관심이 매우 부족함
을 다음과 같이 지적하고 있다.

> 일본과 조선의 나병에 관한 큰 차이점을 들자면 나에 대한 관심 부분
> 이다. … 일본의 나예방협회는 200만 엔을 모으려 했으나 절반도 모아지
> 지 못했다. 이에 반해 조선에서는 50만 엔 정도 모으려고 했는데 210여
> 만 엔이 모였다. … 기부금을 내는 사람은 조선인이 더 많다. 더구나 조
> 선의 인구는 일본의 3분의 1 수준이고 부유함의 정도도 일본보다 한참

---

59   高野六郎, 〈小鹿島見聞記〉,《愛生》長島愛生園, 1936, p. 16.

낮다. 이처럼 일본에서는 나문제가 너무 간과되고 있다.[60]

갱생원을 방문한 이들은 식민지의학의 성과를 자랑하며 이것이 일본의 한센 정책에도 반영되어야 한다는 의지를 보였다. 전시 상황으로 발전해 가며 자금난에 허덕이는 가운데 민간의 기부는 한센 정책을 추진하기 위한 핵심적인 요소였다. 따라서 당시 소록도갱생원 확장의 주요 자금원이 된 기부에 대해 강조하지 않을 수 없었다.

이와 같이 민간의 의식적 참여와 경제적 보조를 끊임없이 필요로 했기에, 당시 신문과 잡지 기사는 기부금에 대한 '미담美談'[61]이 상당히 많은 부분을 차지한다. 우선 황실이 모범을 보이고 있다는 점을 알리기 위해 〈우량사회단체에 천황 하사금〉이라는 제목의 기사가 꾸준히 게재된다.[62] 그리고 민간의 기부에 대해서도 적극적으로 선전했다.[63] 기부에 관한 기사는, 'ㅇㅇ엔 돌파!'처럼 목표치를 정해 놓고 얼마까지 모금되었다는 식의 경쟁적인 글들이 소개되거나,[64] 기부한 사람의

---

60 下村海南, 〈朝鮮の癩から內地へを―小鹿島物語〉(1)(完),《日本MTL》, Nippon mission to lepers, 1937, p. 2.

61 이 '미담'이라는 단어는 기부와 관련하여 종종 등장한다. 일제는 청일·러일전쟁을 거치면서 전쟁에 자신을 희생하여 일본 천황의 덕을 드러낸 이야기를 'ㅇㅇ미담'이라는 제목으로 다양한 미디어에서 노출했다. 즉, 미담의 주인공은 '국가를 위해 헌신하는 일본인'이라는 이미지가 담겨 있다.

62 〈사회사업장려 천황 하사금전달〉이라는 제목으로 잡지《朝鮮》의 1929년 11월, 1934년 2월, 1935년 3·11월, 1936년 3월, 1938년 3·11월에 연재되고 있음을 알 수 있다.

63 〈나 병원 확장, 뜻을 모은 기부로〉(《朝鮮朝日》, 1926년 12월 2일자), 〈소록도에 쏟아지는 同情〉(《京城日報》, 1927년 12월 16일자)(滝尾英二,《植民地下朝鮮におけるハンセン病資料集成(第4卷)》, p. 42, p. 45) 〈사회사업에 거금 기부, 조선을 떠나는 후쿠이 씨〉(《朝鮮朝日》, 1934년 9월 19일자)(滝尾英二,《植民地下朝鮮におけるハンセン病資料集成(第5卷)》, p. 126)

64 〈나예방협회의 기부 10만 돌파〉(《京城日報》, 1933년 3월 3일자), 〈경남의협회 기부 24

<표 4> 나예방협회 기부금 신청 및 수납 상황표 (단위: 圓)

	경기도	충청북도	충청남도	전라북도	전라남도	경상북도	경상남도
도비보조액	12,000	4,000	8,000	10,000	31,000	44,000	37,000
기부신청액	167,712	7,501	21,109	150,061	220,257	98,355	248,415
기수납액	107,537	5,560	21,109	83,526	81,178	98,355	117,880
	황해도	평안남도	평안북도	강원도	함경남도	함경북도	계
도비보조액	6,000	4,000	4,000	4,000	4,000	2,000	170,000
기부신청액	10,829	12,976	26,860	15,052	42,241	9,304	1,117,779
기수납액	10,829	12,439	14,266	7,000	37,417	8,483	691,149

※ 기부신청액(本府直接扱 5,827+官公史 81,274)과 기수납액(本府直接扱 4,287+官公史 81,274)의 총계에는 나예방
협회 직접 기부와 관공사(官公史) 기부가 포함된 금액이다.

따뜻한 마음씨를 강조한 글[65] 등으로 이어진다. 이러한 기부 성과를
강조하는 기사를 통해 일반인들에게도 주변에 한센인 부랑자가 생기
지 않도록 기부를 독려했던 것이다. 즉, 수용시설이 부족하면 결국 피
해를 보는 것은 '일반인=국민(조선과 일본의 비한센인)' 자신이라는 것
을 인식하게 하여 스스로 참여하게 했다. 〈표 4〉의 〈나예방협회 기부
금 신청 및 수납 상황표〉를 보면 당시 민간에서의 기부 금액을 알 수
있고,[66] 조선에서 기부 신청과 수납이 원활하게 이루어졌음을 알 수
있다. 잡지 《朝鮮》의 〈나예방 하사금과 기부 상황〉에서는 "나예방에

만 엔 돌파〉《朝鮮朝日》, 1933년 3월 3일자)(滝尾英二, 《植民地下朝鮮におけるハンセ
ン病資料集成(第5卷)》, p. 11)

65　〈불쌍한 나구제에 소녀 가정의 결정 3,200매의 걸레 값 기부 – 부산고녀교의 훌륭한 행
동〉《京城日報》, 1933년 3월 17일자)(滝尾英二, 《植民地下朝鮮におけるハンセン病資
料集成(第 5卷)》, p. 18)

66　〈표 4〉는 《朝鮮癩豫防協會要覽》朝鮮癩豫防協會 1933년 4월 pp. 59-60을 참고하여 필
자가 작성.

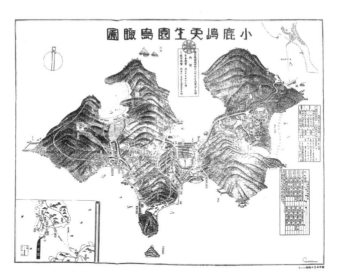

〈그림 1〉 소록도갱생원 조감도(1940년, 소록도갱생원 연보)

대한 조선 전체 관민의 관심은 매우 높다. 당초 27만 엔(관사 제외)의 기부를 예상했으나 이미 81만 엔을 돌파하여 3배에 달하는 성황을 이루어 일본에서도 경이로운 눈으로 바라보고 있다"[67]며, 다수의 조선인 참여가 놀랍다는 듯이 소개한다.

이와 같이 '관민일체'로 이룩한 소록도갱생원은 단순히 정치나 의료계 관련자뿐만 아니라 일반인 방문을 위한 전시의 장으로도 활용되었다. 관광잡지인《문화조선文化朝鮮》[68]에 소록도가 소개된 것이다.

---

67 朝鮮總督府,〈癩豫防下賜金と寄附狀況〉,《朝鮮》, 朝鮮總督府, 1933, p. 156.

68 《문화조선》은 원래 동아여행사조선지부(전신 일본여행협회조선지부, 경성)에서 1939년 6월 발간된 한국 최초 관광잡지《관광조선觀光朝鮮》이 그 이름을 1941년 1월 바꾼 것으로, 당시 조선의 관광에 관련된 다양한 내용(여행지 안내, 교통편, 수필, 소설, 기생,

이 잡지는 발간 취지를 '조선이 가진 잠재력을 개발'하는 데에 있어 '일반 국민이 조선을 아는 것'이라고 밝힌다. 이런 이유에서 이 잡지는 대중의 흥미를 자극하는 조선의 문화를 소개하고 있으며, 기자들과 일본에서 방문하는 각계 인사들의 조선 여행기를 실어 실시간으로 조선의 상황을 전달하고 있다. 이 《문화조선》 4권 3호는 〈소록도 특집〉으로 구성되었다. 〈소록도 특집〉에서는 다양한 측면에 소록도를 소개할 뿐만 아니라 소록도 지도와 교통편 정보를 제공하고 있다. 〈표 5〉는 소록도 방문자를 위한 경로 안내와 시간표이다. 그 내용을 보면, 녹동鹿洞과 소록도 사이의 왕복 배편은 9월부터 3월 사이에는 하루에 6편, 4~6월은 하루 8편, 여름철인 7~8월은 하루 10편이 배정되어 있다. 소록도로 가는 구체적인 교통편도 소개하는데, 일본에서 직접 방문하는 경로와 경성을 거쳐서 방문할 수 있는 경로로 나누어져 있다. 그리고 출발지에 따라 이용할 수 있는 교통편과 경유지 등을 자세하게 기술하고 있다.

이는 소록도갱생원을 조선의 주요한 관광지로 자리매김하려는 노력이라고 볼 수 있다. 그러나 실제 〈소록도 특집〉이 발간되는 1940년 전후는 일제 말 전시체제의 상황이라 대중의 관광이 그리 간단한 문제가 아니었다.[69] 1939년 7월부터 '자동차용 가솔린 배급제화', '배급

만화, 영화, 가요 등)을 수록하고 있다. 이 잡지는 각 호마다 〈경성 특집〉, 〈평양 특집〉, 〈제주도 특집〉, 〈낙랑 특집〉 등 특집을 싣고 있는데, 《문화조선》 4-3권(1942년 5월)은 〈소록도 특집〉으로 표지에 소록도 간호사 사진이 게재되어 있다(東亜旅行社朝鮮支部, 《文化朝鮮》 4-3 1942, 표지, p. 2.).

69 1937년 중일전쟁 이후 원래대로라면 1940년 제12회 동경올림픽과 더불어 초대 진무천황 즉위 2600년을 맞이하여 국가적 세계대회 개최를 계획하고 있었으나 무산되었다 (공익재단법인 일본 올림픽조사위원회 공식 웹페이지 http://www.joc.or.jp/ 〈올림픽 역

<표 5> 일본, 부산 및 경성에서 소록도로 가는 경로

방면	경로별	출발지	선명	경유지	도착지	소요시간	비고
일본 방면 에서	해로	시모노세키 下關	관부연락선 關釜連絡船		부산	약 7시간 30분	부산에서 조선기선으로 갈아탐
	해로	부산	조선기선 朝鮮汽船	통영 여수	소록도	약 16시간	여수에서 경전서부선 및 자동차 육로도 있음
	해로	시모노세키	관려연락선 關麗連絡船		여수	약 17시간	시모노세키 여수 간 직행
	육로	여수	경전서부선 慶全西部線	벌교 고흥	소록도		여수에서 벌교까지 기차, 벌교에서 자동차
경성 방면 에서	육로	경성	경부선, 호남선 및 경전서부선	대전 송정리 벌교	소록도	약 18시간	경성·대전 간 경부선, 대전·송정리 간 호남선, 송정리·벌교 간 경전서부선, 벌교에서 자동차
	육해로	경성	경부선, 호남선 및 조선기선	대전 송정리 목포	소록도	약 28시간	목포까지 기차, 목포에서 기선 (목포에서 약 7시간)

1940년, 《소록도갱생원 연보》

량 30퍼센트 축소 계획'이 발표되고, 1940년대 이후 전쟁 상황의 확대로 여행금지조치가 실시된 것이다. 즉, 《문화조선》이라는 잡지가 일본(및 조선) 대중이 손쉽게 접할 수 있는 곳에 비치되어[70] 갱생원을 선전하기는 했지만, 실제로 관광객 방문을 기대하기보다는 식민지의료의

사)부분 참고) (조사일 2017년 11월 20일).

70 이 잡지는 조선의 각 지역 백화점(미나카이三中井, 미쓰코시三越, 와신和信, 조지야丁子屋) 내부에 설치된 일본여행협회 조선지부에 비치되었다. 한편 일본에서는 백화점뿐만 아니라 좀 더 많은 대중이 접할 수 있는 역사나 서점, 사람의 왕래가 많은 거리 등에 설치된 안내소에 비치되었다(서기재, 〈식민지 문화 전시의 장으로서 《관광조선》, 《일본어문학》 62, 2013, 411~430쪽).

전시장으로 대중에게 소개하고 유포하는 데에 중점을 두고 있었다는 것이다. 그 때문에 갱생원의 모습은 더 미화될 수 있었다.

1940년 제14회 '나학회 총회'가 소록도갱생원에서 열렸고, 이는 식민지의학의 위대한 결실로 여겨졌다. 제3회 '국제나회의'에서 '문명국'으로서 수치심을 느꼈던 니시카와는 '나학회 총회'가 소록도갱생원에서 열리는 것에 대한 감격을 이야기하며 일본 제국의 발전상에 대해, "소록도갱생원을 통한 조선의 구라 사업이 관민일체 하에 힘을 합하여 아름다운 성과를 내고 있다는 점에 경의를 표한다"[71]며, 소록도 한센인의 생활이 능률적 · 경제적 · 이상적[72]인 것과 이를 이룩하기 위한 민간의 협조에 대해 극찬한다. 그러나 이렇게 '관민일체'로 이룩하여 일본에까지 모범이 된다고 선전했던 갱생원 내에서는, 기존 연구 성과나 패전 후 수용자의 증언[73]을 통해 알 수 있듯이 배고픔, 혹독한 처벌, 강제노역, 단종, 생체실험 도구 등 극단적 차별이 자행되고 있었다.

---

71 西川義方, 〈朝鮮小鹿島更生園を通して観たる朝鮮救癩事業〉, p. 26.
72 西川義方, 〈朝鮮小鹿島更生園を通して観たる朝鮮救癩事業〉, p. 8.
73 단종은 여러 가지 이유로 당했어. 부부가 동거하는 경우 남자는 수술. 그리고 나쁜 짓을 한 범죄자는 수술. 형무소에서 나와 여기에 입원한 사람은 무조건 모두 수술. 연료를 귀중히 생각하던 때여서 제멋대로 나뭇가지나 잎을 모아서 태운 사람도 단종. 배급된 장작이 부족했지. … 오사카에서 의사라는 사람이 왔어. 일본의 군인 그 있잖아 군대에서 의사하는 사람. 그래 군의. 그 군의가 단종 수술도 했고, 의학 연구를 다양하게 하고 있어서. 2시간 안에 몸이 굳어 버리는 주사. 모두 '히키쓰루 주사'라고 불렀지. 얼굴이 이렇게 굳어져 버리는 거야. 주사를 맞으면 2시간 안에 죽어. 이것으로 사람이 엄청 많이 죽었지. 사토 원장 때 사람들에게 엄청 노동을 많이 시켰는데 말이야. 이 의사의 손에 죽은 사람의 수도 엄청나(익명, 취재 당시 79세, 소록도) 1997년 12월 9일 AM 10:50-11:08(滝尾英二, 《朝鮮ハンセン病史-日本植民地下の小鹿島》, pp. 298-300).

일본의 청일·러일전쟁 전승국으로 세계 열강 대열에 참여했다는 과잉된 자부심은 서양과 비슷한 수준의 의학적 성과를 내야 한다는 초조함을 낳았다. 그래서 미개국에 만연하다고 여겨졌던 일본(및 식민지)의 한센병 취급과 처리 과정에서 과학적인 성과의 적용보다는 대중의 '공통감각Public Sympathy'에 관심을 기울였던 것이다. 일본 구라 사업의 핵심적인 인물인 미쓰다 겐스케는 한센병을 대중에게 알리기 위해 언론 활동과 갱생원 초청을 부단히 시도했다. 이러한 방식은 식민지 조선에서도 비슷한 형태로 적용되었다.

한센인 이미지 형성의 대중 전략은 미디어를 통해 이루어졌다. 식민지의학 담당 주체는 미디어를 통해 한센인이 '병원균을 가지고 있다는 차이' 때문에 '공감할 수 없는 비인간적 존재'라는 이미지를 근대적, 과학적, 위생적, 객관적이라는 수식어로 포장하여 유포했다. 한센인들에 대해 극단적인 표현, 즉 미개·잔인·위협·각종 범죄·부랑 등의 수식어를 붙여, 이러한 공해적 존재는 '폭력'(물리적 폭력뿐 아니라 혐오 담론 유포, 범죄자 취급, 비자발적인 격리)을 사용해서라도 격리할 수밖에 없다는 분위기를 형성했다. 이러한 기사는 대중들에게 호응을 얻어 한센인을 자신들의 공간에서 추방해 달라는 요청을 자발적으로 끌어낸다. 그 이유도 당당하게 자신들의 안전, 위생, 우월한 종족 보전, 범죄 예방 등 이상적인 사회 실현을 위해서이다. 그리고 '천황의 은혜'를 입은 한센인은 격리 공간에서 '인간다운 존재'로 새롭게 다시 태어나는 형태로 재포장되었다. 소록도라는 공간을 매개로 한 신문 잡지의 기사는, 황국신민으로서의 자부와 천황에 대한 감사, 궁극적으로는 국가에 이로운 방향으로 기여하는 존재가 '진정한 일본인'이라는 대중의 '공통감각'을 전시하는 장이 되었다.

아름답게 포장된 소록도갱생원은 조선의 관광 명소로 소개되었다. 전시체제로 돌입하여 더 깊은 충성이 열도 일본인이나 반도의 대중에게 요구되었기에, 비인간으로 여겨지던 존재들이 '천황의 은혜'를 입어 인간답게 살아가는 장소, 제국의 발전을 세계(서양)에 자랑하기에 적합한 장소라는 이미지는 중요한 것이었다. 패전 후, 식민지 조선의 구라 사업이 '선정善政'이었다는 미쓰다의 주장은 이 지점과 맞물려 있다. 소록도갱생원이 다른 나라에 비해 훌륭한 시스템을 갖추고 있어서 한센인에게 인간다움을 회복시킨 감사와 행복의 장이었을 것이라고 '여기는' 다수의 '공통감각'이 패전했음에도 불구하고 여전히 존재할 것이라는 인식이 전제된 발언인 것이다.

일본 「나예방법」(1907)이 제정된 후 89년 만에 「나예방법 폐지에 관한 법률」(1996)에 이르렀으나 '한센인 숙박 거부' 등 민간 차원에서의 문제 제기가 여전히 대두되었던 것은, 서양과 대등한 제국 수립과 식민지 경영을 위해 한센인을 차별했던 국가와 대중의 반성 없는 사고가 여전히 존재하고 더욱 다양해진 미디어를 통해 이에 동조하는 대중을 만들어 낸 결과이다. 이는 단순한 환자 차별 문제뿐 아니라 오늘날 한국과 일본 사이의 전쟁 책임 문제와도 맞물려 있다. 여기에 제국의학의 근대사를 되돌아보는 의의가 있다.

참고문헌

국가인권위원회, 《한센인 인권 실태조사》, 2005년 인권상황실태조사 용역보고서 2005, 1~753쪽.

국립소록도병원, 《국립 소록도 100년의 기억》, 생각쉼표 휴먼컬쳐 아리랑, 2015, 1~234쪽.

국사편찬위원회, 면담 편집 정근식, 《한센병 고통의 기억과 질병정책》, 국사편찬위원회, 2005, 1-308쪽.

대한나학회 편저, 《나병학》, 한국한센복지협회, 2004, 1~563쪽.

일제강점하강제동원피해진상규명위원회, 《소록도 한센병환자의 강제노역에 관한 조사》, 일제강점하강제동원피해진상규명위원회, 2006, 1~113쪽.

김기주, 〈소록도 자혜의원 나 환자 정책의 성격〉, 《역사학연구》 44, 2011, 221~274쪽.

김미정, 〈나 환자에 대한 일반대중의 인식과 조선총독부의 나병정책: 1930~40년대 소록도갱생원을 중심으로〉, 《지방사와 지방문화》 15(1), 2012, 429~466쪽.

김성리, 〈한센인의 생애구술과 치유〉, 《의사학》 22(2), 2013, 389~420쪽.

마쓰다 도시히코, 〈시가 기요시志賀潔와 식민지 조선〉, 《翰林日本學》 25, 2014, 33~58쪽.

서기재, 〈식민지 문화 전시의 장으로서 《관광조선》〉, 《일본어문학》 62, 2013, 411~430쪽.

신영전, 《《우생優生》에 나타난 1930년대 우리나라 우생운동의 특징〉, 《의사학》 15(2), 2006, 133~155쪽.

정근식, 〈일제하 서구 의료체계의 헤게모니 형성과 동서의학논쟁〉, 《사회와 역사》 50, 1996, 270~327쪽.

_____, 〈식민지적 근대와 신체의 정치 – 일제 하 나요양원을 중심으로〉, 《사회와 역사》 51, 1997a, 211~266쪽.

_____, 〈한국에서의 근대적 나 구료의 형성〉, 《보건과 사회과학》 1(1), 1997b, 1~30쪽.

_____, 〈동아시아 한센병사를 위하여〉, 《보건과 사회과학》 12, 2002, 5~41쪽.

_____, 〈일제말기의 소록도갱생원과 이춘상 사건〉, 《역비논단》 72, 2005, 330~

359쪽.

한순미, 〈나환과 소문, 소록도의 기억〉, 《지방사와 지방문화》 13(1), 2010, 441~ 476쪽.

莇昭三, 《戰爭と醫療―醫師たちの十五年戰爭》, かもがわ出版, 2000, pp. 1-193.

內田守, 《光田健輔》, 吉川弘文館, 1971, pp. 1-289.

學習院大學東洋文化硏究所, 《友邦協會·中央日韓協會文庫資料目錄》, 學習院, 1985, pp. 1-302.

滝尾英二, 《朝鮮ハンセン病史―日本植民地下の小鹿島》, 未來社, 2001, pp. 1-328.

_____, 《植民地下朝鮮におけるハンセン病資料集成(第4卷)》, 不二出版, 2002a, pp. 1-271.

_____, 《植民地下朝鮮におけるハンセン病資料集成(第5卷)》, 不二出版, 2002b, pp. 1-354.

_____, 《植民地下朝鮮におけるハンセン病資料集成(第6卷)》, 不二出版, 2002c, pp. 1-429.

朝鮮癩豫防協會, 《朝鮮癩豫防協會要覽》, 朝鮮癩豫防協會 1933(4), pp. 59-60.

東亜旅行社朝鮮支部, 《文化朝鮮》 4(3), 1942, p. 2.

萩原彦三, 《朝鮮に救癩事業と小鹿島更生園》, 財團法人友邦協會, 1967, pp. 1-50.

藤野豊, 《日本ファシズムと優生思想》, かもがわ出版, 1998, pp. 1-527.

_____, 《強制された健康》, 吉川弘文館, 2000, pp. 1-219.

_____, 《いのちの近代史》, かもがわ出版, 2001, pp. 1-685.

_____, 《近現代日本ハンセン病問題資料集成》, 不二出版, 2004, p. 137, 144, 168.

_____, 《ハンセン病と戰後民主主義》, 岩波書店, 2006, pp. 1-217.

_____, 《反省なき國家》, かもがわ出版, 2008, pp. 1-206.

_____, 《戰爭とハンセン病》, 吉川弘文館, 2010, pp. 1-197.

光田健輔, 《癩に關する論文 第三輯》, 長壽會, 1950, p. 12, 102.

武田徹, 《〈隔離〉という病い》, 講談社, 1997, pp. 1-254.

柳橋演男·鶴崎澄則, 《國際らい會議錄》, 長壽會, 1957, p. 79, 193.

川染義信, 〈朝鮮癩療養所 小鹿島更生園を訪ふ記〉, 《日本MTL》, Nippon mission to lepers, 1936, p. 3.

下村海南 〈朝鮮の癩から內地へを__小鹿島物語〉(1)(完),《日本MTL》, Nippon
　　　mission to lepers, 1937, p. 2.

白戸八郎, 〈小鹿島更生園を訪ふ〉,《日本MTL》, Nippon mission to lepers, 1939, p. 7.

西川義方, 〈朝鮮小鹿島更生園を通して観たる朝鮮救癩事業〉, 個人出版 1940(9), p.
　　　1, 8, 26.

高野六郎, 〈小鹿島見聞記〉,《愛生》, 長島愛生園, 1936, p. 16.

田尻敢,〈朝鮮癩療養所の印象〉,《日本MTL》, Nippon mission to lepers, 1935, pp.
　　　2-3.

朝鮮總督府, 〈癩豫防下賜金と寄附狀況〉,《朝鮮》, 朝鮮總督府, 1933, p. 156.

光田健輔, 〈癩豫防撲滅の話〉,《社會事業》10(4), 1926, pp. 41-42.

_____, 〈小鹿島更生園參觀〉,《愛生》, 長島愛生園, 1940(10), pp. 5-6.

_____, 〈新體制下に於ける無癩県運動〉,《愛生》, 長島愛生園, 1942(1), p. 1-2.

블라디보스토크의 경관을 통한 문화·역사 투어리즘

: 신한촌과 아르바트거리를 중심으로

| 정은혜 |

이 글은 〈한국도시지리학회지〉 제22권 제2호(2019.8)에 게재된 원고를 수정 및 보완하여 재수록한 것이다.

러시아 극동 지역의 떠오르는 중심지, 블라디보스토크

연해주沿海州[1] 중심 도시인 블라디보스토크Владивосток는 러시아 극동의 남단부 연안에 걸쳐 있다. 2015년부터 이곳에서 극동 지역 개발을 위한 투자 유치와 주변국과의 경제협력 활성화를 목적으로 하는 동방경제포럼Eastern Economic Forum이 매년 개최되면서 점점 더 주변국들의 주목을 받고 있다. 형성 과정에서부터 블라디보스토크는 러시아가 계획한 항구도시로, 1860년 해군기지로 개항하여 러시아 해군의 태평양함대 기지가 이곳에 자리 잡아 러시아 아·태지역 진출의 관문이자 군항도시가 되었다. 또한 19세기 말부터 러시아의 극동정책이 활발해짐에 따라 경제적·군사적으로 중요성이 높아지기 시작하여, 1903년 시베리아횡단철도 개통으로 러시아 중심부까지 이어지는 시발점으로서 그 위상이 더욱 높아졌다.[2]

이러한 블라디보스토크는 현재 러시아 극동 지역의 떠오르는 중심지로서 특히 한국인 관광객의 비중이 급격히 증가하고 있다.[3] 블라디보스토크가 갖는 지리적 근접성과 역사성 때문이다. 즉, 한국에서 항공

---

1 연해주는 동쪽으로는 동해, 서쪽으로는 중국, 그리고 우리나라의 함경북도와 인접해 있는 지역으로 러시아 영토에 속해 있다. 러시아의 남하 정책의 결과 찾아낸 곳으로, 발해의 일부 영토이기도 하였으며, 조선 후기 청나라가 러시아와 싸울 때 조선에게 원군을 요청하여 두 차례에 걸쳐 나선정벌을 한 곳이다. 또한 1914년 대한광복군정부(1919년 대한민국임시정부 수립에 영향)가 활동한 지역이다.

2 성원용, 〈러시아 극동의 관문, 블라디보스토크〉,《국토》, 2006, 74~79쪽; 박환,《사진으로 보는 러시아지역 한인의 삶과 기억의 공간》, 민속원, 2013.

3 김현택·라승도·이은경,《포시에트에서 아르바트까지: 러시아 속 한국 발자취 150년》, 한국외국어대학교 지식출판원, 2017; 김아델, 〈러시아 극동의 새로운 문화수도, 블라디보스토크〉,《미술세계》74, 2018, 126~131쪽.

편으로 두어 시간이면 갈 수 있는 가장 가까운 유럽인 블라디보스토크는 일제강점기 독립투사들과 애국지식인들이 활약했던 독립운동의 본거지였고,[4] 구한말부터 일제강점기까지 우리나라 사람들이 살았던 신한촌新韓村이 있던 지역으로, 중국의 상하이와 함께 한국 독립운동가들이 가장 활발하게 활동을 벌인 해외 거점이라는 점에서 여타 지역과 차별성이 있다. 또한 이를 바탕으로 여행 업계가 관련 관광지를 발굴하여 이를 소개하고 있다는 점, 여기에 러시아의 극동 개발정책이 이루어지고 있다는 점도 한국인 관광객의 증가 요인이 될 수 있을 것이다.

그럼에도 불구하고 러시아 극동 지역 블라디보스토크와 관련한 연구나 블라디보스토크 한인 이주의 문화 및 역사에 관한 연구는 지리학적 측면에서 그간 거의 진행되지 못했다. 그나마 한인의 러시아 극동 지역 이주에 관한 연구로, 그라베Главе가 1912년에 간행한《연해주-아무르(연흑룡) 지역의 중국인, 조선인, 일본인》[5]은 1910년 연해주 일대를 조사한 최초의 한인 이주 종합보고서로서 러시아 극동 지역 이주에 대한 가장 선구적인 자료로 볼 수 있다.[6] 또한 러시아의 한인 이주에 관한 전반적인 관찰 연구로서 한인의 이주 상황 및 정착, 러시아 극동 지역의 산업, 한인의 생활상, 문화 활동 등을 포괄적으로 다룬 연구가 역

---

4 일제강점기 블라디보스토크는 최재형, 이범윤, 홍범도, 유인석, 이진룡 등의 독립투사들과 이상설, 이위종, 이동녕, 안창호, 박은식, 신채호, 이동휘, 장지연 등 애국지식인들이 활약했던 독립운동의 본거지였다.

5 《연해주-아무르 지방의 중국인, 조선인, 일본인Китайцы, Корейцы, Японйцы в Приморе》에 수록된 자료는 러시아 극동 지역 현지 사찰기로 초기 한인의 이주 연혁, 각종 이주 한인과 관련된 통계, 한인의 러시아 사회에의 동화, 한인의 교육 사업 등에 관한 상세한 자료를 제시하고 있다.

6 이채문, 〈한인의 러시아 극동지역 이주: 역사와 이론〉,《한국사회학회 사회학대회 논문집》, 1999, 122~137쪽.

사학·사회학에서 진행되고 있고,[7] 러시아 극동 지역에서의 한인 독립 운동사에 관한 연구도 미비하게나마 지속적으로 진행되고 있다.[8] 하지 만 이를 지리학 및 관광학과 연계한 연구는 거의 찾아볼 수 없다.

이 글은 지리학적 위상 속에서 블라디보스토크가 한민족 재외동포 이민사에서 빼놓을 수 없는 중요한 거점으로서의 공간이라는 점, 그 리고 1992년 러시아의 시장개혁이 본격적으로 진행되고 블라디보스 토크가 외부 세계에 다시 개방되면서 현재 잊혀져 왔던 과거 역사에 대한 관심이 문화적 관광으로 이어지고 있다는 점에 주목하였다. 그 런 의미에서 문화·역사 투어리즘 장소로서 블라디보스토크를 고찰 하고자 이곳을 대표하는 신한촌과 아르바트거리Арбат улица의 경관을 살펴보고, 이들 문화·역사 투어리즘 장소 경관이 갖는 잠재력 내지 는 특성을 고찰하여 향후 발전 방안을 제시하려고 한다.

이를 위해 첫째, 경관 연구의 흐름을 파악하여 경관 연구가 지닐 수 있는 연구의 가치를 확인하고, 둘째, 문화·역사 투어리즘의 개념을 다시금 정의하여, 이것이 문화·역사 투어리즘 장소로서 블라디보스

---

7   현규환, 《韓國流移民史(上)》, 어문각, 1967; 고승제, 〈연해주 이민의 사회사적 분석〉, 《백
     산학보》 11(11), 1971, 149~168쪽; 이동언, 〈노령지역 초기 한인사회에 관한 연구〉, 《한
     국독립운동사연구》 5, 1991, 205~232쪽; 이상근, 《한인 노령이주사 연구》, 탐구당, 1996;
     권희영, 〈20세기 초 러시아 극동에서의 황화론: 조선인 이주와 정착에 대한 러시아인의
     태도〉, 《정신문화연구》 29(2), 2006, 343~366쪽.

8   임계순, 〈만주·노령의 동포사회(1860-1910)〉, 《한민족독립운동사》 2, 1987, 597~611
     쪽; 이명화, 〈노령지방에서의 한인 민족주의교육운동〉, 《한국독립사연구》 3, 1969, 119~
     163쪽; 윤병석, 《李相卨 研究:國外獨立運動 基地設定의 活動을 中心으로》, 숭전대학
     교 대학원 석사학위논문, 1982; 최재성, 〈러시아 연해주지역 독립운동사의 전승(傳承):
     1990~2010년대 한국 고등학교 한국사 교과서 기술을 중심으로〉, 《한국보훈논총》 17(4),
     2018, 67~95쪽; 박영석, 《항일독립운동의 발자취》, 탐구당, 1993; 조동걸, 《독립군의 길
     따라 대륙을 가다》, 지식산업사, 1995.

토크가 지니는 특성과 연계될 수 있도록 블라디보스토크의 역사 및 한인과의 관계 등과 관련한 문헌 연구를 수행하였다. 셋째, 이러한 내용을 실질적으로 뒷받침하기 위해 2019년 2월 22일부터 2월 25일까지 진행한 블라디보스토크 답사의 경관 자료를 바탕으로 이를 해석하여 관광지의 특성을 파악하고자 하였다. 그럼으로써 최종적으로 한국과의 관계에 있어 블라디보스토크가 갖는 문화·역사 투어리즘의 잠재력을 모색하고, 한·러 양국 간 관광 발전에 도움을 줄 수 있는 향후 발전 방안을 제시한다.

경관 연구의 흐름

경관 연구는 19세기 독일의 문화역사지리학자들에 의해 시작되었다.[9] 그중에서도 오토 슐리터Otto Shlüter는 경관을 '물리적 요소들이 서로 연관되어 균질적으로 조화롭게 모여 있는 하나의 영역 혹은 지역'이라고 정의함으로써, 경관을 외재적이고 객관적인 실재로서 바라보았다.[10] 이에 영향을 받은 칼 사우어Carl Sauer는 경관을 하나의 동일한 문화를 공유하는 공동체나 집단이 토양·기후·농업 등의 영향을 받아 만들어 낸 지역 혹은 영역이라고 규정하고, 자연 그대로의 지역이

---

9 송원섭, 〈경관지리학에서 경치지리학(景致地理學)으로: 영미권 문화역사지리학 경관연구 패러다임의 전환〉,《대한지리학회지》50(3), 2015, 305~323쪽; 홍금수, 〈경관과 기억에 투영된 지역의 심층적 이해와 해석〉,《문화역사지리》21(1), 2009, 46~94쪽.

10 Wilson, C., and Groth, P., *Everyday America: cultural landsape studies after J.B.Jackson*, University of California Press, Berkeley, 2003; Crang, M., *Cultural Geography*, Routledge, London, 2013.

문화에 의해 변용된 결과물인 문화경관을 특히 강조하였다.[11] 이러한 그의 경관 개념은 당대 문화역사지리학 분야에서 경관 연구를 수행 하던 북미 지역의 버클리학파와 영미권 문화역사지리학자들에게 영 향을 주었다. 따라서 이들은 경관이 인간과는 별개로 인간의 외부에 물리적이고 객관적으로 존재하는 것이라고 보았다.

하지만 1970년대 들어 이-푸 투안Yi-Fu Tuan을 중심으로 인본주의 지리학이 대두되면서, 경관은 물리적이고 객관적인 실재가 아니라 주 체적이고 주관적인 존재로서 인간에 의해 영향을 받는 것으로 그 의 미가 변화되었다.[12] 즉, 경관은 인간 앞에 놓여 있는 단순한 물질이 아 니라 인간의 행위 · 지각 · 동기 · 경험 등에 영향을 받는 것으로, 인간 의 주체성이 강조되었다.

이러한 이분법적 시각, 즉 경관에 대한 외재적 · 객관적 시각과 내 재적 · 주관적 시각은 1980년대로 들어와 새로운 경관 연구의 패러다 임으로 이어졌다. 데니스 코스그로브Denis Cosgrove는 '보는 방식way of seeing'으로서의 경관 개념을 제시하였는데, 그는 "용어 및 관념으로서 경관에 내재되어 있는 사회 · 경제 · 정치적 권력을 읽어 내야 한다"고 주장하였다.[13] 이를 신문화지리학이라 하는데, 여기서 신문화지리학

11 Sauer, C. O., *Land and Life: A Selection from the Writings of Carl Ortwin Sauer*, University of California Press, Berkeley, 1963.

12 Tuan, Yi-Fu, "Topophilia: or, sudden encounter with the landscapes," *Landscape* 11-1, 1961, pp. 29-32; Ley, D. and Samuels, M.S., *Humanistic Geography(RLE Social & Cultural Geography): Problems and Prospects*, Maaroufa Press, Chicago, 1978; Wylie, J., *Landscape*, Routledge, London, 2007; Cresswell, T., *Geographic thought: a critical introduction*, Critical introductions to geography, Wiley-Blackwell, Chichester, 2013.

13 Cosgrove, D., "Prospect, Perspective and the Evolution of the Landscape Idea," *Transactions of the Institute of British Geographers*, New Series 10-1, 1985, p. 46.

은 이들 권력을 함축하고 재현하는 실재로서 그 의미가 진화하였다. 즉, 경관에는 특정 사회집단이 가지는 세계에 대한 역사적 경험 내지는 지배와 피지배의 권력관계가 투영되어 있으며, 또한 경관에는 특정 계급 사람들이 그들 스스로 상상하는 자연과의 관계에 부여한 의미가 반영되어 있다는 것이다.[14] 이처럼 단순한 물질에서 재현으로 변화한 경관 개념을 피터 잭슨Peter Jackson, 질리언 로즈Gillian Rose 등의 학자들이 공유·확장함으로써 경관 연구는 경관의 숨겨진 질적 차원을 해체하는 것으로 진행되었다.[15] 한편, 신문화지리학의 경관 연구는 이데올로기적 차원의 논의로만 머무르지 않고, 경관이 약자와 소외계층의 노동에 의해 만들어진 결과물이라는 급진적 시각을 반영하였다.[16] 따라서 현재 경관은 자본주의와 노동계급이라는 시각으로 경관의 어두운 면을 바라봄으로써 경관 속에 내재되어 있는 사회적·경제적 불평등을 논할 수 있는 대상으로까지 발전하였다.[17] 2000년대 이후에는 영미권 문화지리학을 중심으로 비재현 지리 이론이나 비판적

---

14 정은혜, 〈식민권력이 반영된 경관의 보존 가치에 대한 연구: 일제 하 형성된 전남 소록도와 인천 삼릉(三菱) 마을을 사례로〉, 《한국도시지리학회지》 19(1), 2016, 85~103쪽.

15 진종헌, 〈재현 혹은 실천으로서의 경관: '보는 방식'으로서의 경관이론과 그에 대한 비판을 중심으로〉, 《대한지리학회지》 48(4), 2013, 557~574쪽; 류제헌, 〈한국의 문화 경관에 대한 통합적 관점〉, 《문화역사지리》 21(1), 2009, 105~116쪽.

16 Mitchell, D., "There's No Such Thing as Culture: Towards a Reconceptualization of the Idea of Culture in Geography," *Transactions of the Institute of British Geographers*, New Series 20-1, 1995, pp. 192-116.

17 Smith, N., *Uneven development: nature, capital and the production of space*, Basil Blackwell, Oxford, 1990; Zukin, S., *Landscapes of power: from Detroit to Disney World*, University of California Press, Oxford, 1991; Wilson, A., *The culture of nature: North American landscape from Disney to the Exxon Valdez*, Blackwell, Cambridge, 1992; Mitchell, D., "Cultural landscapes: just landscapes or landscapes of justice," *Progress in Human Geography* 27-6, 2003, pp. 787-796; Wylie, J., *Landscape*, Routledge, London, 2007.

경관 연구 등 새로운 시도가 이루어지고 있다.[18]

상기한 바와 같이 경관 연구는 시대를 아우르면서 그 범위가 점차 확대·진화되고 있다. 이렇게 경관 연구의 범위가 상당히 광범위해지고 있지만, 그럼에도 불구하고 이들 연구의 공통점은 경관이 그 자체로 존재론적 지위를 가지고 있다는 점이다. 특히 이 글에서는 신문화지리학 연구의 관점에서 경관을 문화역사적·정치적 권력과 연계된 것으로 바라보고자 한다.

문화·역사 투어리즘

관광객은 지역에 대한 상상과 기대를 통해 관광지를 선택하고, 관광 경험을 통해 지역을 인식한다. 그리고 관광객은 관광을 통해 자신들의 세상을 평가하고 그 과정에서 자신의 정체성을 정의한다.[19] 그런 의미에서 투어리즘은 세상을 평가하는 마음속 지리를 만드는 요소로 간주된다.[20] 현대로 들어와 투어리즘은 장소에 대한 대중의식을 형성하고 장소의 사회적 이미지를 만들고 있다.[21] 이러한 투어리즘의 차별성은 지역의 이상적인 자연과 역사, 전통과 문화를 반영한 경관을 고안하게

---

18 Mitchell, D., *Cultural Geography: A Critical Introduction*, Blackwell, Oxford, 2000; 송원섭, 〈경관지리학에서 경치지리학(景致地理學)으로: 영미권 문화역사지리학 경관연구 패러다임의 전환〉, 305~323쪽.

19 Square, S. J., "Accounting for cultural meanings: the interface between geography and tourism studies re-examines," *Progress in Human Geography* 18-1, 1994, pp. 1-16.

20 조아라, 〈문화관광지의 문화정치와 정체성의 사회적 구성: 일본 홋카이도 오타루의 재해석, 제도화, 재인식〉, 《대한지리학회지》 44(3), 2009, 240~259쪽.

21 Britton, S. G., "Tourism, capital and place: towards a critical geography of tourism," *Environment and Planning D: Society and Space* 9-4, 1991, pp. 451-478.

한다.[22] 이렇게 고안된 지역은 해당 지역의 문화역사적 상징성이 나타 나는 경관을 조성하고, 이는 문화 · 역사 투어리즘 장소로서 지역에 대 한 인식과 지역의 정체성을 창조하고 형성하는 데에 큰 기여를 한다.[23]

문화 · 역사 투어리즘은 문화 투어리즘과 역사 투어리즘의 의미를 포괄하는 합성 개념으로, 일반적으로 "투어리즘 동기의 핵심은 문화 · 역사 · 교육이 주류를 이루고 있다"는 전제를 함축하고 있다.[24] 일반적 으로 문화는 공유되고, 학습되며, 축적적이고, 하나의 전체를 이루고 있으며, 항상 변화한다는 속성을 지닌다.[25] 문화 · 역사 투어리즘은 이 러한 문화적 기반을 바탕으로 형성된 투어리즘의 유형으로, '유적 · 유 물 · 전통공예 · 예술 등이 보존되거나 스며 있는 지역 또는 사람의 풍 요로웠던 과거에 초점을 두고 관광하는 행위로서, 이러한 문화역사적 인 지적 욕구를 충족시키기 위해 일상생활권을 벗어나 특정 생활양식 이 내재된 대상이나 역사유적지, 사적지, 문화 · 예술적 표현물 등과 같은 문화역사적 자원으로 이동하는 행위'라고 요약 · 정의된다.[26] 더 나아가서 이에 수반되는 산업 활동을 포괄하는 총체적 현상을 의미한

22 Milne, S., Grekin, J., and Woodley, S., "Tourism and the construction of place in Canada's eastern Artic," in Greg, R.(ed.), *Destinations: Cultural Landscapes of Tourism*, Routledge, London and New York, 1998, pp. 101-120; Bell, C., "The real New Zealand: rural mythologies perpetuated and commodified," *The Social Science Journal* 34-2, 1997, pp. 145-158.

23 정은혜 · 손유찬, 《지리학자의 국토읽기》, 푸른길, 2018.

24 유영준, 〈문화상품으로서 경주 자전거투어〉, 《한국도시지리학회지》 11(3), 2008, 82쪽.

25 Goodman, M. E., *The Individual and Culture*, Dorsey Press, Homewood, IL, 1967; 한상 복 · 이문웅 · 김광억, 《문화인류학개론》, 서울대학교출판부, 1985.

26 유영준, 〈경주 문화관광에 관한 에듀테인먼트 콘텐츠 모형 개발 연구〉, 《한국도시지리 학회지》 9(2), 2006, 57~74쪽; 이준태 · 윤병국, 〈한민족 시원과 형성이 역사유적 관광 지로서의 가능성 탐색 연구〉, 《한국사진지리학회지》 26(4), 2016, 107~121쪽; Richards, G., "Production and consumption of European cultural tourism," *Annals of Tourism*

다. 구체적으로 말하면, 여기에는 탐구 투어, 예술 감상 투어, 축제 및 기타 문화행사 참여 투어, 유적지 탐방 투어, 기념물 방문 투어, 자연·민속·예술 등의 학습 투어, 순례 투어 등이 포함된다.

결국 인간의 움직임 자체와 문화적 제반 사항—언어, 미술, 음악, 건축, 신화, 민속학, 과학 지식, 종교, 가족과 사회조직의 이해, 자연환경, 경관, 동식물에 대한 관심, 문화유적과 역사적 장소에 대한 이해 등—이 개인의 문화적, 역사적 수준을 향상시킬 수 있다는 전제 하에 진행되는 모든 투어리즘을 문화·역사 투어리즘으로 볼 수 있다. 이는 과거로부터 물려받은 역사적 건물, 예술작품, 그리고 아름다운 풍경 등에 기반한 새로운 지식과 경험 및 만남을 증가시키려는 인간의 다양한 욕구를 충족시키고자 함을 의미한다.[27] 무엇보다 타국이나 타 지역의 생활양식이나 전통적 행동양식을 접하고 체험하는 것이 문화·역사 투어리즘의 대표적인 형태이다. 한편, 전략적인 차원에서는 문화·역사 투어리즘을 지방과 국가의 복지, 기업체, 그리고 환경 요건과 관광자의 욕구와 균형을 맞추어 그 지방 주민과 방문객을 위해 풍요로운 환경을 창출하는 것을 의미하기도 한다.[28]

이를 종합하여 이 글에서는 문화·역사 투어리즘을 "관광자가 다른 지역이나 다른 국가를 방문하는 데 있어서 문화적·역사적 동기를 가지고 전통과 현대의 다양한 생활문화 및 예술, 그리고 역사유적지를

Research 23-3, 1996, pp. 261-283.

27 김흥운·전영철, 〈청소년 여가활동으로 교육관광에 관한 연구〉, 《관광정책학연구》 2, 1996, 119~136쪽; Garrod, B. and Fyall, A., "Managing heritage tourism," *Annals of Tourism Research* 27-3, 2000, pp. 682-708; World Tourism Organization.

28 이광진, 《한국관광문화정책론》, 백산출판사, 1995; 서태양, 《문화관광론》, 대왕사, 1999.

방문하여 체험하고자 하는 지적 욕구를 만족시키는 투어리즘"으로 재정의하고, 이러한 투어가 이루어지는 곳을 문화 · 역사 관광 투어리즘 장소로 개념화한다. 문화 · 역사 투어리즘 장소의 선택 동기는 표면상 교육과 학습이 주를 이룬다. 즉, 문화 · 역사 투어리즘의 동기로 관광자는 학습이나 연구에 대한 흥미를 기초로 하여, 언제 어디를 방문할지를 결정하고 관광 행동에 임하게 된다는 의미를 내포한다. 그래서 문화 · 역사 투어리즘은 해당 관광지를 방문하는 것에 그치지 않고, 그 지역에 대한 이해와 체험을 바탕으로 공감하고자 한다. 이에 필자는 투어리즘을 양적인 차원이 아닌 질적 차원, 즉 인문사회적인 현상으로 접근할 필요가 있음에 집중하고,[29] 위와 같이 재정립한 문화 · 역사 투어리즘 및 문화 · 역사 투어리즘 장소의 개념을 블라디보스토크 경관에 적용시킴으로써 이 지역이 지니는 문화 · 역사 투어리즘 장소로서의 역할과 가치를 논하고자 한다.

블라디보스토크 개관

블라디보스토크는 연해주라 부르는 프리모르스키 지방Примо́рский край의 주도州都다. 블라디보스토크는 러시아 극동 연해주 남부에 있는 길이 30킬로미터, 폭 12킬로미터의 무라비예프-아무르스키 반도 Полуостров Муравьёва-Амурского 남단부에 위치하고 있다. 1859년 항구 개발의 적지가 된 후 1880년 시市 명칭을 부여받으면서 자연스럽게

---

29 Hall, M. C. and Page, S. J., *The Geography of Tourism and Recreation*, Routledge, London and New York, 2002.

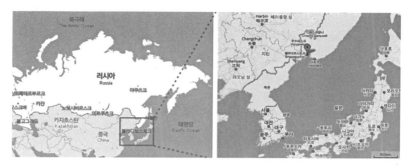

〈그림 1〉 블라디보스토크 위치 출처: Google지도(www.google.co.kr/maps)를 수정

항구와 해군기지로서 중요한 역할을 해 왔다. 러시아 극동정책의 일환으로 건설된 블라디보스토크는 중국·한국·일본이 가까운 곳에 위치한 탓에, 일찍부터 무역·외교·상업의 중심지가 되었다〈그림 1〉. 당시 이곳은 중국명으로 해삼위海蔘威로 불리었으나 러시아가 이 땅을 차지하면서 그 이름을 블라디보스토크Владивосток로 바꾸었다. 블라디 Владив는 '정복하다'라는 뜻이고 보스토크восток는 '동쪽'의 의미를 갖는다. 결국 블라디보스토크는 '동방을 정복하다'라는 의미로서 러시아의 동진東進 의지가 담긴 것으로 해석할 수 있다.

1890년대부터 무역항으로 크게 발전한 블라디보스토크항은 겨울철 일부 결빙되지만 쇄빙선을 사용함으로써 연중 이용이 가능한 항구이다. 블라디보스토크항 선착장 바로 옆에는 블라디보스토크 철도역이 위치해 있는데, 바로 이곳에서 모스크바역까지 총연장 9,288킬로미터에 달하는 시베리아횡단철도가 출발한다.[30] 러시아는 1891년 시베리아

---

30 서종원, 〈시베리아 횡단철도(TSR)의 두 도시 블라디보스토크, 이르쿠르츠〉, 《월간교통》, 2012, 50~52쪽.

〈그림 2〉 블라디보스토크역. 왼쪽부터 ① 역 내부의 니콜라이 2세상 ② 시베리아 철도 ③ 구간 표지석 출처: 2019년 2월 필자 촬영

횡단철도 기공식을 이곳에서 가졌으며, 러시아의 마지막 황제 니콜라이 2세Николай II가 이 행사에 참석했을 정도로 블라디보스토크는 러시아 동진의 거점이었다〈그림 2〉. 1903년 시베리아철도가 완전히 개통됨으로써 도시의 중요성은 더욱 커졌고, 20세기 초반까지 급속하게 성장하여 전 세계 무역상과 자본가 · 외교관들이 이곳에 몰려들기도 하였다. 특히 블라디보스토크는 제1차 세계대전 당시 미국에서 보낸 군수품과 철도 장비를 들여오는 태평양의 주요 항구였다. 그러나 러시아혁명 직후인 1918~1922년에는 일본군의 '시베리아 출병'[31]으로 인해 수많은 러시아 주민들이 무고한 피를 흘려야만 했다. 이 기간 동안 전 러시아를 휩쓴 혁명과 내전의 와중에 크게 파괴되었던 이 도시는 1931년에 완전한 사회주의 복구 도시에 속하게 되었으며, 이후 1950~1980년대 도시 인구와 면적이 세 배로 늘어나는 성장을 하게 되었다.[32]

---

[31] 러시아혁명(볼셰비키혁명)으로 집권한 볼셰비키당의 공산정권을 붕괴시키기 위해 일본군이 러시아 영토에 출동한 사건을 말한다. 이를 계기로 1922년까지 한인 독립을 탄압하였다. 그러나 일본군은 해산되었고 결국은 러시아 공산정부가 승리하면서 소비에트연방이 성립되었다.

[32] 성원용, 〈러시아 극동의 관문, 블라디보스토크〉, 76쪽.

한편, 오랜 기간 동서 냉전기에 폐쇄되었던 블라디보스토크는 1992년 미하일 고르바초프Mikhail Gorbachyev의 개방Glasnost정책으로 다시 개방되면서 과거의 활기를 되찾았다. 현재는 부산·다롄·나가타·아키타·하코다테시 등과 자매결연을 맺으며, 지리적·전략적 요충지로서 잠재적인 발전 가능성을 인정받아 세계 각국에서 이곳에 영사관을 개설하고 무역대표부를 파견하였으며, 외국 항공사들의 직항로 개설도 활발히 이루어지고 있다. 현재 블라디보스토크는 러시아 해군의 태평양함대 기지가 있는 군항도시로서, 러시아 아·태지역 진출의 관문이 되고 있다.[33]

러시아 도시 중 한국인에게 모스크바 다음으로 가장 친숙한 블라디보스토크는 모스크바에서 9,302킬로미터 떨어져 있으나 서울에서 불과 780킬로미터 거리에 있다. 항공편으로는 인천공항에서 2~3시간 정도면 도착할 수 있는 근거리에 위치하여 한국과의 인적·물적 교류 역시 활발히 일어나는 곳이다. 예로, 극동 지방에서 가장 오래되고 유명한 '극동연방대학교'(1899년 개교)에는 세계에서 가장 큰 규모의 한국학대학이 설치되어 있다. 또한 블라디보스토크의 가장 오래된 박물관인 '아르셰니예프 향토박물관'에서는 발해 관련 유물들을 볼 수 있다(〈그림 3〉).

---

33 안드레이 벨리츠코, 〈블라디보스토크 자유항의 현황과 의의〉, 《평화문제연구소》, 2015, 157~160쪽; 손용후, 〈광역 블라디보스토크 경제자유구역에 대한 연구: GTI 다자협력과 한·몽 양자관계를 중심으로〉, 《몽골학》 55, 2018, 197~237쪽.

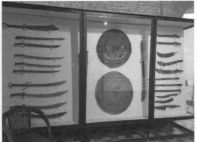

〈그림 3〉 아르세니예프 향토박물관의 발해 관련 발해 유물. 왼쪽부터 ① 발해 지도 ② 발해 유물
출처: 2019년 2월 필자 촬영

개척리와 신한촌의 문화·역사 투어리즘

한인의 러시아 이주는 1863년 함경도 농민 13가구가 굶주림과 억압을 피해 두만강을 넘어 포시에트Posyet 항구로 들어가 지신허地新墟[34]에 정착하며 시작되었다(〈그림 4〉).[35] 이후 한인들이 늘어나면서 연해주에는 당시 지명으로 해삼위海蔘威(현 블라디보스토크), 쌍성자雙城子(현

---

34 지신허는 계심하鷄心河, 티진혜Tizinhe라고 불리는 강의 이름을 중국식 발음으로 부른 것으로, 한인들은 한자 발음에 따라 지신허地信墟/地新墟, 지신하地新河 등으로 표기하였다. 지신허 마을은 1864년 60가구 308명이 살았지만 1900년대에는 인구가 1,600명 이상이 되어 대표적인 한인 마을로 성장하였고, 의병 활동가들이 마을에서 활동 자금과 의병을 모집하였다. 현재 지신허 마을은 1937년에 스탈린이 강제이주 조처로 한인들은 전부 분산되었고, 2004년에 가수 서태지의 기부로 건립된 지신허 기념비만이 마을 입구에 남아 있다.

35 김주용, 〈러시아 연해주지역 한국독립운동사적지 현황과 활용방안〉, 《동국사학》 57, 2014, 508쪽; 김현택·라승도·이은경, 《포시에트에서 아르바트까지: 러시아 속 한국 발자취 150년》, 25쪽.

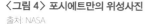
〈그림 4〉 포시에트만의 위성사진　　〈그림 5〉 1890~1910년대 연해주 한인 마을
출처: NASA　　　　　　　　　　　　출처: Приморье24

우수리스크), 연추延秋/烟秋/煙秋/안치혜(현 크라스키노)[36], 추풍秋風(현 수이
푼), 수청水淸/빨치산스크(현 파르티잔스크) 등 러시아식 지명이 아닌
고구려나 발해 때부터 전해 내려오던 한국식 지명을 가진 한인촌들
이 우후죽순처럼 생겨났다〈〈그림 5〉〉. 1882년에는 한인이 1만 137명으
로 러시아인 8,385명보다 더 많았다.[37] 지신허부터 시작된 이 지역 개
척사는 한인 개척사라고 해도 과언이 아니다. 러시아로의 한인 이주
는 두 가지 역사적 사건에 의해 촉발되었다. 하나는 조선의 접경 지역
이던 연해주가 러시아 영토로 편입된 사건[38]이고, 다른 하나는 러시
아의 적극적인 이주 장려 정책[39]이다.

36　연추(안치혜)에는 상별리上別里(상부 안치혜), 중별리中別里, 하별리下別里 마을들이
　　있었다.
37　이상근, 《한인 노령이주사 연구》, 탐구당, 1996.
38　19세기 아편전쟁에서 패한 청국은 열강들과 불평등조약을 맺게 되었고 그 과정에서 러
　　시아는 청국의 영토였던 연해주 지역을 차지하게 되면서 극동으로 영토를 확장하였다.
39　이채문, 〈한인의 러시아 극동지역 이주: 역사와 이론〉, 136쪽. 1884년 러시아는 조선과
　　조 · 러수호조약을 맺고 이를 적극 활용하기 위한 이주 장려 정책을 펼쳤다. 즉, 영토 개

제정 초기의 러시아는 연해주 지역으로 이주해 오는 한인들을 환영하여, 한인들이 러시아 국적을 취득하면 15데샤티나десятина[40]의 토지를 분배하도록 하였다. 대신 귀화하려면 정교회로 개종해야 하는 조건이 있었다. 이러한 조건에도 경제적인 이유로 당시 러시아에 귀화한 한인은 1만 2,837명이었다. 이들에게 준 분여지 중 경지는 1,299데샤티나로 약 393만 평 정도였다. 이주 한인 중에서 러시아 국적에 입적하여 토지를 분여받은 사람을 원호元戶, 러시아 국적을 취득하지 못한 한인을 여호餘戶라 하였는데, 러시아로 귀화한 한인들은 원호 혹은 러시아인 토지를 경작하는 토지의 소작인이 되었다. 그러나 편하고 부유하게 살기보다 조선인의 문화와 정체성을 지키고자 개종과 국적 취득을 거부하는 한인들도 많았다.[41]

물론, 총독에 따라 한인 정책은 우호와 적대를 오고 갔다. 대체로 러시아의 필요에 의해 우호적인 정책을 펼쳤지만, 부정적인 경우 러시아 당국은 한인들이 한 곳의 개척을 완료하면 다른 미개척 지역으로 이동시켜 그곳을 새로이 개척하도록 했으며, 비옥한 토지를 소유하지 못하도록 했다. 토지를 분배받지 못하거나 소작도 할 수 없는 한인들은 거의 노동에 종사했다. 이주 한인들은 농업, 광산, 부두 노동,

---

간을 위한 목적과 더불어 러시아 초소가 없는 국경 지대에 조선인들을 정착시켜 이들을 국경 관리에 이용하겠다는 의도를 가졌다. 연해주 총독의 초소 소장 명령서에는 첫째, 한인이 이주 신청을 할 때에는 즉각 아무런 조치 없이 허락할 것, 둘째, 블라디보스토크 초소를 따라 정착하게끔 그들을 설득하고 정착지를 선택하도록 할 것, 셋째, 이주한 한인들은 러시아의 법 아래 동등히 보호하고 중국의 어떠한 간섭도 허용치 말 것 등을 주 내용으로 하고 있다.

40 1데샤티나는 1,092ha(1ha는 3,025평)으로 15데샤티나는 16,380ha(약 4만 9,550평)이다.

41 권희영, 〈20세기 초 러시아 극동에서의 황화론: 조선인 이주와 정착에 대한 러시아인의 태도〉, 343~366쪽.

〈그림 6〉 1891~1897년 철도 건설에 투입된 연해주의 한인 노동자들 출처 Корё сарам

산림 채벌, 공업(목수, 석공, 대장장이, 토수 등), 철도, 기타 운수 분야에 종사했다. 특히 광산 노동에 많이 종사하여, 1907년 통계에 의하면 광산에서 일한 한인 노동자는 3만 명이었다. 또한 러시아는 연해주에 도로·항만·군사시설을 건설하는 데 주력하였고, 국방상 필요에 의해 1891년부터 1916년까지 26년에 걸쳐 10억 루블рубль의 막대한 자금을 들여 시베리아횡단철도 건설도 시작했는데 한인들의 유입은 러시아가 시베리아 개발을 위해 절실히 필요로 했던 노동력의 원천이 되었다(〈그림 6〉).[42] 시베리아횡단철도 건설 이후 러시아는 자국민의 식민 정책을 강력히 추진했고 러시아인도 대폭 증가하였다.[43]

[42] 〈이정은 박사의 역사이야기: 구소련 한인 강제이주의 역사〉, 《천지일보》, 2019년 6월 3일자; 〈1919 한겨레: 각지 독립운동가는 왜 연해주에 모였나〉, 《한겨레》, 2019년 2월 26일자.
[43] 1908년에는 한인이 4만 5,397명인 것에 반해 러시아인은 38만 3,083명으로 증가했다. 이 시기 연해주 총인구의 73퍼센트는 러시아인이 차지했다.

〈그림 7〉 블라디보스토크 개척리(옛 한인거리). 왼쪽부터 ① 개척리의 과거, ② 개척리의 현재
출처: ① 아르세니예프 향토박물관. ② 2019년 2월 필자 촬영

　무엇보다 블라디보스토크에 한인들이 모여들자 러시아는 1893년 블라디보스토크 한 구역을 한인촌으로 설정해 주었다. 그 지역이 바로 개척리開拓里다. 개척리는 카레이스카야 슬라보드카Корейская слабодка를 줄인 말로, 고려인高麗人거리(혹은 한인거리)라고도 하였다 (〈그림 7〉). 지금은 포그라니츠나야Пограничная라고 불리는 이 지역은 신한촌 성립 이전 블라디보스토크의 한인 집단거주지로서 비교적 시내 중심지에 위치해 있었다.

　하지만 1911년 콜레라와 페스트가 창궐하자 러시아 당국은 한인 집단거주지를 시 중심에서 벗어난 외곽으로 옮기고 개척리를 강제 철거시켜 이 일대를 기병대 숙소로 삼았다. 새로 옮긴 한인 거주지에서 한인들은 새로운 한국을 부흥시킨다는 의미로 '신한촌'(혹은 신개척리)이라 명명하였다.[44] 신한촌은 구 개척리에서 북쪽으로 2킬로미

44　김승화, 《소련한족사》, 대한교과서주식회사, 1989. 이 자료에 의하면, 1910~1915년 연해주 한인은 약 10만 명으로 추산되고 있으며, 이 중 신한촌의 한인 수는 약 1만 명에 달하였다.

터 떨어진 아무르만의 동쪽 해안 지대 라게르니곶과 쿠즈네초프곶 사이 언덕 일대에 새롭게 형성된 한국인 촌락이다. 동서 약 6정, 남북 약 7정 규모의 비교적 넓은 면적이었으나 대체로 잡초가 무성하였다. 이러한 곳에 한인들은 터를 잡고 4~5칸 정도 너비로 스보로프스카야, 아무르스카야, 하바로프스카야, 메리코브스카야, 체리 파노프스카야 등 5개의 간선거리를 만들고 동서로도 넓고 좁은 골목길을 만들었다. 움막, 돌막집 등 한국식 집이 많았던 구 개척리와는 달리 200여 동의 신한촌 가옥은 호당 건평이 12~13평에 불과한 소형의 러시아풍 목조건물로 지어졌다.[45] 이처럼 도로망과 가옥 양식이 러시아식이었다는 점은 블라디보스토크에 이미 원호인들이 늘어나고 러시아식 삶에 익숙해졌음을 방증하는 것으로 해석된다. 한편 외형은 러시아식을 따랐지만 옥내 한쪽은 헛간을 두어 부엌으로 쓰며 솥과 옹기를 두고, 난방 역시 전부 온돌 구조 방식을 띠었다는 점은 한인들이 전통 생활 문화를 이어 가고 있었음을 보여 준다.[46]

무엇보다 신한촌은 단순한 촌락이 아니라 일본 제국주의의 식민 통치에 항거한 독립기지로서의 촌락이라는 점을 주목하여야 한다. 즉, 항일 민족지사들의 집결지였고 나아가 국외 독립운동의 중추기지로 발전해서 한민족의 의기를 충천시키는 도약의 발판이 된 곳이다.[47]

---

[45] 김현택·라승도·이은경, 《포시에트에서 아르바트까지: 러시아 속 한국 발자취 150년》, 44쪽.

[46] 신한촌에는 세울스카야(서울거리)라는 주소가 남아 있는데, 지금도 이곳에 옛날 주소(세울스카야 2A) 명패를 달고 있는 집이 잔존한다.

[47] 윤병석, 《국외한인사회와 민족운동》, 일주각, 1990; 이동진, 〈블라디보스토크의 한국인, 1863-1917: 여행기 자료를 중심으로〉, 《도시연구》 10, 2013, 101~134쪽.

특히 1910년대에는 항일독립운동 단체인 권업회勸業會,[48] 노인동맹단, 한민학교, 고려극장, 선봉신문사 등 수많은 항일독립운동 단체가 조직되어 국내외 민족운동을 주도하였다. 뿐만 아니라 3·1운동 직전에는 대한국민의회가 성립하여 지역 한인들의 구심체 역할을 함으로써 이후 상하이 대한민국임시정부 탄생으로 이어지게 하였으며, 3·1운동 이후에는 신한촌이 서북간도의 독립군에게 공급되는 무기의 대부분을 연해주로 조달하는 역할을 담당하는 지역으로 활약했다.[49] 한편, 일제는 신한촌 외곽 약 1킬로미터 지점에 영사관을 두고 신한촌을 중심으로 항일민족운동의 동태를 감시하였다. 1920년 4월에는 신한촌 참변[50]이 발생하여 수많은 애국지사가 일본군에 의해 희생되는 슬픈 역사를 간직하게 되었지만,[51] 신한촌은 '원동의 서울'이라는 애칭으로도 불릴 만큼 1937년 강제이주[52] 전까지 변함 없이 극동 지역의 항일

48　이종호·김익용·강택희·엄인섭 등 연해주의 민족운동 지도자들이 1911년 5월에 결성한 블라디보스토크 독립운동 단체로 일제와 러시아 당국의 탄압을 피하기 위해, 한국인에게 '실업을 장려한다'는 뜻의 권업회가 창설되었다. 그렇지만 진정한 목적은 강력한 항일운동을 전개하는데 있었기에 《권업신문》을 발간하여 재연해주 한인의 대변지로서 항일민족정신을 높이는 데 큰 구실을 하였다. 러시아 당국의 공인을 얻어 초대회장 최재형, 부회장 홍범도 등이 활동하였으나 1914년 대일 외교관계가 악화되어 일본의 요구를 받아들인 러시아에 의해 강제 해산되었다. 이후 권업회의 전통은 1917년 결성된 전로한족중앙회全露韓族中央會로 이어졌다.

49　김주용, 〈러시아 연해주지역 한국독립운동사적지 현황과 활용방안〉, 513쪽.

50　1920년 4월에 연해주 신한촌에서 일본군이 조선인을 대량학살한 사건이다. 흔히 신한촌 사건 또는 사월 참변이라고 부른다. 300여 명 이상의 한인들이 체포되었는데, 그중 주요 지도자였던 최재형이 포함되어 이후 우수리스크에서 처형당했다.

51　김승화, 《소련한족사》, 1989; 이원규, 〈러시아 극동지역의 항일운동 유적〉, 《황해문화》 30, 2001, 191~222쪽.

52　러시아혁명과 연이은 시베리아 내전 이후 한인들은 잠재적인 일본의 스파이로 간주되어 적성민족으로 분류되었다. 또한 구소련 정부가 국경 지대 소수민족에 대해 펼쳤던 유화적인 정책에서 인종청소와 같은 극단적인 방향으로 전환하게 되면서, 스탈린은 중앙아시아

〈그림 8〉블라디보스토크 신한촌의 역사적 상징의 경관. 왼쪽부터 ① 신한촌 기념비 ② 기념비 입구의 태극기 출처: 2019년 2월 필자 촬영

운동 및 한인사회의 중심지 역할을 하였다.[53]

　현재는 아쉽게도 신한촌의 모습을 찾아볼 수 없는 평범한 아파트 단지가 되었다. 다만 '신한촌 기념비'[54]만으로 옛 위치를 추정할 뿐이다. 이 기념비는 3개의 큰 기둥으로 이루어져 있다〈그림 8〉. 3개의 큰 기둥의 가운데 기둥은 남한, 왼쪽 기둥은 북한, 오른쪽 기둥은 해외동포를 의미한다. 기념비 옆에는 '민족의 최고 가치는 자주와 독립이며, 이를 수호하기 위한 투쟁은 민족적 정신'이라는 문구가 새겨진 비문

　　개척이라는 명분으로 극동 지역의 한인들을 모두 중앙아시아로 강제이주시켰다. 이 과정에서 몸에 걸친 한 벌의 옷과 3일치 식량이 담긴 가방을 제외하고는 어떤 짐도 가져가지 못한 고려인들은 비위생적인 열차에서 굶주림과 추위, 병마에 시달렸다. 그들은 자신의 손으로 가족의 시신을 열차 밖으로 던져야 하는 비극적 강제이주 과정을 겪었다.

53　박환, 《사진으로 보는 러시아지역 한인의 삶과 기억의 공간》, 2013; 허혜란, 《503호 열차》, 샘터. 2016; 장은영, 〈러시아 블라디보스토크의 한인 거주지 이동〉, 《대한지리학회 학술대회논문집》, 2004, 90쪽.

54　신한촌 기념비는 1999년 8월 15일, 한민족연구소가 3·1 독립선언 80주년을 맞아 신한촌을 기리기 위해 건립하였다. 기념비를 보호하기 위한 쇠창살 울타리와 출입문이 만들어져 있다. 현재 총영사관에서 관리하고 있다.

이 놓여 있다. 신한촌은 사라졌지만 한때나마 존재했고 해외의 항일 독립 거점이었던 카레이스카야, 세울스카야 등의 명칭은 한인들이 이 방의 나라에서 뚜렷한 족적을 남기며 살았음을 증명해 준다. 한국인 특유의 강한 끈기와 개척 정신이 일군 신한촌은 더는 실물로 존재하지 않지만 잊어서는 안 되는 문화·역사 투어리즘의 한 곳으로 기억해야 할 것으로 사료된다.

아르바트거리의 문화·역사 투어리즘

일반적으로 말하는 블라디보스토크의 '아르바트거리'는 포킨 제독 거리улица Адмирала Фокина에 위치해 있다. 아무르Амур만에서 오케안스키Океанский 도로까지인 이 거리는 2012년 러시아 APEC 정상회담을 계기로 극동 지방의 중심 도시로 발전시킨다는 블라디미르 푸틴Влади́мир Пу́тин의 계획 아래 도시 정비가 이루어졌다. 거리 이름은 모스크바의 중심가인 아르바트거리의 이름을 따왔으며, 이 거리를 본떠 조성하였다. 이를 계기로 아르바트거리는 블라디보스토크에서 가장 번화한 지역으로 변모했다(〈그림 9〉).

이 계획으로 아르바트거리는 유럽적 분위기가 물씬 풍기는 문화거리가 되었다. 문화거리의 조성은 다양한 계층과 취향을 지닌 사람들이 자유롭게 모여들 수 있는 공공공간을 만들며 차별화를 시도한다는 특징이 있다.[55] 아르바트거리 역시 문화거리로 재편되면서 현재는

---

55 최효승·김혜영, 〈문화거리조성을 위한 보행환경개선사업이 상업환경에 미치는 영향 분석: 충장로 특화거리 조성 시범 가로를 대상으로〉, 《한국콘텐츠학회논문지》 9(8), 2009,

〈그림 9〉블라디보스토크의 문화경관. 아르바트거리 전경. 출처: 2019년 2월 필자 촬영

러시아인들에게뿐만 아니라 외국 관광객들의 명소가 되었다. 여느 유
럽의 거리처럼 예술적 분위기가 흐르며 고풍스러운 건물 곳곳 아름
다운 카페나 레스토랑, 그리고 패션 및 기념품 관련 상점들이 많이 분
포하여 상대적으로 젊은 쇼핑객과 관광객의 비중이 높다. 게다가 차
도가 없는 보행자 거리여서 곳곳에 분수와 벤치가 마련되어 있어 여
유롭게 산책하듯 둘러보기 좋아 '젊음의 거리'로도 유명하다. 또한 러
시아가 낳은 세계적인 문호 푸시킨Пушкин과 투르게네프Тургенев 등이
어린 시절을 보낸 곳이기도 하여 현재에도 예술가가 많이 거주하는
지역이기 때문에 '예술의 거리'라고도 불린다. 특히 건물 벽에 그려진
예술가들의 그라피티 아트graffiti art를 자주 접할 수 있는데, 이는 현대

237~247쪽; 김학희, 〈문화소비공간으로서 삼청동의 부상: 갤러리 호황과 서울시 도심 재
활성화 전략에 대한 비판적 성찰〉,《한국도시지리학회지》10(2), 2007, 127~144쪽.

〈그림 10〉 블라디보스토크 아르바트거리의 상점과 그라피티 아트. 왼쪽부터 ① 아르바트거리의 상점들, ② 아르바트거리의 그라피티 아트 출처: 2019년 2월 필자 촬영

적인 대중 감각의 미적 표현과 자유를 드러내는 상징적 경관으로 볼수 있다(〈그림 10〉). 이는 러시아의 문화와 예술에 대한 영감을 얻을 수있게 해 주기 때문에 예술의 거리라는 별칭에 힘을 실어 준다. 그런이유로 우리나라 관광객들은 이곳을 한국의 대학로나 가로수길에 비교하기도 한다.[56]

하지만 문화·역사 투어리즘 장소로서 블라디보스토크의 아르바트거리에서 기억해야 할 것이 있다. 바로 한인과 독립운동가의 흔적이다. 이 거리 곳곳에서 한글이 어렵지 않게 발견되는 것처럼, 이 거리에는 한국과 한인의 역사가 남아 있다. 자유롭고 예술적인 유럽의 감성이 풍기는 이 거리의 한 자락에 초라하게 남아 있는 독립운동가 최재형 선생의 추정 거주지는 한국인이라면 눈여겨볼 만하다. 안타깝게도 아직은 결정적인 증거와 예산 부족으로 한국 정부가 나서서 보존

---

[56] 조대현·정덕진, 《트래블로그 블라디보스토크》, 나우출판사, 2018; 오상용, 《지금, 블라디보스토크》, 플래닝북스, 2018.

〈그림 11〉 블라디보스토크 아르바트거리에서 본 한국·한인의 흔적. 왼쪽부터 ① 아르바트거리의 한글 ② 아르바트거리의 최재형 선생 추정 거주지 출처: 2019년 2월 필자 촬영

작업을 할 수 없는 상태이나 일부 여행사에서 임시 표지판을 부착하여 최재형 선생의 거주지였음을 알리고 있다(〈그림 11〉).[57] 이곳에서 안중근 의사는 최재형 선생에 의탁해 3년간 함께 지내면서 이토 히로부미伊藤博文를 사살할 계획을 도모하였다.[58] 또한 아르바트거리 끝에는 2014년에 만든 표지석과 기념비가 상징적 경관으로 남아 있는데, 표지석에는 '1864~2014, 러시아와 한민족 우호 150주년 기념'이라는 문구와 함께 이곳이 한인거리였음이 새겨져 있다. 이들 표지석 뒤로는 블라디보스토크와 자매결연을 맺은 도시들의 지명이 적힌 기념비

57 〈항일독립운동, 고려인의 한 서린 역사, 블라디보스톡〉,《평화뉴스》, 2018년 9월 7일자; 이정은, 〈崔才亨의 生涯와 獨立運動〉,《한국독립운동사연구》10, 1996, 291~319쪽. 이들 자료에 의하면 최재형 선생의 우수리스크 생가는 현재 한국 정부가 매입해 박물관으로 운영 중이다. 블라디보스토크의 이 생가는 신한촌 참변으로 체포되기 전까지 잠시 거주한 곳으로서 이곳을 거점으로 독립운동이 전개되었으며 1909년 하얼빈 의거도 여기에서 준비된 것이라고 한다.

58 박종인,《땅의 역사 1》, 상상출판, 2018; 이정은, 〈崔才亨의 生涯와 獨立運動〉, 291~319쪽.

〈그림 12〉 블라디보스토크 아르바트거리의 한인거리 표지석과 자매결연 기념비. 왼쪽부터 ① 러시아와 한민족 우호 기념 표지석, ② 부산과의 자매결연 기념비 출처: 2019년 2월 필자 촬영

가 만들어져 있다. 여기에서 '부산Busan'이라는 글자를 찾아볼 수 있다 (〈그림 12〉).

따라서 블라디보스토크의 아르바트거리는 단순히 유럽 분위기가 흐르는 예술적 문화거리로서만 바라볼 것이 아니라, 한국 및 한인과 관계된 문화·역사 투어리즘 장소로 재조명하여 관심 있게 지켜보아야 할 공간인 것이다.

문화·역사 투어리즘 장소로서 블라디보스토크의 잠재력

러시아 극동정책으로 형성된 블라디보스토크는 러시아의 과거와 미래, 그리고 자유와 속박의 역사가 공존하는 곳으로, 무엇보다 한국 독립운동의 요람이자 3·1운동의 시발점으로서의 역사적 의미를 간직한 곳이다. 일찍이 한국인에게는 해삼위로 불리었고, 현재는 '동방을 정복하다'라는 의미의 블라디보스토크로 명명되고 있는 이곳은 서울에서 불과 780킬로미터 거리에 있다. 항공편으로 인천에서 두어 시간 정도면 도착할 수 있는 근거리에 위치하여 관광적인 측면으로는 최근 한국과 가장 가까운 유럽이라는 기치 하에 인적·물적 교류 역시 활발히 일어나고 있어 잠재력이 높은 지역으로 떠오르고 있다.

이 글은 이러한 블라디보스토크를 문화·역사 투어리즘 장소로서 소개하고, 경관을 통해 그 가치를 발견하는 데에 목적을 두었다. 특히 문화·역사 투어리즘을 '관광자가 문화적·역사적 동기를 가지고 전통과 현대의 다양한 생활문화 및 예술, 그리고 역사유적지를 방문하여 체험하고자 하는 지적 욕구를 만족시키는 관광'으로 정의하였음을 염두에 둔다면, 그리고 문화·역사 투어리즘 장소로의 선택 동기가 표면상 교육과 학습이 주를 이루고 있다는 측면을 고려해 본다면, 블라디보스토크의 신한촌과 아르바트거리가 지니는 경관적 의미는 문화·역사 투어리즘 장소로서 상당한 전망이 있다고 판단된다. 이곳들은 한국과 거리상 가까울 뿐만 아니라 한민족의 숨결과 애환이 깃들어 있다는 역사적 맥락에서 한국과 심리적 근접성도 지녔기 때문이다.

그러나 상기하였듯 신한촌은 흔적도 없이 사라지고 아파트 단지 속에 그 역사가 묻혀 버렸다. 그나마 신한촌 기념비가 건립되어 상징적 경관으로 남아 있지만, 이는 역사의 매우 작은 단편일 뿐, 이를 기억하고 찾는 이는 매우 소수에 불과하다. 또한 아르바트거리 역시 과거가 갖는 한인의 애달픈 역사는 러시아의 유럽풍 예술과 젊은이들의 문화거리라는 이름 뒤편에 숨겨져 있다. 그럼에도 불구하고 이들 경관 속에서 블라디보스토크가 갖는 문화·역사 투어리즘 장소로서의 잠재력을 찾아볼 수 있다. 즉, 블라디보스토크 신한촌과 아르바트거리는 한국인들에게 지역적 이해와 체험을 바탕으로 공감할 수 있는 지역이라는 점에서 내재된 차별성이 있다. 따라서 이미 많이 잃어버린 블라디보스토크의 시공간적 경관에 대해 지금이라도 보존하려는 노력이 필요하며, 또한 현재 남아 있는 경관에 대해서도 제대로 된 검증과 규명의 노력이 이루어져야 할 것이다. 그럼으로써 문화·역사 투어리즘의 목적지로서 블라디보스토크로의 선택 동기 및 이유가 교육적인 측면에서 좀 더 분명해질 것이다.

이를 위해서는 첫째, 블라디보스토크의 문화·역사 투어리즘 루트의 조성 및 재정립이 필요하다. 즉, 자칫 별개로 여겨질 수 있는 블라디보스토크의 신한촌과 아르바트거리의 간극을 좁혀야 한다. 문화·역사 투어리즘은 해당 지역의 고유한 문화를 재평가할 기회를 제공하고 지역 주민과 관련된 민족의 주체성 및 유대감을 강화시키며, 이와 관련된 관광자원 보전에 기여할 수 있기 때문에 블라디보스토크의 경관을 바탕으로 한 문화·역사 투어리즘 루트의 재구성은 필연적으로 이루어져야 할 것이다. 또한 블라디보스토크를 '항일독립운동 중심지'로 설정하는 것도 하나의 방안이 될 수 있을 것이다. 블라디보스토크를 중심으로 그 주변의 우수리스크를 '항일독립운동 근거지'로, 그리고 크라스키노를 '의병 중심지'로 연계해 투어리즘 맵을 설정한다면 이 지역을 교육과 학습이 가능한 문화·역사 투어리즘 장소로서 확대시킬 수 있을 것이다.[59] 둘째, 블라디보스토크가 갖는 문화역사적 의미에 대한 홍보의 중요성도 강조되어야 한다. 현재 블라디보스토크에 대한 관광객들의 문화역사적 인식이 높지 않은 상황에서

---

59 블라디보스토크는 항일독립운동 중심지로서 신한촌 기념비 등을, 우수리스크는 항일독립운동 근거지로서 최재형 선생 생가·이상설 열사 유허비·전로한족 중앙총회 결성지·발해성터 등을, 그리고 크라스키노는 의병 중심지로서 장고봉 전투비·지신허·연추마을·안중근 의사 단지 동맹비 등을 주요 관광자원으로 지정하여 문화·역사 투어리즘 코스로 연계하는 구상 및 계획이 필요하다.

이에 대한 홍보는 매우 중요한 부분으로 생각된다. 무엇보다 문화·역사 투어리즘을 통한 교류는 해당 관광지 문화역사의 홍보 및 새로운 투어리즘적 매력의 창출로 부가가치를 높여 지역의 경제적 활성화에 기여할 수 있으므로, 이는 한국과 러시아 간 교류 증진에도 도움을 줄 수 있을 것이다. 마지막으로 한국과 러시아 학계의 연계적인 교류와 공동 연구도 이루어져야 할 것이다. 특히 한국 정부의 입장에서 문화역사적 고증과 확인 작업은 러시아와의 협력 작업을 통해 도모될 수 있는 문제이다. 한국과 러시아 간 학계 교류를 통해 과거 재러 고려인에서 현재의 재러 한인사회에 이르기까지 좀 더 깊이 있는 연구와 관심이 요구된다. 그럼으로써 블라디보스토크를 러시아 극동의 문화·역사 투어리즘 장소의 중심으로 이끌어 감과 동시에 재러 한인의 정체성 문제를 해결해 나갈 수 있을 것이다.

이 글은 지리학적 위상에서 블라디보스토크가 한민족 재외동포 이민사에서 중요한 거점이라는 점, 그리고 1992년 러시아의 시장개혁과 더불어 블라디보스토크가 외부 세계에 다시 개방되면서 잊혀져 왔던 과거 역사에 대한 관심이 문화적 관광으로 이어지고 있다는 점에 주목하였다. 이에 문화·역사 투어리즘 장소로서 블라디보스토크를 고찰하고, 특히 신한촌과 아르바트거리를 중심으로 한 경관을 살펴봄으로써, 이들이 갖는 잠재력과 차별성을 고찰하여 새로운 목적지로서 가능성을 열고 발전 방안을 제시하였다는 데에 의의가 있다. 그러나 이 글은 실질적 답사를 기반으로 한 연구였기에 현실적으로 남아 있지 않은 장소에 대한 가시적인 경관을 드러낼 수 없었다는 한계가 있다. 즉, 관광지의 문화역사적 고찰을 진행함에 있어 소수 전문가의 의견을 반영할 수밖에 없었음은 한계로 남는다. 또한 한·러 양국

간 관광 발전과 재러 한인의 정체성 발굴을 위한 학계적 발전 방안이 다소 원론적이라는 점도 부인할 수 없다. 하지만 이 글이 추후 블라디보스토크 문화 · 역사 투어리즘 장소에 대한 진척된 연구로 나아갈 수 있기를 기대한다.

참고문헌

그라베, 《연해주-아무르(연흑룡)지역의 중국인, 조선인, 일본인(Китайцы, Корейцы, Японйцы в Приморе)》, 아무르탐험대 종합보고서, 1912.

김승화, 《소련한족사》, 대한교과서주식회사, 1989.

김현택 · 라승도 · 이은경, 《포시에트에서 아르바트까지: 러시아 속 한국 발자취 150년》, 한국외국어대학교 지식출판원, 2017.

박영석, 《항일독립운동의 발자취》, 탐구당, 1993.

박종인, 《땅의 역사 1》, 상상출판, 2018.

박환, 《사진으로 보는 러시아지역 한인의 삶과 기억의 공간》, 민속원, 2013.

서태양, 《문화관광론》, 대왕사, 1999.

오상용, 《지금, 블라디보스토크》, 플래닝북스, 2018.

윤병석, 《국외한인사회와 민족운동》, 일주각, 1990.

이광진, 《한국관광문화정책론》, 백산출판사, 1995.

이상근, 《한인 노령이주사 연구》, 탐구당, 1996.

정은혜 · 손유찬, 《지리학자의 국토읽기》, 푸른길, 2018.

조동걸, 《독립군의 길따라 대륙을 가다》, 지식산업사, 1995.

조대현 · 정덕진, 《트래블로그 블라디보스토크》, 나우출판사, 2018.

한상복 · 이문웅 · 김광억, 《문화인류학개론》, 서울대학교 출판부, 1985.

허혜란, 《503호 열차》, 샘터. 2016.

현규환, 《韓國流移民史(上)》, 어문각, 1967.

권희영, 〈20세기 초 러시아 극동에서의 황화론: 조선인 이주와 정착에 대한 러시아 인의 태도〉, 《정신문화연구》 29(2), 2006, 343~366쪽.

고승제, 〈연해주 이민의 사회사적 분석〉, 《백산학보》 11(11), 1971, 149~168쪽.

김아넬, 〈러시아 극동의 새로운 문화수도, 블라디보스토크〉, 《미술세계》 74, 2018, 126~131쪽.

김주용, 〈러시아 연해주지역 한국독립운동사적지 현황과 활용방안〉, 《동국사학》 57, 2014, 512~545쪽.

김학희, 〈문화소비공간으로서 삼청동의 부상: 갤러리 호황과 서울시 도심 재활성화

전략에 대한 비판적 성찰〉, 《한국도시지리학회지》 10(2), 2007, 127~144쪽.

김홍운 · 전영철, 〈청소년 여가활동으로 교육관광에 관한 연구〉, 《관광정책학연구》 2, 1996, 119~136쪽.

류제헌, 〈한국의 문화 경관에 대한 통합적 관점〉, 《문화역사지리》 21(1), 2009, 105~116쪽.

서종원, 〈시베리아 횡단철도(TSR)의 두 도시 블라디보스토크, 이르쿠르츠〉, 《월간 교통》, 2012, 50~52쪽.

성원용, 〈러시아 극동의 관문, 블라디보스토크〉, 《국토》, 2006, 74~79쪽.

손용후, 〈광역 블라디보스토크 경제자유구역에 대한 연구: GTI 다자협력과 한 · 몽 양자관계를 중심으로〉, 《몽골학》 55, 2018, 197~237쪽.

송원섭, 〈경관지리학에서 경치지리학(景致地理學)으로: 영미권 문화역사지리학 경관연구 패러다임의 전환〉, 《대한지리학회지》 50(3), 2015, 305~323쪽.

안드레이 벨리츠코, 〈블라디보스토크 자유항의 현황과 의의〉, 《평화문제연구소》, 2015, 157~160쪽.

유영준, 〈경주 문화관광에 관한 에듀테인먼트 콘텐츠 모형 개발 연구〉, 《한국도시지리학회지》 9(2), 2006, 57~74쪽.

유영준, 〈문화상품으로서 경주 자전거투어〉, 《한국도시지리학회지》 11(3), 2008, 81~90쪽.

윤병석, 〈李相卨 硏究:國外獨立運動 基地設定의 活動을 中心으로〉, 숭전대학교 대학원 석사학위논문, 1982.

이동언, 〈노령지역 초기 한인사회에 관한 연구〉, 《한국독립운동사연구》 5, 1991, 205~232쪽.

이동진, 〈블라디보스토크의 한국인, 1863-1917: 여행기 자료를 중심으로〉, 《도시연구》 10, 2013, 101~134쪽.

이명화, 〈노령지방에서의 한인 민족주의교육운동〉, 《한국독립사연구》 3, 1969, 119~163쪽.

이원규, 〈러시아 극동지역의 항일운동 유적〉, 《황해문화》 30, 2001, 191~222쪽.

이정은, 〈崔才亨의 生涯와 獨立運動〉, 《한국독립운동사연구》 10, 1996, 291~319쪽.

이준태 · 윤병국, 〈한민족 시원과 형성이 역사유적 관광지로서의 가능성 탐색 연구〉, 《한국사진지리학회지》 26(4), 2016, 107~121쪽.

이채문, 〈한인의 러시아 극동지역 이주: 역사와 이론〉, 《한국사회학회 사회학대회

논문집》, 1999, 122~137쪽.

임계순, 〈만주 · 노령의 동포사회(1860-1910)〉, 《한민족독립운동사》2, 1987, 597~611쪽.

장은영, 〈러시아 블라디보스토크의 한인 거주지 이동〉, 《대한지리학회 학술대회논문집》, 2004, 90쪽.

정은혜, 〈식민권력이 반영된 경관의 보존 가치에 대한 연구: 일제 하 형성된 전남 소록도와 인천 삼릉(三菱) 마을을 사례로〉, 《한국도시지리학회지》19(1), 2016, 85~103쪽.

조아라, 〈문화관광지의 문화정치와 정체성의 사회적 구성: 일본 홋카이도 오타루의 재해석, 제도화, 재인식〉, 《대한지리학회지》44(3), 2009, 240~259쪽.

진종헌, 〈재현 혹은 실천으로서의 경관: '보는 방식'으로서의 경관이론과 그에 대한 비판을 중심으로〉, 《대한지리학회지》48(4), 2013, 557~574쪽.

최재성, 〈러시아 연해주지역 독립운동사의 전승(傳承): 1990~2010년대 한국 고등학교 한국사 교과서 기술을 중심으로〉, 《한국보훈논총》17(4), 2018, 67~95쪽.

최효승 · 김혜영, 〈문화거리조성을 위한 보행환경개선사업이 상업환경에 미치는 영향 분석: 충장로 특화거리 조성 시범 가로를 대상으로〉, 《한국콘텐츠학회논문지》9(8), 2009, 237~247쪽.

홍금수, 〈경관과 기억에 투영된 지역의 심층적 이해와 해석〉, 《문화역사지리》21(1), 2009, 46~94쪽.

〈1919 한겨레: 각지 독립운동가는 왜 연해주에 모였나〉, 《한겨레》, 2019년 2월 26일자.

〈이정은 박사의 역사이야기: 구소련 한인 강제이주의 역사〉, 《천지일보》, 2019년 6월 3일자.

〈항일독립운동, 고려인의 한 서린 역사, 블라디보스톡〉, 《평화뉴스》, 2018년 9월 7일자.

Crang, M., *Cultural Geography*, Routledge, London, 2013.

Cresswell, T., *Geographic thought: a critical introduction*, Wiley-Blackwell, Chichester, 2013.

Goodman, M. E., *The Individual and Culture*, Dorsey Press, Homewood, IL, 1967.

Hall, M. C. and Page, S. J., *The Geography of Tourism and Recreation*, Routledge, London and New York, 2002.

Ley, D. and Samuels, M.S., *Humanistic Geography(RLE Social & Cultural Geography): Problems and Prospects*, Maaroufa Press, Chicago, 1978.

Mitchell, D., *Cultural Geography: A Critical Introduction*, Blackwell, Oxford, 2000.

Sauer, C. O., *Land and Life: A Selection from the Writings of Carl Ortwin Sauer*, University of California Press, Berkeley, 1963.

Smith, N., *Uneven development: nature, capital and the production of space*, Basil Blackwell, Oxford, 1990.

Wilson, A., *The culture of nature: North American landscape from Disney to the Exxon Valdez*, Blackwell, Cambridge, 1992.

Wilson, C., and Groth, P., *Everyday America: cultural landsape studies after J.B.Jackson*, University of California Press, Berkeley, 2003.

Wylie, J., *Landscape*, Routledge, London, 2007.

Zukin, S., *Landscapes of power: from Detroit to Disney World*, University of California Press, Oxford, 1991.

Bell, C., "The real New Zealand: rural mythologies perpetuated and commodified," *The Social Science Journal* 34-2, 1997, pp. 145-158.

Britton, S. G., "Tourism, capital and place: towards a critical geography of tourism," *Environment and Planning D: Society and Space* 9-4, 1991, pp. 451-478.

Cosgrove, D., "Prospect, Perspective and the Evolution of the Landscape Idea," *Transactions of the Institute of British Geographers*, New Series 10-1, 1985, pp. 45-62.

Garrod, B. and Fyall, A., "Managing heritage tourism," *Annals of Tourism Research* 27-3, 2000, pp. 682-708.

Milne, S., Grekin, J., and Woodley, S., "Tourism and the construction of place in Canada's eastern Artic," in Greg, R.(ed.), *Destinations: Cultural Landscapes of Tourism*, Routledge, London and New York, 1998, pp. 101-120.

Mitchell, D., "There's No Such Thing as Culture: Towards a Reconceptualization of the Idea of Culture in Geography," *Transactions of the Institute of British Geographers*, New Series 20-1, 1995, pp. 192-116.

Mitchell, D., "Cultural landscapes: just landscapes or landscapes of justice," *Progress in Human Geography* 27-6, 2003, pp. 787-796.

Richards, G., "Production and consumption of European cultural tourism," *Annals of Tourism Research* 23-3, 1996, pp. 261-283.

Square, S. J., "Accounting for cultural meanings: the interface between geography and tourism studies re-examines," *Progress in Human Geography* 18-1, 1994, pp. 1-16.

Tuan, Yi-Fu, "Topophilia: or, sudden encounter with the landscapes," *Landscape* 11-1, 1961, pp. 29-32.

Корё сарам, https://koryo-saram.ru/.

Приморье24, http://primorye24.ru/.

NASA, https://www.nasa.gov/.

World Tourism Organization, http://www.world-tourism.org/.

초국적 역사문화의 계승과 확산

: 필라델피아와 로스앤젤레스 한인들의 3 · 1운동 인식과

100주년 기념사업

| 배진숙 |

이 글은 《재외한인연구》 제49호(2019)에 게재된 원고를 수정 및 보완하여 재수록
한 것이며, 2018년 대한민국 교육부와 한국연구재단의 지원을 받아 연구되었다
(NRF—2018S1A6A3A03043497).

한국 독립운동의 특징 중 하나가 바로 한인사회가 있는 대부분 나라에서 독립운동이 벌어졌다는 것이다. 독립운동의 분수령인 3·1운동 이후에 독립운동 공간이 해외로 확장되면서 국내외에서 다양한 방법으로 독립운동이 전개되었다.

초기 재미 한인사회는 노동이민자, 사진신부, 정치망명객, 그리고 유학생으로 구성되었다. 미국으로의 한인 이주는 1903~1905년 사이에 약 7천 명의 한인이 사탕수수 농장 노동자로 하와이로 건너가며 시작되었고, 1910~1924년에는 1천여 명의 사진신부들이 미국으로 이주하였다. 초기 한인 이주에 있어서 노동자와 사진신부 외에 중요한 집단이 유학생이다. 1910년부터 1924년까지 약 541명의 유학생이 미국으로 건너갔으며, 1940년까지 총 891명의 유학생이 건너갔다. 이들은 하와이와 미국 본토 한인사회의 지적, 정치적 지도자로 부상하여 해외 독립운동을 주도하였다.[1] 미주 한인들은 낯선 땅에서 생활고와 인종차별을 겪으면서도 독립운동에 지원을 아끼지 않았으며, 3·1운동 소식은 새로운 활력을 불러일으켰다.

미국에서의 독립운동에 관한 기존 연구는 대표적인 독립운동가를 중심으로 비교적 최근에 활발하게 이루어졌다.[2] 그 대상이 대부분 한

---

1 유의영, 〈미주 한인의 인구학적 특성〉,《미주 한인이민 100년사》, Los Angeles: 한미동포 재단; 미주 한인이민 100주년 남가주 기념사업회, 2002, 131~148쪽; 이덕희, 〈하와이 한 인 이민 100년〉,《미주 한인이민 100년사》, Los Angeles: 한미동포재단; 미주 한인이민 100주년 남가주 기념사업회, 2002, 13~32쪽.

2 홍선표, 〈徐載弼의 獨立運動(1919-1922) 硏究〉,《한국독립운동사연구》7, 1993, 187~244쪽; 고정휴, 〈독립운동기 이승만의 외교 노선과 제국주의〉,《역사비평》31, 1995, 129~187쪽; 한봉석, 〈김호의 항일운동과 정치활동〉,《한국민족운동사연구》43, 2005, 163~204쪽; 김권정, 〈이승만의 독립운동과 신흥우〉,《공공정책연구》14(1), 2007, 1~18쪽; 이명화, 〈도산의 교육관과 초기 미주 한인사회의 교육: 대한인국민회의 교육운

인들이지만 미국인들의 독립운동에 관한 연구도 소수 있다.[3] 그리고 개별 독립운동가가 아닌 독립운동 단체 활동에 관한 연구, 시기별 주요 사건에 대한 미주 한인들의 대응에 관한 연구도 진행되었다.[4]

2019년에 3·1운동 및 대한민국임시정부 수립 100주년을 맞으며 국내에서는 물론 전 세계 한인사회 곳곳에서 다양한 기념행사가 개최되었다. 미국에서는 전국을 아우르는 행사보다는 각 도시와 지역

동을 중심으로〉,《한국독립운동사연구》31, 2008, 37~86쪽; 이명화, 〈재미 실업가 김종림의 생애와 독립운동〉,《한국독립운동사연구》43, 2012, 113~168쪽; 이현주, 〈도산과 초기 미주 한인단체〉,《한국독립운동사연구》31, 2008, 87~124쪽; 장규식, 〈1900-1920년대 북미 한인유학생사회와 도산 안창호〉,《한국 근현대사 연구》46, 2008, 105~146쪽; 박성진, 〈서재필과 이승만의 만남과 갈등〉,《大東文化研究》67, 2009, 595~628쪽; 최기영, 〈1910년대 이대위의 재미민족운동〉,《진단학보》111, 2011, 77~113쪽; 최기영, 〈강영소의 재미민족운동과 경제활동〉,《한국 근현대사 연구》67, 2015, 725~763쪽; 최기영, 〈宋憲澍의 재미민족운동과 한인단체 연합활동〉,《한국독립운동사연구》51, 2015, 45~86쪽; 김용달, 〈안창호의 민족운동과 민족운동지도론〉,《한국학논총》37, 2012, 465~490쪽; 김도형, 〈도산 안창호의 '여행권'을 통해 본 독립운동 행적〉,《한국독립운동사연구》52, 2015, 35~63쪽; 김도형, 〈홍언의 미주지역 독립운동자금 모금활동〉,《東北亞歷史論叢》54, 2016, 101~135쪽; 김선아, 〈金鉉九의 재미언론활동과 독립운동〉,《한국 근현대사 연구》76, 2016, 151~185쪽; 박순섭, 〈1920-40년대 玄楯의 재미독립운동〉,《한국독립운동사연구》56, 2016, 5~47쪽; 박준현, 〈하와이·미주 사회에서 閔贊鎬의 한인 교육과 민족운동〉,《한국민족운동사연구》91, 2017, 5~42쪽; 이윤갑, 〈도산 안창호의 민족운동과 공화주의 시민교육〉,《한국학논집》67, 2017, 37~92쪽.

3 홍선표, 〈한국독립운동을 도운 미국인〉,《한국독립운동사연구》43, 2012, 169~241쪽; 홍선표, 〈헐버트의 재미 한국독립운동〉,《한국독립운동사연구》55, 2016, 54~91쪽.

4 이상일, 〈3·1운동 이후 재미한인 독립운동의 전개〉,《泰東古典研究》16, 1999, 271~295쪽; 정용욱, 〈해방 직전 미주 한인의 독립운동과 미국 정부의 대응〉,《정신문화연구》25(3), 2002, 155~186쪽; 이현주, 〈재미한족연합위원회 대표단의 귀국과 정치활동〉,《한국독립운동사연구》20, 2003, 93~126쪽; 정병준, 〈1940년대 재미한인 독립운동의 노선〉,《한국민족운동사학회》42, 2004, 110~146쪽; 홍선표, 〈1945년 샌프란시스코회의를 둘러싼 미주한인의 대응과 활동〉,《한국독립운동사연구》25, 2005, 285~337쪽; 홍선표, 〈해방 이전 대한인동지회의 조직과 활동〉,《한국독립운동사연구》33, 2009, 417~463쪽; 홍선표, 〈뉴욕 소약국민맹회의와 재미 한인의 독립운동〉,《東北亞歷史論叢》58, 2017, 282~333쪽; 김도형, 〈하와이 대조선독립단의 조직과 활동〉,《한국독립운동사연구》37, 2010, 209~263쪽.

단위의 기념행사가 진행되었다.

디아스포라들은 거주국과 정치, 경제, 문화 등 다양한 영역에서 복합적인 새로운 관계를 형성하고 있으면서 동시에 모국과 연결을 지속적으로 유지하여 이들 모두를 포함하는 초국가적 사회 영역 내에 살게 된다.[5] 미주 한인들은 미국의 기념일뿐 아니라 한국의 기념일을 동시에 기념하는 활동을 해 왔다. 하지만 이에 대한 연구는 전무하다. 다민족사회에서 소수민족으로서 모국의 역사기념일을 기념하는 방식이나 의의에 대한 고찰이 필요하다. 3·1운동 기념의 다면성과 복합성에 주목하여 국내에서는 정부 차원의 국가행사인 3·1운동 기념일이 미국 내 소수민족인 재미 한인들에 의해서 기념되고 표상되는 방식에 관해서 살펴보겠다.

이러한 배경 하에 미국에서 개최된 3·1운동 및 임시정부 수립 100주년 기념사업의 취지와 행사 내용을 살펴보고, 그 계획 및 추진과정을 고찰하였다. 연구 대상 지역은 미주 독립운동에 있어서 그 중요성이 상당한 '제1차 한인회의'(1919) 재현 행사를 진행한 필라델피아와, 미주 최대 한인 집거지가 있는 로스앤젤레스 지역이다. 주도적 단체와 핵심 네트워크, 참여자들의 이민 세대, 초국적 협조, 타 민족의 참여 여부에 중점을 두어, 기념사업 준비와 실행을 위해 활용된 다층적 차원의 자원과 조직을 파악한다. 또한, 주요 행사 장소에 주목함으로써, 공간의 상징성과 미주 한인의 도시 내 위상에 대해 살펴보았다.

이 글을 통해 한국독립운동사·재미한인사의 맥락에서, 미국에서

---

5 임채완, 〈지구화시대 디아스포라의 초국가적 활동과 모국: 동남아 화인과 중국조선족에 대한 비교연구〉, 《國際政治論叢》 48(1), 2008, 243~266쪽.

의 3·1운동의 역사적 · 현재적 의미를 재조명하고, 공공외교의 주체로서 재미 한인의 기여와 역할을 평가하고자 한다. 또한 결언으로 미래지향적인 진정한 3·1정신의 계승 방안이 무엇인지 모색하고 미국에서의 독립운동 후속 연구에 대한 제언을 하겠다.

미국에서의 독립운동

미국 내 3·1운동의 소식과 영향

3·1운동 소식이 전해진 이후 재미 한인들은 독립선언에 고무되어 각종 집회를 열고 재정 모금을 통한 지원과 미국민과 미국 정부에 대한 외교 활동에 주력하였다.[6] 한반도와의 공간적 격리로 인해 미국에서의 독립운동은 무장투쟁이나 의열투쟁 등 직접적인 독립운동을 전개하기보다는 재정 모금을 통한 지원 활동과 외교적 후원의 측면에서 주요한 공헌을 하였다. 3·1운동 이후 미주 지역에서는 독립의연금, 21례금(수입의 5퍼센트), 애국금, 혈성금, 국민부담금, 독립금 등의 명칭으로 모금을 하여 원동과 구미 각지의 외교 선전, 대한민국 임시정부의 유지와 독립군 지원 등의 경비를 조달하였다.[7] 1919년 당시 약 7천 명의 재미 한인들이 대부분 농장 노동으로 어렵게 생계를 꾸려 가고 있었다. 이들은 월평균 수입이 35달러 정도였음에도 해외 독

---

6   김도형, 〈3·1운동기 미주 한인사회의 동향과 대응〉, 《한국 근현대사 연구》 50, 2009, 73~101쪽.
7   이상일, 〈3·1운동 이후 재미한인 독립운동의 전개〉, 271~295쪽; 정용욱, 〈해방 직전 미주 한인의 독립운동과 미국 정부의 대응〉, 155~186쪽.

립운동에 지원을 아끼지 않았다.[8] 미주 한인들이 임시정부를 통해 독립운동에 바친 재정원이 약 45만 달러로 추산되는데, 미화가 중국에서 4~5배 가치를 가졌기에 재미 한인들의 돈이 더욱 빛을 발하였다.[9] 재미 한인들에게 재정 모금, 외교 활동 못지않게 중요한 것이 현지에서의 배일운동이었는데 실천적인 독립운동의 시작으로 재미 일본인과의 단절과 일본 상품에 대한 배척운동으로 나타났다.[10]

또한, 국내 3·1운동의 소식과 영향은 재미 한인사회뿐 아니라 미국 사회에도 확산되어 한국인을 동정하고 한국 독립 문제를 돕는 미국인들이 급증하기 시작했다. 국내 3·1운동에 대한 일제의 무자비한 탄압과 기독교인에 대한 박해 사실이 재한 선교사들을 통해 미국을 비롯한 전 세계에 알려지면서 미국 사회에 한국인에 대한 동정과 한국 독립에 대한 지지 여론이 거세게 일어났다. 이런 미국인들은 재미 한인 독립운동가들이 조직한 단체나 행사 등에 동참해 기꺼이 한국 독립을 지지하거나, 스스로 한국친우회를 결성하고 저서를 발행해 한국 독립을 지원하였다.[11]

해방 이전 재미 한인단체

다른 지역에서와 마찬가지로 미주 독립운동에서도 한인단체의 역

8 　이상일, 〈3·1운동 이후 재미한인 독립운동의 전개〉, 271~295쪽; 이덕희, 〈하와이 한인 이민 100년〉, 13~32쪽.
9 　이선주, 〈초기 한인사회 민족지도자: 서재필, 안창호, 이승만, 박용만〉, 《미주 한인이민 100년사》, Los Angeles: 한미동포재단; 미주 한인이민 100주년 남가주 기념사업회, 2002, 51~86쪽; 방선주, 《재미한인의 독립운동》, 도서출판 선인, 2018.
10 　김도형, 〈3·1운동기 미주 한인사회의 동향과 대응〉, 73~101쪽.
11 　홍선표, 〈한국독립운동을 도운 미국인〉, 169~241쪽.

할이 중요했다. 해방 이전 한인단체의 특징으로는 민족지도자 중심의 독립운동 단체였고, 한인을 결집시키기 위해 전 세계에 흩어져 있는 한인단체와 연대하여 독립운동을 전개하였다는 점을 꼽을 수 있다. 해외 독립운동 시기(1902~1945)에 재미 한인단체는 동포 간의 친목·인화·단결을 도모하고, 더 나아가 일제 치하의 조국 독립을 위해 항일투쟁의 해외 근거지로서 역할을 하였다.[12]

미주 지역에서는 1909년 2월 하와이의 한인합성협회韓人合成協會와 미 본토의 공립협회共立協會가 통합하여 국민회國民會를 탄생시켰고, 그 후 1910년 5월 대동보국회大同保國會와 통합되어 대한인국민회大韓人國民會로 발전하면서 사실상 해외 한인운동의 최고 기관이 되었다. 대한인국민회가 출범할 수 있었던 것은 스티븐스 저격 사건과 장인환의 구명운동으로 재외동포의 안정 보장을 위한 조직의 필요성과 조국 독립운동의 필요성을 절감한 것이 계기가 되었다.

미국의 독립유공자를[13] 배출한 독립운동 관련 단체를 보면, 대한인국민회 127명, 흥사단 39명, 동지회 17명, 비행사 양성 11명, 미군전략정보처OSS의 냅코NAPKO 10명, 재미한족연합위원회 7명, 박용만군사학교 6명, 대한여자애국단 6명, 상해임시정부 참여 5명 등으로 대한인국민회가 127명으로 가장 많은 독립유공자를 배출하였다.[14]

---

12 임채완 외, 《재외 한인단체의 형성과 현황: 미국, 일본, 중국, 러시아·중앙아시아를 중심으로》, 집문당, 2007.

13 '독립유공자'는 일제의 국권침탈 전후부터 1945년 8월 14일까지 국내외에서 일제의 국권침탈을 반대하거나 독립운동을 위하여 항거한 공로로 건국훈장, 건국포장 또는 대통령표창이 서훈된 분들을 일컫는다(주동완, 〈미국에서의 서훈 미전수 독립유공자 현황과 전수방안〉, 《재외한인연구》 46, 2018, 1~34쪽).

14 〈미주 독립운동의 1번지 LA '대한인국민회'를 가다〉, 《오마이뉴스》, 2018년 8월 12일자.

'제1차 한인회의The First Korean Congress'

'미국에서의 3·1운동'으로 지칭되는 '제1차 한인회의The First Korean Congress'는 100년 전 모국에서의 3·1운동이 초국적 이동을 통해 미국 필라델피아에 재영토화reterritorialization된 경우이다.

1919년 4월 14일에서 16일까지 3일간 서재필이 이승만, 정한경과 협의하여 미국 독립기념관이 있는 필라델피아에서 미국의 독립선언과 같은 방식으로 한인회의를 개최하였다. 국내에서의 3·1독립선언이 마치 미국의 독립선언을 연상시키므로 이를 좀 더 극적으로 연출하기로 하였던 것이다.[15]

이 행사는 필라델피아시 17가와 델란시가의 교차점에 위치한 리틀극장Little Theater에서 개최되었는데, 미 전역의 한인 지도자뿐 아니라 언론계·사업계·종교계·교육계 미국 시민 150여 명이 참여하였다. 회의 기간 동안 대한민국임시정부, 미국 정부 및 국민, 파리강화회의, 일본 지식인 등에게 보내는 〈대한민국임시정부에 보내는 메시지〉, 〈미국에의 호소문〉, 〈한국인의 목표와 열망〉, 〈일본의 지각 있는 국민들에게〉, 〈미국 정부와 파리평화회의에 보내는 청원서〉 등의 결의안을 채택하여 발표하였다. 그 가운데 〈한국인의 목표와 열망〉은 총 10개 조로 독립 후 국가 건설에 대한 구상이 담겨 있다.[16]

폐회 선언 후 서재필과 참가자 일동은 필라델피아시의 토마스 스미스 시장이 제공한 기마대와 군악대의 호위 하에 리틀극장을 출발, 미국의 독립운동을 상징하는 역사적 유적인 독립기념관까지 태극기

---

15 김도형, 〈3·1운동기 미주 한인사회의 동향과 대응〉, 73~101쪽.
16 김도형, 〈3·1운동기 미주 한인사회의 동향과 대응〉, 73~101쪽.

를 흔들면서 행진하였다. 그리고 최남선이 작성한 독립선언서 영어 번역본을 이승만이 낭독하고, 이어서 일행은 이승만의 선창에 따라 '대한공화국 만세'와 '미국 만세'를 3창하였다. 이 대회는 한국 역사상 처음으로 한국인 독립운동가들이 미국인과 더불어 영어를 사용하면서 진행시킨 국제회의였다는 점과, 이 결의안들은 3·1운동 후 처음으로 한국인 독립운동 단체가 영문으로 한민족의 독립 의지를 세계에 천명하며 그들의 정치적 이상을 표출시킨 문건이라는 점에서 의의가 있다.[17]

'제1차 한인회의' 성과는 다음과 같다. '제1차 한인회의' 이후 서재필은 한국의 실상을 미국민들에게 좀 더 효과적으로 알리기 위해 전문적인 선전기관이라고 할 수 있는 '한국통신부The Bureau of Information for the Republic of Korea'를 세웠다. 한국통신부는 기관지《한국평론Korean Review》을 매월 2천 부 이상 발간하여 미국 등 주요국 정부, 대학, 교회 및 개인 독자 등에게 배포하였다.[18]

1919년 5월 필라델피아에서 서재필 박사와 톰킨스 목사의 주도로 한국 독립을 후원하기 위한 미국인들의 단체인 '한국친우회The League of Friends of Korea'가 결성되었다. 한국친우회는 미 전역에 23개 지부 (2만 5천 명 회원)가 조직되었고 영국과 프랑스에도 지부가 있었다. 한국통신부와 함께 미 전역에서 대규모 대중집회를 열고 미 정부 및 의회 등에 한국 독립을 호소하였다. 한국친우회에서 활약한 미국인들은

---

17 유영익, 〈3·1운동 후 서재필과 이승만의 신대한(新大韓) 건국 구상: 필라델피아 대한인총대표회의 의사록 및 대한민국임시정부 요인들에게 보낸 공한(公翰) 분석〉,《한국논단》166, 2003, 87~109쪽.
18 김도형, 〈3·1운동기 미주 한인사회의 동향과 대응〉, 73~101쪽.

모두 당시 기독교계의 유력한 인사들로서 기독교의 영향력이 큰 미국 사회에서 친한 여론을 선도하는 데 중요한 역할을 담당하였다. 대부분 한국에서 선교 활동을 했던 선교사들이어서 누구보다도 한국의 실정을 잘 알고 전파할 수 있는 장점을 갖고 있었다.[19]

미국에서의 3·1운동 및 임시정부 수립 100주년 기념사업

2019년 재미한인들에 의한 3·1운동 및 임시정부 수립 100주년 사업의 조직 및 참여 단체는 〈표 1〉과 같다.

조직 방식: 지역 한인단체의 연합

재외 한인단체는 한인사회의 성장과 더불어 문화적·정치적·경제적 영향력을 키워 나가면서 거주국 사회에 참여하고 역할을 확대하는 질적 변화를 가져왔다.

100주년 행사 조직에 있어서 두 곳 모두 지역 한인회가 중심이 되었고, 인접 지역 한인회에서도 협조하였다. 한인사회에서 많은 비중을 차지하고 있는 경제·직능단체의 참여는 비교적 저조했다. 필라델피아에서는 필라델피아 한인회와 서재필기념재단이 중심이 되어 '제1차 한인회의 재현 추진위원회'를 조직하였고 20여 개 단체가 참여했다. LA 지역에서는 몇 해 전부터 30여 개 단체가 연합해서 3·1절 행

---

19 이선주, 〈초기 한인사회 민족지도자: 서재필, 안창호, 이승만, 박용만〉, 51~86쪽; 김도형, 〈3·1운동기 미주 한인사회의 동향과 대응〉, 73~101쪽; 홍선표, 〈한국독립운동을 도운 미국인〉, 169~241쪽.

〈표 1〉 재미한인 3.1운동 및 대한민국임시정부 수립 100주년 사업 조직

	필라델피아	LA 지역
위원회 구성	필라델피아 제1차 한인회의 재현 추진위원회	3·1운동 및 임시정부 수립 100주년기념 범동포연합사업회
참여 단체	필라델피아 한인회, 서재필기념재단, 필라교회협의회, 필라노인회, 민주평화통일자문회의필라지부, 이북5도민필라지부, 이승만기념회필라지부, 재미한국학교동중부협의회, 재향군인회필라지부, 흥사단필라지부, 남부뉴저지 한인회, 세종연구소, 서재필기념회, 유펜대학 'James Kim 프로그램' 한국학회, 독립기념관	LA한인회, 대한인국민회기념재단, 민주평통LA협의회, 미주3.1여성동지회, 광복회 미서남부지회, 도산안창호기념사업회, 흥사단LA지부, 흥사단OC지부, 남가주기독교교회협의회, 남가주한인목사회, 남가주장로협의회, 미주한인재단LA, 3·1운동 UNESCO등재기념재단 남가주지부, 세계한민족여성네트웍LA, 세계한민족여성네트웍OC, 통일부교육위원LA협의회, 대한민국재향군인회미서부지부, 6·25참전유공자회, 대한민국예비역영관장교연합회, 대한민국월남전유공자회, 국군포로송환위원회, 미한국전참전재향군인회, 재미헌병전우회, 육군동지회, 미주민주참여포럼, 백야김좌진장군기념사업회미주본부, LA북부한인회, 한인역사박물관, 전미한인복지협회, 자유민주통일동우회, PAVA World, 미주한국학교총연합회, 남가주한국학원, 우정의종보존위원회, 한미무용연합회, 재미대한테니스협회, 한인미정부커미셔너협회, 한미기독교센터, 미주한인군목회, 남가주한인기독교원로목사회, 한인타운시니어커뮤니티센터
정부후원기관	국가보훈처, NY총영사관, 필라델피아시	국가보훈처, LA총영사관, 독립기념관

사를 진행해 왔다.[20] 2019년에는 '3·1운동 및 임시정부 수립 100주년 기념 범동포연합사업회'를 조직해서 LA한인회와 대한인국민회재단을 비롯한 약 40여 개의 남가주 한인단체가 참여했다.

애국통일단체, 종교단체, 사회·문화단체가 다수 참여했는데, 독립

---

20 〈3차례 단체장 회의를 갖고 행사 준비해 왔다〉, 《미주중앙일보》, 2018년 11월 8일자.

운동과 직간접적으로 관련된 단체가 중요한 역할을 하였다. 재미 한인 초기 이민사회 형성기에 설립되어 존속되어 온 독립운동 단체, 혹은 비교적 최근에 세워진 독립운동에 족적을 남긴 인사나 단체를 기념하는 재단이 포함되었다. 로컬 기반으로 설립된 단체이거나 본원은 한국에 있고 해외지부로 활동하는 단체가 있었다. '제1차 한인회의 재현 사업'의 주관단체였던 서재필기념재단은 1975년 필라델피아 지역 내 8명의 한인 의사들이 서재필의 뜻을 계승하여, 한인 이민자들이 겪는 어려움을 돕기 위해 설립한 재단이다. 현재는 한인뿐 아니라 타 민족에게도 의료 · 복지 및 교육서비스 등을 제공하고 있으며, 서재필 생가를 보수하여 1990년부터 서재필기념관으로 개관하고 있다.[21] 한편 LA 100주년 사업의 주관단체였던 대한인국민회기념재단은 2003년 대한인국민회를 기념하고, 미주 이민사 및 미주 한인들의 독립운동을 알리고자 설립되었는데, 대한인국민회관에 대한인국민회 관련 사진 · 기록 · 유물들을 전시하고 있다.[22]

흥사단은 1913년 5월 안창호 주도로 샌프란시스코에서 결성되었고 1949년 본부를 국내로 이전하였다. 흥사단은 안창호의 뜻과 사상을 따르는 사람들의 일종의 수양단체이며 교육기관이었다.[23] 안창호는 흥사단을 만들 때 지방색을 우려하여 전국 8도를 대표하는 청년들을 포함한 25인의 발기인으로 발족하여 무실務實, 역행力行, 충의忠義,

---

21 서재필기념재단 홈페이지: http://jaisohn.org (최종열람일: 2022년 12월 26일)
22 세계한민족문화대전 홈페이지; 대한인국민회기념재단: http://www.okpedia.kr/ Contents/ContentsView?contentsId=GC95101167&localCode=naw (최종열람일: 2022년 12월 26일)
23 유의영, 〈미주 한인의 인구학적 특성〉, 131~148쪽.

용감勇敢의 4대 정신을 지도이념으로 일제강점기 국내외에 지부를 설립하고 실력양성운동을 하였다.[24] 2019년 미국에서의 3·1운동 100주년 행사에는 흥사단 LA, OC, 필라델피아 지부가 참여했다. 미주 3·1여성동지회의 경우에는 서울본부는 1967년 4월 6일 3·1운동에 직접 참가했던 여성 독립운동가들이 중심이 되어 창립되었고, 초대 회장은 항일 민족운동가로서 애족장이 수여된 황애덕이었다. 3·1여성동지회 LA 지부는 1982년 6월 9일 창립되었다.[25]

100주년 기념행사의 한미 정부 후원기관으로는 국가보훈처, 한국독립기념관, 뉴욕과 LA의 총영사관, 필라델피아시 등이 포함된다. 특히 국가보훈처는 3·1운동 및 임시정부 수립 100주년을 맞아 '기억과 계승', '예우와 감사', 그리고 '참여와 통합'을 추진 방향으로 설정하고 26개 사업을 추진하였다. 필라델피아의 서재필기념재단은 국가보훈처가 2018년 2월에 실시한 '3·1운동 및 대한민국임시정부 수립 100주년을 맞아 독립운동 정신을 기억하고 국민통합에 기여할 수 있는 사업' 공모에서 "미국에서의 3·1운동 '제1차 한인회의' 기념사업"으로 은상을 수상함으로써 보훈처의 지원을 받게 되었다.[26]

두 지역에서의 100주년 기념사업 목록은 〈표 2〉, 〈표 3〉과 같다. 필라델피아에서는 '제1차 한인회의 재현'에 초점을 두어 4월 12~14일 3일 동안의 행사에 집중한 데 반해, LA에서는 약 두 달에 걸쳐서 연

---

24 세계한민족문화대전 홈페이지; 흥사단: http://www.okpedia.kr/Contents/ContentsView?contentsId=GC95100282&localCode=naw (최종열람일: 2022년 12월 26일)

25 〈한국3·1여성동지회 본부 미주 지회 정통성 재확인〉, 《선데이저널》, 2017년 2월 2일자.

26 〈보훈처, 국민과 함께하는 26개 '100주년 기념사업' 추진〉, 《국가보훈처 보도자료》, 2019년 1월 14일자.

〈표 2〉 필라델피아 3·1운동 및 임시정부 수립 100주년 기념사업 목록[27]

	행사명	행사내용	장소	참가자
2019년 4월 12일 (금)	① 제1차 한인회의 재현 　-초청연사 기조연설 　-결의문 채택 및 낭독 　-독립유공 감사장 수여 ② 학술심포지엄: 　해외독립운동 재조명	앤디 김 연방하원의원 포함 한미 주요 인사, 재미 독립유 공자 후손 및 동포 참석. 〈한 국인의 목표와 열망〉 낭독	플레이즈 앤 플레이 어즈극장 (리틀극장)	350명
2019년 4월 13일 (토)	3·1운동 만세 시가행진 -전통복장 한인 시가행진 -한국 고전악대 참여 -필라델피아시 경찰기마대 참여	리틀극장에서 독립선언문 낭독 후 미국 독립기념관까 지 태극기 흔들며 만세 시 가행진	리틀극장에서 미국 독립기념관까지 약 2km 구간	1,300명
	'한국인의 밤' 동포 대축제: 3·1운동 100주년 기념 음악회		성삼위 교회	500명
2019년 4월 14일 (일)	한미친선의 밤: 독립운동 관련 문화행사		필라델피아 예술대학	350명

합행사 외에도 개별 단체 행사가 다수 진행되었다.

참여 단체 소속 단체장과 회원 외에도 다양한 한미 인사들이 100주년 기념행사에 참여했다. 우선, 미국 내 한인, 미국인 독립유공자 후손들이 참여했는데 필라델피아 행사에는 이승만 전 대통령 후손 이인수 박사, 톰킨스 목사 손자 플로이드 윌리엄스 톰킨스 3세 등이 참여했다. LA에서는 도산 안창호 선생 3남 랄프 안과 서재필 박사 종증손자 서동성 변호사, 손병석 선생의 손자 손재호와 송헌주 선생 증외손자 마크 김 판사 등이 참여했다. 상징적 인물의 참여를 통해서 역사적 연속성과 의의를 더하고자 하였다. 초국적 인사로는 고종의

---

27 〈1919년 '미국에서의 3·1운동' 제1차 한인회의 재현행사 미국 현지서 개최〉,《국가보훈처 보도자료》, 2019년 4월 12일자.

〈표 3〉 LA(남가주)지역 3.1운동 및 임시정부 수립 100주년 기념사업 목록[28]

일시	행사내용	장소	주관
2019년 2월 2일(토)	3·1절 기념 글짓기 대회	LA한국교육원	미주3·1여성동지회
2019년 2월 8일(금)	2·8동경독립선언기념식	LA한인회관	LA한인회
2019년 2월 12일(화)	3·1절 기념 문화의 샘터: 월셔만세행진 무궁화만들기	LA한인회관	LA한인회
2019년 2월 18일(월)	3·1운동 기념 학술세미나	가든스위트호텔	민주평통 LA협의회
2019년 2월 21일(목)	3·1만세 플래시몹: 만세행진 단체 율동	LA한인회관	LA한인회
2019년 2월 22일(금)	LA시의회 축하선포식	LA시의회 회의실	LA한인회
2019년 2월 26일(화)	3·1운동 100주년 선포식 OC수퍼바이저위원회	OC수퍼바이저 회의실	미셸박스틸 수퍼바이저
2019년 3월 1일(금)	로즈데일애국지사 묘지 헌화 및 참배	로즈데일 묘지	대한인국민회 기념재단
2019년 3월 1일(금)	3·1운동 범동포연합기념식	남가주새누리교회	대한인국민회 기념재단
2019년 3월 1일(금)	3·1운동 그림전시회	남가주새누리교회	LA한인회
2019년 3월 1일(금)	우정의 종 타종식	샌페드로 우정의 종각	우정의 종 보존위원회
2019년 3월 1일(금)	3·1절 기념 축하 연합음악회	남가주새누리교회	대한인국민회 기념재단
2019년 3월 3일(일)	거북이마라톤대회	파차파캠프 도산동상, 리버사이드교회	인랜드한인회
2019년 3월 3일(일)	3·1절 한인교계 연합예배	남가주새누리교회	남가주기독교단체연합
2019년 3월 3일(일)	창작뮤지컬 도산 공연	로마린다대학교회	인랜드한인회
2019년 3월 4일(월)	남가주한인목사회 리들리 방문	중가주 리들리 사적지	남가주한인목사회
2019년 3월 8일(금)	한국독립운동 사진전시회	LA한국문화원	독립기념관, LA한국문화원
2019년 3월 9일(토)	월셔가 3·1만세행진	월셔 노르만디 -옥스포드	LA한인회, 미주3·1여성동지회
2019년 3월 9일(토)	국제여성의날 기념 위안부 역사교육	글렌데일 소녀상	가주한미포럼
2019년 3월 9일(토)	3·1절 축하 청소년음악제	동양선교교회	민주평통 LA협의회
2019년 4월 11일(목)	대한민국임시정부수립 100주년 연합기념식	옥스퍼드팰레스 호텔	대한인국민회 기념재단
2019년 4월 19일(금)	3·1운동 학술회의: 대한인국민회 자료 연구 발표	USC 한국학도서관	USC 한국학도서관, LA총영사관, 아시아학회

손자 이석 황실문화재단 이사장, 한국독립기념관장, 보훈처 관계자와 한국 기반 학자들이 있었다. 또한 한미 주요 인사 및 정치인들이 기념 행사에 참가했는데 이는 재미 한인사회의 복합적이면서도 높아진 위상과 역할을 상징한다.

행사 장소: 기억 공간, 코리아타운, 한인교회

기억 공간Place of Memory

3·1정신이 한민족의 전통으로 자리 잡은 것은 기념식을 통해 반복 재생되어 그 기억이 지속되었기에 가능했다. 동포사회에서 어디에서나 3·1운동을 기념하는 행사를 정례화하며 민족 역량을 결집해 갔다. 대한민국 임시정부는 1920년 3·1절을 제정해 3·1운동을 기렸으며 미주나 만주, 러시아 등 해외에서도 매년 3월 1일이면 기념식을 거행했다.[29]

기념행사는 집단기억[30]의 재현이자 집단기억의 재생산을 위한 의례이다.[31] 과거의 특정 사건이 소환되어 공동체 구성원들을 민족으로

---

28 엘에이 3·1운동 및 임시정부 수립 100주년 기념범동포연합사업회, 《3·1운동 및 임시정부 100주년기념 범동포연합행사 안내서: 단결, 그리고 애국의 마음으로》, 2019, 14~15쪽.

29 장석흥, 〈3·1운동의 역사적 원류와 계승〉, 《한국학논총》 51, 2019, 355~384쪽.

30 '집단기억collective memory'은 과거의 사실이 국가, 사회 또는 특정 집단의 역사 인식에 의해 선택, 재해석되어 집단에서 공식적으로 공유되는 기억이다. 집단 공동의 기억을 유지하려는 목적은 정체성을 강화하고 연대를 확보하기 위해서이다. (조은경, 〈한·중 항일기념관의 전시 내러티브와 동아시아 역사인식: 독립기념관, 중국인민항일전쟁기념관을 중심으로〉, 《한국독립운동사연구》 47, 2014, 197~233쪽)

31 박찬승, 〈동아시아에서의 제2차 세계대전의 기념과 집단기억〉, 《동아시아 문화연구》 64, 2016, 13~50쪽.

단일하게 묶어 주는 공통의 기억으로 기능하는 경우가 많고 집단기억은 공간을 통해서 실체화된다. 어떠한 역사적 사건을 실제적으로 경험하지 않은 사람들이 가지고 있는 기억을 '문화적 기억'이라고 한다. 이러한 문화적 기억은 시간이 지남에 따라 망각되고 상실되지 않도록 하기 위해 다양한 매체를 필요로 하는데, 장소는 문화적 기억을 형성하는 데 중요한 매체로서 기억을 명확하게 해 주고 지속할 수 있게 해 준다. 또한 기념 공간은 역사적 사건이나 행위가 일어났던 바로 그 장소일 경우에 더욱 진정성과 가치를 갖게 된다.[32]

필라델피아는 서재필이 살면서 활동했던 도시이자 '제1차 한인회의'가 개최된 곳이다. 미합중국 건국을 설계하는 '대륙회의Continental Congress'가 두 번에 걸쳐 바로 필라델피아에서 열린 역사적 연관이 있었고, 당시 시정부와 공공기관이 매우 우호적이었다.

100주년 때 오프닝 행사와 음악회 장소로 사용된 리틀극장과 성삼위교회Church of the Holy Trinity는 중요한 역사성을 가지며 기억의 공간[33]으로 활용되었다. 1919년 '제1차 한인회의'가 개최되었던 리틀극장은 현재 이름을 플레이즈 앤 플레이어즈Plays and Players Theatre로 변경했지만 당시 모습을 그대로 보존하고 있다. 2001년 서재필기념재단에서

---

32 임은진, 〈6.25전쟁에 대한 문화적 기억과 장소〉, 《문화 역사 지리》 24(2), 2012, 155~166쪽.

33 '기억공간place of memory'은 과거 사건의 상징성을 현재와 미래에 공간적, 물리적으로 재현한 장소이다. 기억공간은 기억의 영토화의 핵심 성과물이다. 기억의 장소와 같은 뜻이다. 특정한 사건으로 인해 생긴 집단기억을 물질적으로 재현한 장소를 뜻한다 (신혜란, 〈기억의 영토화: 세월호 기억공간 형성과정을 사례로〉, 《공간과 사회》 26(3), 2016, 115~154쪽).

극장 입구에 사적지 표지판을 부착했다.[34] 그리고 성삼위교회는 서재필과 함께 한국친우회를 세운 톰킨스 목사가 목회를 하고 한국 독립을 위해 많은 집회가 열렸던 역사적인 장소이다.

캘리포니아는 미국에서 항일독립운동이 활발하게 전개되었던 곳으로 미국 독립유공자 스물한 분이 영면해 있는 로즈데일 공원묘지를 비롯하여 리들리 사적지,[35] 파차파캠프,[36] 도산동상, 글렌데일 소녀상 등이 있다. 이들 독립운동 사적지와 항일기념물도 3·1운동 100주년 기념행사 장소로 사용되었다.

LA 코리아타운

LA에서는 한인들의 경제·정치·문화의 중심지인 한인타운에서 3·1만세행진이 진행되었다. LA는 미국 내 가장 많은 한인들이 모여 사는 도시로 상당한 규모의 한인사회를 형성하고 있다. 3·1운동 기념식과 더불어 가장 핵심이 된 행사는 LA 한인타운에서 가장 번화한 윌셔가에서 진행된 시가 만세행진이었다. 참가자들은 윌셔가 선상의 노먼디와 옥스퍼드 구간을 행진하며 독립운동 정신을 기렸고 여러 공연도 이어졌다. 한인들의 자본, 조직력이 바탕이 되어야 가능한 일이다.

---

34 〈1919년 '미국에서의 3·1운동' 제1차 한인회의 재현행사 미국 현지서 개최〉,《국가보훈처 보도자료》, 2019년 4월 12일자, .
35 하와이에서 본토로 건너온 한인들이 중가주 리들리 및 다뉴바 지역 등 농장 지대에 150여 명이 일하면서 상해 임시정부를 지원했다.
36 리버사이드 최초 한인 거주지로 도산 안창호가 초기 독립운동의 기반을 닦았다. 리버사이드시 문화사적지 제1호로 지정되었다.

한국에서는 3·1절이 정부 차원의 국가행사이지만, 미국에서는 소수민족인 재미 한인들의 소수민족 축제의 형식으로 전유되었다. LA에서는 한인타운 축제가 이미 1970년대 중반에 시작되었고 그러한 축적된 거리축제 경험이 100주년 기념행사에서도 드러났다. 형식 면에서 유사하게 오픈카 행진이 앞서고 사물놀이, 태권도, 전통무용 공연이 있었다. 다만 다른 한인축제와의 큰 차이로 3·1운동을 주제로 하는 공연과 만세 재현이 있었으며, 성조기 외에 한민족을 표상하는 상징인 대형 태극기가 다수 사용되었다. 또한, 수난의 민족사를 표상하는 검정치마에 흰 저고리의 유관순 복장이 등장하였다.[37]

한인교회

재미 한인사회에서 교회는 이민 초기부터 중요했고, 지금도 종교적 기능 외에 다양한 사회적 역할을 수행하는 커뮤니티의 핵심 기관이다. 재미 한인들의 교회 참여율은 상당히 높은 편이다.[38] 미국 내 한인교회는 약 3,500개가 있고 캘리포니아에 약 1천 개, LA에는 300여 개, 그리고 펜실베이니아주에 약 120개가 있다.

양 지역에서 주요 종교단체 7개(남가주기독교교회협의회, 남가주한인목사회, 남가주장로협의회, 한미기독교센터, 미주한인군목회, 남가주한인기

---

37 유관순은 수난의 민족사를 대표할 수 있는 여성 표상이다(정종현, 〈3.1운동 표상의 문화정치학: 해방기-대한민국 건국기의 3.1운동 표상을 중심으로〉,《한민족문화연구》23, 2007, 239~275쪽).

38 재미 한인의 70~80퍼센트가 개신교회에 출석하고 있다(Min, P. G., *Preserving Ethnicity through Religion in America: Korean Protestants and Indian Hindus across Generations*, New York: New York University Press, 2010).

독교원로목사회, 필라교회협의회)가 100주년 기념행사에 참여했다. 특히 LA 지역에서는 교계의 활동과 영향력이 두드러졌다. 교회가 다양한 기념행사 장소로 이용되었고, 교회 조직이 연합행사의 협력단체나 혹은 단독행사의 주관기관 역할을 맡았다. 교회 네트워크와 행사 준비 조직이 겹치는 부분이 많았고, 기념음악회에서는 교회의 인적 자원을 활용하여 교회 중창단·교회 소속 한국학교 합창단이 참여했다. 그리고 교계 주관 행사가 아닌 커뮤니티 전체의 연합기념식에 기도가 공식 일정에 포함되었다.

이외의 장소로 한미 우호관계 상징물인 샌패드로 우정의 종각[39]에서 타종과 연날리기 행사가 열렸다. 두 도시의 대표적인 대학인 UCLA, USC, 펜실베이니아대학 내에서는 3·1운동 관련 다양한 학술행사 및 풍물공연이 개최되었다.[40]

문화적 방법론

미국에서의 3·1운동 100주년 기념 방식으로는 공통적으로 기념식에 독립선언문 낭독, 만세삼창, 감사장 수여 등이 포함되었고, 이외에 시가행진, 미주 유적지 답사가 있었다. 행사 표현 양식에 있어서는 다

---

39 1976년 한국 정부가 미국 독립 200주년을 기념해 설치해서 기증한 종이다.
40 UCLA한울림은 UCLA내 한국 문화와 역사를 공부하고 알려온 풍물동아리로서, 1990년 처음 만들어졌을 때는 1세가 대다수였다. 풍물과 함께 한국 역사와 문화에 대한 학습도 이루어졌고 모든 모임은 한국어로 진행되었다. 그러나 대학의 한인 학생은 점점 2세가 주류를 이루기 시작했다. 학내 3·1운동 기념행사를 통해서 한인들만을 위해서가 아니라 대학 내에 있는 타민족 학생들에게도 역사를 소통하는 기회로 삼고자 하였다.

양한 문화적 콘텐츠 측면에서 기념행사가 펼쳐졌다. 독립운동의 정신을 토대로 하되, 일반 동포들의 관심과 참여를 쉽게 유도할 수 있는 이벤트도 마련되었다. 공연은 공공예술로서 공동체 의식을 구현하고, 과거에 대한 기억은 다양한 문화적 재현들에 의해 사회적으로 유지되며 변화한다.

두 지역 행사의 핵심이 되었던 필라델피아의 시가행진과 LA의 윌셔 만세행진에서는 3·1정신의 표현과 함께 여타 축제와 비슷한 형식의 공연적 요소가 많이 포함되었다. 또한, 기념음악회나 예술공연 관련 프로그램이 다수 있었다. 음악회에서는 서양 클래식음악과 한국 전통음악이 모두 연주되었고 독립운동 역사를 테마로 하는 음악들도 연주되었다. LA의 3·1운동 100주년 기념 연합음악회에서는 〈광복군 아리랑〉, 〈3·1절의 노래〉 등 음악을 통해 독립운동 역사를 표현하고 공연 사이사이에 3·1절에 대한 영상을 삽입하여 시각적으로 3·1절 정신을 고취시켰다.[41] 특히 LA 지역에서는 재미 예술인들을 주축으로 해외 독립운동의 선구자로서 도산 안창호의 삶과 활약을 바탕으로 뮤지컬 〈도산〉을 창작, 공연하였다.

도산 선생이 직접 오렌지를 따시던 리버사이드에서는 도산 안창호 창작 뮤지컬을 처음으로 무대에 올립니다. 우리가 100년 전으로 돌아가서 1919년 이전과 이후 독립운동에 앞장서신 도산 선생을 만나는 역사적인

---

41 엘에이 3·1운동 및 임시정부 수립 100주년 기념범동포연합사업회, 《3·1운동 및 임시 정부 100주년기념 범동포연합행사 안내서: 단결, 그리고 애국의 마음으로》, 51쪽.

순간을 재현하는 것입니다. (홍명기 미주도산안창호선생기념사업회 회장)[42]

이외에 독립운동가 어록 한글 서예전, 독립운동 관련 그림전, 윌셔가 만세행진 시 무궁화 페이퍼플라워 전시, 우정의 종 타종식[43] 행사에서의 이순신 신호연 100개 날리기가 진행되었다.

재미 한인들의 3·1운동 인식과 100주년 기념행사의 의미

재미 한인들의 3·1운동 인식과 100주년 기념행사의 의미에 관해서 살펴보겠다. 첫째, 3·1운동을 기념하여 한인 공동체의 결속력을 강화하고 차세대에 역사를 전수하여 한민족으로서의 자긍심 및 정체성을 강화하겠다는 취지가 많았다.

기념행사의 모든 주제는 3·1운동의 민족적 자존, 자결, 독립의 가치를 제대로 알고 후세에 전하자는 것이며, 이를 통해 동포사회의 단합과 단결을 이뤄 우리 한인사회가 더욱 큰 발전을 하길 기원합니다. (로라 전 LA 한인회 회장)[44]

---

[42] 엘에이 3·1운동 및 임시정부 수립 100주년 기념범동포연합사업회, 《3·1운동 및 임시정부 100주년기념 범동포연합행사 안내서: 단결, 그리고 애국의 마음으로》, 10쪽.

[43] 3·1운동 때 탑골공원의 만세운동 및 해마다 3·1절에 종로 보신각에서의 타종을 재현하는 행사로 33번 타종한다.

[44] 엘에이 3·1운동 및 임시정부 수립 100주년 기념범동포연합사업회, 《3·1운동 및 임시정부 100주년기념 범동포연합행사 안내서: 단결, 그리고 애국의 마음으로》, 9쪽.

공교육이 할 수 없는 역사교육과 뿌리 교육, 그리고 전통의식 교육과 정체성 확립 교육을 통해 애국애족의 정신을 일깨워 나가야 할 것입니다. (김관진 남가주한인목사회 회장)[45]

1세대 중심에서 점차 영어권의 차세대를 위해 영어로 된 3·1독립선언서를 만들고 책자를 펴내면서 이해와 관심 폭을 점차 넓혀 가는 것이 필요합니다. 그리고 3·1운동 역사를 주제로 하는 인물 영화나 드라마 등 2세들이 관심을 많이 갖도록 하는 것도 좋을 것입니다. 2세나 3세가 많이 다니고 있는 USC나 UCLA를 통해서 역사교육의 기회를 점차 높혀 가야 합니다. (이채진 클레어몬트 맥키나대학 교수)[46]

이번 기념행사는 한인 2세들이 대거 역사의 현장에 직접 나왔다는 점에서 의미가 큽니다. 앞으로 이들이 긍지를 가지고 미국 주류 사회로 뻗어 나갈 수 있도록 우리 기성세대들이 그 발판을 마련해 줘야 합니다. (최정수 서재필기념재단 회장)[47]

둘째, 100주년 행사 중에 과거 일제의 침략 만행뿐만 아니라 오늘날 일본의 역사왜곡과 영토분쟁을 함께 규탄하였다. 위안부 문제와

45　엘에이 3·1운동 및 임시정부 수립 100주년 기념범동포연합사업회, 《3·1운동 및 임시정부 100주년기념 범동포연합행사 안내서: 단결, 그리고 애국의 마음으로》, 33쪽.

46　엘에이 3·1운동 및 임시정부 수립 100주년 기념범동포연합사업회, 《3·1운동 및 임시정부 100주년기념 범동포연합행사 안내서: 단결, 그리고 애국의 마음으로》, 76쪽.

47　〈필라델피아 '제1차 한인회의 100주년 기념행사' 성료 감사모임: 지난 4월 12~14일 열린 행사 후원자 및 준비위원에게 감사패 전달〉, 《재외동포신문》, 2019년 5월 10일자.

독도 문제가 제기되어, LA 윌셔가 3·1만세행진에서 위안부 할머니 사진 행렬(20점)과 행사 말미에 〈독도는 우리땅〉 노래에 맞춘 플래시몹 공연이 이루어졌다. 위안부 할머니 영정사진을 들고 참석했던 재미 한인 청소년단체인 파바월드PAVA World 소속 한인 고등학생은 "우리는 일제강점기를 경험해 보지 못했습니다. 하지만 이 자리에 참석해 그날의 역사를 생각해 볼 수 있어 의미 있습니다. 위안부 역사도 지나가고 있지만 꼭 기억해야 합니다"라고 하였다.[48]

공공외교란 과거 외교관이나 정치인이 보이지 않는 곳에서 국가 간의 문제를 의논하고 결정하던 전문가 중심의 외교와 달리, 일반 시민이 외교의 주체와 대상으로 적극적으로 참여하는 외교의 새로운 패러다임이다. 이러한 점에서 디아스포라가 공공외교의 자산으로 주목받고 있다.[49] 재미 한인들의 공공외교 활동은 위안부 문제, 동해 표기 문제 등을 지속적으로 다루고 있다.[50] 2007년 LA에서 재미 한인들이 결성한 진보적 사회운동 단체인 가주한미포럼KAFC은[51] 미 연방의회에서 2007년 7월 30일 위안부 결의안HR 121의 만장일치 통과 이

48　〈흰색 저고리 여성 등 한인 300여명 행진〉,《미주중앙일보》, 2019년 3월 10일자.
49　김경숙, 〈디아스포라와 원거리 민족주의의 공공외교〉,《인문학논총》 15(1), 2016, 107~121쪽.
50　한봉석, 〈Korean American 1.5세의 독도수호운동과 한인민족주의의 변화: 워싱턴 디씨 지역을 중심으로〉,《구술사연구》 2(2), 2011, 55~96쪽; 최정원, 〈미국 버지니아 주의 동해병기법안 입법과정과 의미〉,《의정연구》 42, 2014, 147~163쪽; 허성태·임영언, 〈일본정부의 위안부문제 인식과 동포사회의 공공외교적 대응 고찰: 위안부 기림비 건립을 중심으로〉,《동북아 문화연구》 47, 2016, 159~176쪽; 김재기, 〈미국한인들의 '동해표기' 풀뿌리 민주주의 운동〉,《재외한인연구》 47, 2019, 157~188쪽.
51　최근 가주한미포럼KAFC의 명칭을 CARE: Comfort Women Action for Redness & Education로 변경하였다.

후, 일본 정부에 결의안 이행을 촉구하고 위안부 문제를 미국 사회에 널리 알리는 행사를 펼치며 동시에 위안부 할머니 추모 및 지원을 하는 민간단체이다. 3월 9일에 가주한미포럼 주최로 글렌데일 소녀상 앞에서 '국제여성의 날 기념 위안부 역사교육' 행사가 진행되었다.

셋째, 3·1정신을 계승하여 한반도 통일이 이루어졌으면 하는 한민족 통일에 대한 염원도 있었다.

21세기 급변하는 세계정세 속에 더욱이 3·1운동과 임시정부 100주년 기념을 통해 조국의 위상과 번영을 굳건히 지키고 한반도 평화를 이어 나가기 위한 노력의 일환으로 범동포 3·1절 연합기념식을 개최하게 됨을 해외동포의 한 사람으로서 자랑스럽고 기쁘게 생각하며 축하드립니다. (서영석 민주평통LA협의회 회장)[52]

3·1운동 그때의 감동을 누리며 이제 우리는 새로운 염원을 해야 합니다. 대한민국의 미래를 열어 가는, 대한민국의 평화통일과 대한민국의 완전한 자유와 통일을 위해서 우리는 염원하고 추구하며 이 행사에 열정을 다해야 합니다. (장병기 필라델피아 한인회장)

넷째, 한민족의 역사적 기념일에 관한 사안이었지만 3·1운동이 재미 한인 이주사와 맞닿고 미국 사회에 재영토화를 통해 확산되는 과정에서, 단순한 과거 사건의 재현이나 역사 기억의 반복 차원을 넘어

---

52 엘에이 3·1운동 및 임시정부 수립 100주년 기념범동포연합사업회, 《3·1운동 및 임시정부 100주년기념 범동포연합행사 안내서: 단결, 그리고 애국의 마음으로》, 34쪽.

서 인권 · 자유 · 평화와 같은 미국인들도 공감할 수 있는 보편적 가치가 강조되었다. 3 · 1운동은 반인류적인 제국주의 침략에 맞서 인간의 자유를 지키기 위한 발로에서 비롯한 것이며, 3 · 1운동에서 내세운 자유와 독립, 정의와 양심, 인도와 평화는 곧 독립운동을 상징하는 정신이자 철학이었다.[53] 이러한 3 · 1정신을 부각함으로써 3 · 1운동에 대한 기념이 단순히 특정 민족의 유산으로만 머물지 않고 글로벌 가치의 실천과 관련을 가지게 되었다. 또한, 미국의 공적 장소에서 민족 역사문화의 재현을 통해 비중 있는 소수계 커뮤니티로 인정받고 성장할 수 있는 계기로 삼고자 하였다.

일반 여타 정치적 시위가 아니라 3 · 1독립정신을 표현하는 퍼레이드는 좀 더 높은 승화된 차원의 행사라고 생각합니다. 우리 정신이 어떤 가치에서 출발했는지, 3 · 1정신의 보편적 가치인 정의 · 평화 · 자주가 고귀하며, 그 보편적 가치를 모든 사람과 다 같이 공유한다는 메시지를 전달하고자 합니다. 이 메세지를 한인이 주도하고자 한다는 데서 의미가 큽니다. (로라 전 LA한인회장)[54]

다섯 번째, 3 · 1운동 100주년 기념행사는 독립운동이라는 한일 간의 역사적 특수성과 개별성에도 불구하고 반일 민족주의 감정에 기대기보다는 한미 관계가 초점이 되었다. 특히 필라델피아에서는 3 · 1운동을 미국 특정 지역, 즉 필라델피아의 도시사, 한미 관계의 측면에서

---

53 장석홍, 〈3 · 1운동의 역사적 원류와 계승〉, 355~384쪽.
54 〈이슈투데이1부〉,《Radio Korea》, 2019년 3월 8일자.

한미 우호관계를 재확인하고 공고화하는 데 주력하였다. 필라델피아
에서 제정된 3·1운동 결의안에서는 우정·동맹 등이 강조되고 있고,
100주년 기념식에서는 필라델피아시 관계자들에게 감사장을 수여함
으로써 과거와 현재에 있어서 미국인들의 한국·재미 한인에 대한
지지와 협조에 감사를 표시했다. 1919년 당시에도 필라델피아시는
'제1차 한인회의' 장소를 주선하고 경찰기마대와 군악대를 파견하여
행사를 지원하며 행사에 힘을 실어 줬다. 또한, 2019년 100주년 기념
행사를 위해서도 적극적인 지원을 하였다.

미주 한인들의 독립운동 관련 역사 연구 활성화를 바라며

서재필기념재단 관계자에 따르면 필라델피아에서의 100주년 기념
행사인 '제1차 한인회의 재현'에 350명, '3·1운동 만세 시가행진'에
1,300명, '한국인의 밤 동포 대축제'에 500명, 그리고 '한미 친선의 밤'
에 350명이 참석하여 3일간의 행사에 총 2,500명이 참여했다고 한다.
세대별로는 1세와 1.5세대가 40퍼센트, 2세대와 3세대가 60퍼센트로
나타났다. 한인 차세대 참여율이 비교적 높은 이유로는 펜실베이니아
인근 3개 주의 한국학교 학생 500여 명의 참여가 한 이유가 될 수 있
겠다. LA에서는 참여 단체가 40여 개였는데 이번 100주년 기념의 핵
심 행사 중 하나였던 윌셔 만세행진에는 300명 정도 참여했다. 한 언
론 관계자는 우천으로 인해 만세행진이 원래 예정일에서 1주일 연기
되어서인지 한인회나 단체활동에 참여하지 않는 일반 동포들의 참여

가 다소 미흡했다고 지적한다.[55] 필라델피아에서는 3일 동안의 행사에 집중한 데 반해서, LA에서는 개별 단체의 행사도 다수 진행되어 연합행사 참여가 오히려 저조하지 않았나 하는 추측도 가능하다. 한 1.5세 LA 한인은 "여전히 한인 1세 중심의 기념행사가 상대적으로 많았고 단체들의 잔치 같았다"는 소감을 표현하기도 했다.

미국 연방센서스에 따르면 캘리포니아에 약 52만 5천 명의 한인이 거주하고 있고, LA시에는 약 11만 6천 명이 살고 있으며 LA 한인타운 거주 인구는 14만 8천 명이다.[56] 그리고 필라델피아에 4만 4천 명의 한인이 거주하고 있다. 3·1운동 100주년 행사에 참여한 한인들이 전체 한인들의 의사를 반영한다고는 할 수 없지만 다음과 같은 나름의 의의가 있다고 사료된다.

재미 한인의 인적·물적 자원을 활용하여 다양한 기념행사를 수행하였고, 국내외 한국 기관(독립기념관, 한국보훈처, 미국 내 한국영사관)과의 초국적 협업과 지원이 이루어졌다. 민족 차원의 역사문화 계승과 확산을 위한 일련의 기념 행위를 위해 재미 한인들은 모국 기관과 긴밀히 연대하고 민족 역사에 대한 이해를 통해 다시금 민족 정체성을 공고화할 수 있었을 것이다.

또한, 본 행사를 통해 일정 정도 3·1운동에 대해 차세대와 주류 사회(정치인)에 알릴 수 있는 기회가 되었다고 보인다. 필라델피아에서 5월 4일에 있었던 '제1차 한인회의 100주년 기념행사'의 후원자와 준

---

55 〈삼일절 100주년…윌셔 거리 메운 만세 함성〉, 《WeKorea: 미주 한인 인터넷 라디오》, 2019년 3월 11일자. https://www.youtube.com/watch?v=ch7Xvlo384I (최종열람일: 2022년 12월 26일).

56 장태한·이재희, 〈남가주 한인사회와 비영리 단체〉, 《在外韓人硏究》 44, 2018, 1~32쪽.

비위원들을 위한 감사 모임에서 한 한인 고등학생은 "학교에서 한국 역사를 배우지 못했기 때문에 우리의 역사는 중요하지 않다고 생각했는데, 이번 행사를 통해 100년 전 일어났던 우리 역사를 알게 되면서 그러한 생각이 잘못됐다는 것을 깨달았습니다. 가장 소중한 경험은 필라델피아 시가행진이었고, 시민들이 환호하며 손을 흔들 때 한국인으로서 자부심을 느낄 수 있었습니다"라고 술회하였다.[57] 모국의 역사이자 미주 이민 선조들의 독립운동을 기억하고 계승하기 위한 행사를 매개로 다양한 세대의 참여자들이 협력하고 한인으로서의 정체성을 강화하는 계기가 되었을 것이다.

한인들의 정치력 신장을 바탕으로 여러 주에서 3·1운동 관련 결의안이 입안되고 주류 사회 인사들의 관심과 지지를 얻었다. 뉴욕주의회와 뉴저지주의회는 3·1운동 100주년 기념 및 유관순의 날 제정 관련 결의안을 채택했다. 3월에는 펜실베이니아주에서도 상하원의회에서 4월 12~14일을 '제1차 한인회의 날'로 지정하는 결의안을 통과시켰다. 또한, 캘리포니아주에서는 2018년에 11월 9일을 '도산 안창호의 날'로 제정한 데 이어, 3·1운동 100주년을 기해서 이날을 주 전체에서 기념하고 '유관순의 날'로 선포하는 결의문을 채택했다. 또한 이와 별도로 상원에서 '3·1독립운동 100주년 기념 결의안'을 채택했다. 리버사이드시는 2019년 3월 1일을 '3·1정신의 날'로 선언하였다.

지금까지의 논의를 바탕으로 후속 연구와 사업에 대해 제안하는 바는 다음과 같다. 재미 한인사회가 이민 성숙기에 접어들었지만 초기

---

57 〈필라델피아 '제1차 한인회의 100주년 기념행사' 성료 감사모임: 지난 4월 12-14일 열린 행사 후원자 및 준비위원에게 감사패 전달〉, 《재외동포신문》, 2019년 5월 10일자.

재미 한인사회 형성에 관한 연구는 여전히 미흡하다. 미주 독립운동을 재미 한인 이민사적 측면, 한미 관계사의 맥락에서 연구를 활성화할 필요가 있다. 또한, 한인 디아스포라 자신의 지역에 국한된 3·1운동 역사 전수를 넘어서 한인 차세대들이 글로벌 관점에서 한국과 타 지역에서의 3·1운동 경험을 배울 수 있도록 해야 한다. 독립운동에 있어서 모국뿐 아니라 디아스포라 커뮤니티 간의 연계, 그리고 한민족의 역량으로 독립을 성취하였지만 재미 한인과 미국 내 화교나 한국친우회와 같은 미국인들과의 연대에 대한 연구가 많이 이루어져서 3·1운동의 국제적 측면을 부각할 필요가 있다.

만주와 러시아 연해주 지역의 해외 항일투쟁사는 비교적 많이 알려져 있지만 미국에서의 독립운동은 상대적으로 잘 모르는 사람이 많다. 일제강점기 독립운동은 한반도 내에서만 이루어진 것이 아니라 국가 경계를 넘어서 초국적으로 이루어졌다. 일제강점기 국외로의 이산과 망명, 그리고 해외 독립운동은 한인 디아스포라 형성의 중요한 계기가 되었고 초국적 네트워크 형성과 강화에 기여했다. 타 지역과 달리 지리적으로 멀리 떨어져 있던 미국에서의 독립운동은 무장투쟁이나 의병투쟁 등 직접적인 독립운동을 전개하기는 어려웠지만, 한국 독립운동에 대해 자금 조달, 외교적 후원의 측면에서 주요한 공헌을 하였다. 미국에서의 독립운동에 관한 역사적 연구와 재조명이 필요하고 숨은 독립운동가를 지속적으로 발굴해야겠다.

또한, 문화적 기억을 위해서는 기억장소와 기억물품 보존이 필요하다. 서재필이 26년간 거주했던 생가를 재단이 1986년에 매입 후 보수하여 서재필기념관으로 운영 중이지만, 전시 품목이 다소 빈약하고 노후화가 심각하여 국가보훈처 사업의 일환으로 서재필기념관의 전시물 교체와 기념관 재보수가 이루어졌다. 한미 양국 정부기관, 학계와 재미 한인사회를 중심으로 역사유적지를 복원하고 기념하는 노력이 필요하다. 미주 한인들의 독립운동에 대한 역사 연구 활성화, 독립운동 사적지를 발굴·복원하는 사업을 통해서 재미 한인으로서의 정체성이 강화되고 미국 내에서의 역사적·현재적 위상도 더욱 고양될 수 있을 것이다.

참고문헌

방선주,《재미한인의 독립운동》, 도서출판 선인, 2018.

엘에이 3 · 1운동 및 임시정부 수립 100주년 기념범동포연합사업회,《3 · 1운동 및 임시정부 100주년기념 범동포연합행사 안내서: 단결, 그리고 애국의 마음으로》, 2019.

임채완 외,《재외 한인단체의 형성과 현황: 미국, 일본, 중국, 러시아 · 중앙아시아를 중심으로》, 집문당, 2007.

고정휴, 〈독립운동기 이승만의 외교 노선과 제국주의〉,《역사비평》31, 1995, 129~187쪽.

김경숙, 〈디아스포라와 원거리 민족주의의 공공외교〉,《인문학논총》15(1), 2016, 107~121쪽.

김권정, 〈이승만의 독립운동과 신흥우〉,《공공정책연구》14(1), 2007, 1~18쪽.

김도형, 〈3 · 1운동기 미주 한인사회의 동향과 대응〉,《한국 근현대사 연구》50, 2009, 73~101쪽.

_____, 〈하와이 대조선독립단의 조직과 활동〉,《한국독립운동사연구》37, 2010, 209~263쪽.

_____, 〈도산 안창호의 '여행권'을 통해 본 독립운동 행적〉,《한국독립운동사연구》52, 2015, 35~63쪽.

_____, 〈홍언의 미주지역 독립운동자금 모금활동〉,《東北亞歷史論叢》54, 2016, 101~135쪽.

김선아, 〈金鉉九의 재미언론활동과 독립운동〉,《한국 근현대사 연구》76, 2016, 151~185쪽.

김용달, 〈안창호의 민족운동과 민족운동지도론〉,《한국학논총》37, 2012, 465~490쪽.

김재기, 〈미국한인들의 '동해표기' 풀뿌리 민주주의 운동〉,《재외한인연구》47, 2019, 157~188쪽.

김지수, 〈한인사회 선구자: 김호를 중심으로〉, 한미동포재단; 미주 한인이민 100주년 남가주 기념사업회,《미주 한인이민 100년사》, Los Angeles: 한미동포재단;

미주 한인이민 100주년 남가주 기념사업회, 2002, 87~110쪽.

박성진, 〈서재필과 이승만의 만남과 갈등〉, 《大東文化硏究》 67, 2009, 595~628쪽.

박순섭, 〈1920-40년대 玄楯의 재미독립운동〉, 《한국독립운동사연구》 56, 2016, 5~47쪽.

박준현, 〈하와이·미주 사회에서 閔贊鎬의 한인 교육과 민족운동〉, 《한국민족운동 사연구》 91, 2017, 5~42쪽.

박찬승, 〈동아시아에서의 제2차 세계대전의 기념과 집단기억〉, 《동아시아 문화연 구》 64, 2016, 13~50쪽.

신혜란, 〈기억의 영토화: 세월호 기억공간 형성과정을 사례로〉, 《공간과 사회》 26(3), 2016, 115~154쪽.

유영렬, 〈미주지역의 한인 민족 운동〉, 《한국민족운동사연구》 38, 2004, 5~23쪽.

유영익, 〈3·1운동 후 서재필과 이승만의 신대한(新大韓) 건국 구상: 필라델피아 대한인총대표회의 의사록 및 대한민국임시정부 요인들에게 보낸 공한(公翰) 분석〉, 《한국논단》 166, 2003, 87~109쪽.

유의영, 〈미주 한인의 인구학적 특성〉, 《미주 한인이민 100년사》, Los Angeles: 한 미동포재단; 미주 한인이민 100주년 남가주 기념사업회, 2002, 131~148쪽.

이덕희, 〈하와이 한인 이민 100년〉, 《미주 한인이민 100년사》, Los Angeles: 한미동 포재단; 미주 한인이민 100주년 남가주 기념사업회, 2002, 13~32쪽.

이명화, 〈도산의 교육관과 초기 미주 한인사회의 교육: 대한인국민회의 교육운동을 중심으로〉, 《한국독립운동사연구》 31, 2008, 37~86쪽.

_____, 〈재미 실업가 김종림의 생애와 독립운동〉, 《한국독립운동사연구》 43, 2012, 113~168쪽.

이상일, 〈3·1운동 이후 재미한인 독립운동의 전개〉, 《泰東古典硏究》 16, 1999, 271~295쪽.

이선주, 〈초기 한인사회 민족지도자: 서재필, 안창호, 이승만, 박용만〉, 《미주 한인이 민 100년사》, Los Angeles: 한미동포재단; 미주 한인이민 100주년 남가주 기념 사업회, 2002, 51~86쪽.

이윤갑, 〈도산 안창호의 민족운동과 공화주의 시민교육〉, 《한국학논집》 67, 2017, 37~92쪽.

이현주, 〈재미한족연합위원회 대표단의 귀국과 정치활동〉, 《한국독립운동사연구》 20, 2003, 93~126쪽.

_____, 〈도산과 초기 미주 한인단체〉,《한국독립운동사연구》31, 2008, 87~124쪽.

임은진, 〈6.25전쟁에 대한 문화적 기억과 장소〉,《문화 역사 지리》24(2), 2012, 155~166쪽.

임채완, 〈지구화시대 디아스포라의 초국가적 활동과 모국: 동남아 화인과 중국조선 족에 대한 비교연구〉,《國際政治論叢》48(1), 2008, 243~266쪽.

장규식, 〈1900-1920년대 북미 한인유학생사회와 도산 안창호〉,《한국 근현대사 연 구》46, 2008, 105~146쪽.

_____, 〈대한인국민회 업랜드 클레몬트지방회 활동을 통해 본 1910년대 북미 한인 사회의 내면〉,《한국 근현대사 연구》58, 2011, 34~63쪽.

장석흥, 〈3·1운동의 역사적 원류와 계승〉,《한국학논총》51, 2019, 355~384쪽.

장태한·이재희, 〈남가주 한인사회와 비영리 단체〉,《在外韓人研究》44, 2018, 1~32쪽.

정병준, 〈1940년대 재미한인 독립운동의 노선〉,《한국민족운동사학회》42, 2004, 110~146쪽.

정용욱, 〈해방 직전 미주 한인의 독립운동과 미국 정부의 대응〉,《정신문화연구》 25(3), 2002, 155~186쪽.

정종현, 〈3·1운동 표상의 문화정치학: 해방기 – 대한민국 건국기의 3·1운동 표상 을 중심으로〉,《한민족문화연구》23, 2007, 239~275쪽.

주동완, 〈미국에서의 서훈 미전수 독립유공자 현황과 전수방안〉,《재외한인연구》 46, 2018, 1~34쪽.

조은경, 〈한·중 항일기념관의 전시 내러티브와 동아시아 역사인식: 독립기념관, 중국인민항일전쟁기념관을 중심으로〉,《한국독립운동사연구》47, 2014, 197~233쪽.

최기영, 〈1910년대 이대위의 재미민족운동〉,《진단학보》111, 2011, 77~113쪽.

_____, 〈강영소의 재미민족운동과 경제활동〉,《한국 근현대사 연구》67, 2015, 725~763쪽.

_____, 〈宋憲澍의 재미민족운동과 한인단체 연합활동〉,《한국독립운동사연구》51, 2015, 45~86쪽.

최정원, 〈미국 버지니아 주의 동해병기법안 입법과정과 의미〉,《의정연구》42, 2014, 147~163쪽.

한봉석, 〈김호의 항일운동과 정치활동〉,《한국민족운동사연구》43, 2005,

163~204쪽.

_____, 〈Korean American 1.5세의 독도수호운동과 한인민족주의의 변화: 워싱턴 디씨 지역을 중심으로〉, 《구술사연구》 2(2), 2011, 55~96쪽.

허성태·임영언, 〈일본정부의 위안부문제 인식과 동포사회의 공공외교적 대응 고찰: 위안부 기림비 건립을 중심으로〉, 《동북아 문화연구》 47, 2016, 159~176쪽.

홍선표, 〈徐載弼의 獨立運動(1919-1922) 硏究〉, 《한국독립운동사연구》 7, 1993, 187~244쪽.

_____, 〈1945년 샌프란시스코회의를 둘러싼 미주한인의 대응과 활동〉, 《한국독립운동사연구》 25, 2005, 285~337.

_____, 〈해방 이전 대한인동지회의 조직과 활동〉, 《한국독립운동사연구》 33, 2009, 417~463쪽.

_____, 〈한국독립운동을 도운 미국인〉, 《한국독립운동사연구》 43, 2012, 169~241쪽.

_____, 〈헐버트의 재미 한국독립운동〉, 《한국독립운동사연구》 55, 2016, 54~91쪽.

_____, 〈뉴욕 소약국민동맹회의와 재미 한인의 독립운동〉, 《東北亞歷史論叢》 58, 2017, 282~333쪽.

〈1919년 '미국에서의 3·1운동' 제1차 한인회의 재현행사 미국 현지서 개최〉, 《국가보훈처 보도자료》, 2019년 4월 12일자.

〈3·1운동 및 대한민국임시정부 수립 100주년 계기 '국외 거주 독립유공자 후손 초청 행사' 개최〉, 《국가보훈처 보도자료》, 2019년 2월 25일자, .

〈3차례 단체장 회의를 갖고 행사 준비해 왔다〉, 《미주중앙일보》, 2018년 11월 8일자.

〈미국내 한인교회 3천514개… 캘리포니아 30% 차지〉, 《미주한국일보》, 2019년 9월 7일자.

〈미주 독립운동의 1번지 LA '대한인국민회'를 가다〉, 《오마이뉴스》, 2018년 8월 12일자.

〈보훈처, 국민과 함께하는 26개 '100주년 기념사업' 추진〉, 《국가보훈처 보도자료》, 2019년 1월 14일자.

〈필라델피아 '제1차 한인회의 100주년 기념행사' 성료 감사모임: 지난 4월 12-14일 열린 행사 후원자 및 준비위원에게 감사패 전달〉, 《재외동포신문》,

2019년 5월 10일자.

〈한국3·1여성동지회 본부 미주 지회 정통성 재확인〉, 《선데이저널》, 2017년 2월 2일자.

〈흰색 저고리 여성 등 한인 300여명 행진〉, 《미주중앙일보》, 2019년 3월 10일자.

〈이슈투데이1부〉, 《Radio Korea》, 2019년 3월 8일자.

〈삼일절 100주년. 윌셔 거리 메운 만세 함성〉, 《WeKorea: 미주 한인 인터넷 라디오》, 2019년 3월 11일자. https://www.youtube.com/watch?v=ch7Xvlo384I (최종열람일: 2022년 12월 26일).

서재필기념재단 홈페이지: http://jaisohn.org (최종열람일: 2022년 12월 26일).

세계한민족문화대전 홈페이지; 대한인국민회기념재단:

http://www.okpedia.kr/Contents/ContentsView?contentsId=GC95101167&localCode=naw (최종열람일: 2022년 12월 26일).

세계한민족문화대전 홈페이지; 흥사단:

http://www.okpedia.kr/Contents/ContentsView?contentsId=GC95100282&localCode=naw (최종열람일: 2022년 12월 26일).

Min, P. G., *Preserving Ethnicity through Religion in America: Korean Protestants and Indian Hindus across Generations*, New York: New York University Press, 2010.

모빌리티 에토스 공통문화

2023년 2월 28일 초판 1쇄 발행

지은이 | 이진형 이용균 임보미 최영석 김태희
         이현영 우연희 양명심 서기재 정은혜 배진숙
펴낸이 | 노경인 · 김주영

펴낸곳 | 도서출판 앨피
출판등록 | 2004년 11월 23일 제2011-000087호
주소 | 우)07275 서울시 영등포구 영등포로 5길 19(양평동 2가, 동아프라임밸리) 1202-1호
전화 | 02-336-2776 팩스 | 0505-115-0525
블로그 | bolg.naver.com/lpbook12
전자우편 | lpbook12@naver.com

ISBN 979-11-92647-10-4   94300